THE GREEN BOOK
그린북

KB193207

THE GREEN BOOK(그린북)

초판인쇄	2025년 3월 7일
초판발행	2025년 3월 10일
지은이	심준규
발행인	조현수
펴낸곳	도서출판 프로방스
기획	조영재
마케팅	최문섭
편집	문영윤
본사	경기도 파주시 광인사길 68, 201-4호(문발동)
물류센터	경기도 파주시 산남동 693-1
전화	031-942-5366
팩스	031-942-5368
이메일	provence70@naver.com
등록번호	제2016-000126호
등록	2016년 06월 23일

정가 20,000원

ISBN 979-11-6480-384-2 (13320)

파본은 구입처나 본사에서 교환해드립니다.

그린북-ESG로 성과 내는 사람들

심준규 지음

THE
GREEN
BOOK

프로방스

　지속가능경영이 기업 경영의 새로운 패러다임으로 자리잡은 지 오래되었습니다. 지속가능경영의 성과로서 ESG 경영 성과가 기업 운영의 핵심 요소가 되고 있습니다. 따라서 ESG 경영은 지속가능경영의 실천수단으로 기업 경영에 내재되고 있으며 최근 EU의 기업지속가능성실사지침(CSDD)과 국제지속가능성기준위원회(ISSB)의 공시 표준화는 이러한 흐름을 더욱 촉진하는 계기가 되고 있습니다.

　ESG 경영 역량 강화를 통해 기업이 미래 경쟁력을 갖추기 위해서는 전사적인 노력이 필요합니다. 이 책에서 강조하고 있듯이 ESG 경영 강화는 특정 부서만의 과제가 아닙니다. 생산팀의 에너지 효율화, 연구개발팀의 친환경 기술혁신, 구매팀의 지속가능한 조달, 인사팀의 사회적 가치 창출까지, 모든 부서의 업무가 ESG 성과와 직결됩니다. 조직 구성원 전체의 ESG 경영 이해도와 실천 역량이 기업의 지속가능한 성장을 결정짓는 핵심 요소가 될 것입니다.

　이 책은 ESG 경영 및 성과를 기업 전반의 관점에서 이해하고, 실무에 적용할 수 있는 구체적인 방법을 제시합니다. 특히 주목할 만한 점은 글로벌 선도기업들의 ESG 경영 혁신 사례를 각 부서의 관점에서 분석하고 있다는 것입니다. 이를 통해 실무자들은 자신의 업무 영역에서 ESG 경영을 어떻게 실천하고 성과로 연결할 수 있는지 명확히 이해할 수 있을 것입니다. 지속가능한 발전이 인류 공통의 과제가 된 지금, 우리 기업과 실무자들에게 미래를 위한 실질적인 지침서가 될 것입니다.

김종대/ SDG 연구소 소장, 인하대학교 ESG 센터장 공급망의 지형도가 획기적으로 변화하고 있습니다. 단순한 원가 절감과 효율성 추구를 넘어, ESG가 공급망 경쟁력을 평가하는 새로운 기준으로 떠오르고 있습니다. 원자재 조달, 생산, 물류, 판매에 이르는 전 과정에서 환경적 책임과 사회적 가치 창출이 요구되는 시대가 도래한 것입니다.

시대적 변화는 공급망 관리의 근본적인 재설계를 요구하고 있습니다. 탄소 배출 저감, 인권 존중, 공정거래 등 ESG 가치가 공급망 전반에 내재화되어야 하며, 이는 각 부서의 업무 프로세스 혁신으로 이어져야 합니다다. 이 책은 바로 공급망 전환의 구체적인 방법론을 제시하고 있습니다.

지속가능경영보고서를 통한 글로벌 기업들의 ESG 전략 분석은 선도 기업들이 어떻게 공급망 전반의 ESG 가치를 창출하고 있는지, 그들의 성공 전략을 면밀히 살펴볼 수 있습니다. 이를 통해 우리 기업들도 자사의 상황에 맞는 ESG 전략을 수립하고 실행할 수 있는 통찰을 얻을 수 있을 것입니다.

공급망의 지속가능성이 기업의 미래 성장을 좌우하는 오늘날, 조직 구성원 모두가 ESG의 중요성을 이해하고 이를 실천하는 것이 핵심 과제가 되었습니다. 이 책은 공급망 관리의 새로운 패러다임을 제시하며, 기업이 장기적 경쟁우위를 확보하는데 실질적인 도움을 줄 것입니다.

박승욱/인하대학교 경영학 교수

　현대 경영의 핵심 키워드로 자리 잡은 ESG(환경, 사회, 지배구조)는 단순히 도덕적 의무를 넘어, 기업의 지속 가능성과 경쟁력을 좌우하는 중요한 요소가 되었습니다. 그린북 〈The Green Book-ESG로 성과내는 사람들〉은 ESG 경영에 대한 구체적이고 실질적인 길잡이가 되어줄 책으로, 기업 실무자와 리더들이 반드시 읽어야 할 필독서입니다.

　이 책은 ESG를 단순한 트렌드나 규제 대응의 관점이 아니라, 모든 부서와 직무에서 이미 내재된 가치를 발견하고 이를 성과로 연결하는 방법을 제시합니다. ESG를 업무에 접목하는 실질적인 가이드라인과 글로벌 선도기업들의 사례를 통해 독자들은 명확한 실행 전략을 얻을 수 있을 것입니다.

　특히 지속가능경영보고서를 전략적으로 분석하는 방법과 이를 통해 기업의 방향성을 파악하는 기술은 ESG 경영에서 한발 앞서 나가기 위해 반드시 필요한 도구입니다. 또한, 직무별로 제공되는 ESG 실천 방안은 각자의 업무에 바로 적용 가능한 실용적 인사이트를 제공합니다.

　그린북은 ESG 경영을 고민하는 실무자들에게 자신감을 불어넣고, 조직 차원에서 ESG 경쟁력을 강화하는 데 든든한 동반자가 될 것입니다. ESG가 우리의 미래를 이끄는 경영의 중심축임을 확신하는 저로서는, 이 책이 개인과 조직 모두에게 실무적 가이드 역할을 해 줄 것이라 믿습니다.

　지속 가능한 미래를 준비하고 실무적 역량을 키우고 싶은 기업과 개인들에게 이 책을 강력히 추천합니다.

양춘승/경제학박사, 한국사회책임투자포럼 상임이사

The Green Book
- ESG로 성과를 내는 사람들 -

    기업들을 대상으로 ESG 컨설팅을 진행하면서, 현장의 고민과 도전을 함께 나누었다. "ESG, 어디서부터 시작해야 할까요?", "우리 회사 규모로는 아직은 ESG가 버거운데...", "당장 해결해야 할 현안이 많은데, ESG까지 신경 쓸 여력이 있을까요?" 이런 질문들을 자주 마주했다.

    그린 북(The Green Book)이란 이름에는 우리의 미래를 향한 깊은 고민이 담겨있다. 기후변화로 인한 위기는 이제 먼 미래의 이야기가 아닌 현실이 되었다. 그러나 우리가 추구하는 '그린'의 가치는 단순히 환경 보호만을 의미하지 않는다. 이는 우리의 후손들에게 더 나은 세상을 물려주기 위한 기업의 진정성 있는 노력이며, 기업이 세대를 이어 지속가능한 성장을 할 수 있게 하는 근본적인 토대. 이를 위해서는 환경적 가치뿐만 아니라, 사회적 책임과 투명한 지배구조가 함께 어우러져야 한다. 이 책에는 ESG 실무 현장에서 실질적인 길잡이가 되고, 각 부서에서 ESG 성과를 만들어내는 데 도움이 되기를 바라는 마음을 담았다.

놀랍게도 우리는 기업의 다양한 부서 안에서 이미 ESG를 실천하고 있었다. 생산팀이 에너지 효율을 높이기 위해 공정을 개선하고, 구매팀이 협력사와 상생을 위해 노력하며, 인사팀이 직원들의 안전과 복지를 위해 제도를 만드는 것. 이 모든 것이 ESG의 실천이었다. 다만 우리가 이를 'ESG'라는 이름으로 인식하지 못했을 뿐이다.

ESG는 특정 부서나 담당자만의 업무가 아니다. 우리가 매일 수행하는 업무 속에 이미 ESG의 가치가 녹아 있다. 재무팀의 리스크 관리, 마케팅팀의 고객 가치 창출, 연구개발팀의 혁신 활동 등 모든 업무가 ESG와 연결되어 있다. 이제 필요한 것은 우리의 업무를 ESG 관점에서 바라보고, 이를 성과로 연결시키는 새로운 시각이다.

이 책에는 ESG 분야에서 선도적인 성과를 만들어낸 글로벌 기업들의 다양한 사례를 담았다. 이들의 혁신적인 접근방식과 실천 전략은 우리 기업들에게 구체적인 방향성과 실행 가이드를 제시할 것이다. 특히 각 부서별로 ESG를 어떻게 접목하고 성과를 창출했는지, 상세한 사례 분석을 통해 실무에 바로 적용할 수 있는 인사이트를 제공하고자 했다.

더불어 지속가능경영보고서를 통해 기업의 현재와 미래를 읽는 방법도 제시한다. 이 보고서는 단순한 성과 보고가 아닌, 기업의 지속가능한 가치를 평가하고 미래 전략을 파악할 수 있는 중요한 도구가 되고 있기 때문이다.

ESG는 이제 새로운 시장과 직업을 만들어내고 있다. ESG 컨설턴트, 탄소배출권 거래 전문가, 지속가능경영 전략가 등 이전에는 없던 새로운 직무들이 생겨나고 있다. 취업준비생들에게는 새로운 진로가 될 수 있으며, 현직자들에게는 전문성을 강화할 수 있는 기회가 될 것이다.

앞으로 2-3년은 ESG 시장의 주도권을 확보할 수 있는 중요한 시기가 될 것이다. 이 시기에 ESG 역량을 선제적으로 확보하는 기업과 개인이 향후 10년, 20년의 시장을 이끌어갈 것이다. 이 책이 ESG를 통해 성과를 내고자 하는 모든 이들에게 실질적인 길잡이가 되기를 바란다.

지금 당신의 자리에서 ESG의 관점으로 업무를 바라보는 것부터 시작해 보자. 작은 변화가 모여 큰 흐름을 만들어낸다. 우리 모두가 각자의 위치에서 ESG 가치를 실천하고 성과를 만들어낼 때, 지속가능한 미래는 더 이상 먼 이야기가 아닌 현실이 될 것이다.

ESG 경영이 선택이 아닌 필수가 된 시대, 실무자들을 위한 역량강화 가이드북 '그린북-ESG로 성과 내는 사람들'을 준비했다. 이 책은 ESG를 어떻게 실천하고 실질적인 성과로 연결할 수 있는지, 글로벌 선도기업들의 생생한 사례와 함께 알아보는 여정이 될 것이다.

책은 총 4개의 파트로 구성되어 있다.

Part 1에서는 ESG 시대에 대한 이해를 돕기 위해 모든 업무가 어떻게 ESG와 연결되어 있는지, 글로벌 비즈니스 환경은 어떻게 변화하고 있는지 살펴본다. 특히 재무, 인사, 마케팅 등 각 직무별로 ESG를 어떻게 접목하여 성과를 낼 수 있는지 구체적인 방안을 제시한다.

Part 2에서는 지속가능경영보고서를 깊이 들여다본다. GRI 스탠다드 같은 글로벌 보고 기준을 이해하고, 선진 기업들의 보고서를 통해 그들의 ESG 전략을 분석하는 방법을 배우게 된다.

Part 3은 실무 적용과 성과 창출에 초점을 맞추어, ESG를 일상 업무에 어떻게 녹여낼 수 있는지, 구체적인 성과는 어떻게 측정하고 관리할 수 있는지 다룬다.

Part 4에서는 ESG 리더십과 성장을 주제로, 조직의 변화 관리와 미래 준비 전략을 제시 하였다.

이 책에서는 ESG 경영을 선도하고 있는 주요 글로벌 기업들의 혁신 사례를 만나볼 수 있다. IT/테크 산업의 거인 애플, 구글, 마이크로소프트는 환경 경영의 새로운 지평을 열고 있으며, 글로벌 소비재 시장을 주도하는 유니레버, 이케아, 파타고니아는 지속가능한 비즈니스 모델을 제시하고 있다. 제조/화학 분야의 혁신 기업 3M과 듀폰, 글로벌 식품 기업 네슬레와 다논, 세계 최대 자산운용사 블랙록 등 각 산업을 대표하는 기업들의 ESG 경영 사례를 심도 있게 분석한다.

주목할 점은 이들 기업의 ESG 활동이 어느 한 영역에 국한되지 않는다는 것이다.

예를 들어, 애플은 환경 분야의 혁신을 넘어 공급망 인권, 다양성과 포용성 측면에서도 선도적인 프로그램을 운영하고 있다. 이 책 전반에 걸쳐 글로벌 주요 기업들의 다차원적 ESG 경영 사례들을 만나게 될 것이며, 우리 기업들이 어떻게 글로벌 수준의 ESG 경영을 실현할 수 있을지에 대한 통찰을 제공할 것이다.

각 장에서 소개되는 기업들의 사례는 서로 다른 관점과 맥락에서 다뤄지며, 이를 통해 ESG 경영의 다양한 측면과 실천 방안을 종합적으로 이해할 수 있을 것이다.

무엇보다 이 책은 ESG를 실천하는 현장의 이야기를 담고 있다. ESG로 실질적인 성과를 내기 위해 고민하고, 질문을 던지고 있는 사람들의 경험과 노하우를 통해, 우리 기업과 실무자들이 나아가야 할 방향을 함께 모색해 보고자 한다.

목 차 Contents

Part 3

ESG 실무 적용과 성과 창출

Part 1

ESG
시대의 이해

THE
GREEN
BOOK

제1장

ESG,
모두의 미래를 위한
새로운 기준

1. 왜 모든 업무가 ESG와 연결되어 있는가

오늘날 기업을 평가하는 기준이 근본적으로 변화하고 있다. 과거에는 매출액과 영업이익 같은 재무적 성과가 기업 가치의 전부였다면, 이제는 환경적 책임(Environmental), 사회적 가치(Social), 투명한 지배구조(Governance)가 새로운 평가 기준으로 자리잡았다. 이것이 바로 ESG다.

특히 기후위기가 현실화되면서 환경 보호는 선택이 아닌 필수가 되었다. 2015년 파리기후협약 이후 '탄소중립'은 글로벌 비즈니스의 새로운 표준이 되었다. 더불어 코로나19 팬데믹은 기업의 사회적 역할과 지속가능성의 중요성을 다시 한번 일깨웠다.

이러한 변화는 전 산업분야에 걸쳐 기업 활동 전반에 영향을 미치고 있다. 주목할 점은 ESG가 특정 부서나 담당자만의 과제가 아니라는 것이다. 모든 업무 영역에서 ESG는 새로운 기회이자 도전과제가 되고 있다. 기업들은 이제 비용과 효율성이라는 전통적인 기준을 넘어, 환경 영향과 사회적 책임까지 고려하며 의사결정을 내려야 한다. 단순한 변화가 아닌, 기업 경영의 패러다임 전환을 의미한다.

환경 보호는 이제 선택이 아닌 필수가 되었다. 기후변화로 인한 위기감이 고조되면서, 기업들은 탄소 배출을 줄이고 자원을 효율적으로 사용하며 폐기물을 줄이는 데 많은 노력을 기울이고 있다. 2015년 파리 기후협약 이후, '탄소중립'이라는 말이 낯설지 않은 시대가 되었다. 단순히 환경 부서만의 과제가 아니라, 모든 업무 영역에서 고려해야 할 핵심 요소가 된 것이다.

사회적 책임도 기업 경영의 중요한 축으로 자리잡았다. 노동자의 권리, 인권 보호, 직장 내 다양성 존중, 지역사회와의 상생은 이제 기업의 기본적인 의무가 되었다. 최근에는 공급망 전체에 걸친 인권 문제, 직장 내 차별 방지, 개인정보 보호 등이 주요 관심사로 떠올랐다. 기업은 더 이상 고립된 섬이 아니라, 다양한 이해관계자들과 함께 성장해야 하는 사회의 구성원이 된 것이다.

투명하고 책임 있는 기업 운영, 즉 지배구조의 중요성도 커졌다. 이 사회는 어떻게 구성되어 있는지, 의사결정은 얼마나 투명하게 이루어지는지, 기업 윤리는 제대로 지켜지고 있는지 등이 면밀히 검토되고 있다. 서류상의 법적 요구사항을 충족하는 수준을 넘어, 기업의 장기적인 생존과 번영을 위한 필수 요소가 되었다.

글로벌 시장의 규제도 빠르게 변화하고 있다. 유럽연합은 2024년부터 기업 공급망 실사제도를 도입한다. EU와 거래하는 모든 기업들이 자사의 공급망 전체에 걸쳐 환경과 인권 상황을 철저히 점검해야 함을 의미한다. 1차 협력사뿐만 아니라 2차, 3차 협력사까지 관리 대상이 되니, 그 영향력이 얼마나 광범위할지 짐작할 수 있다.

2026년부터는 탄소 배출이 많은 제품에 추가 관세를 부과하는 탄소국경조정제도도 시행된다. 처음에는 철강, 시멘트 등 5개 품목을 대상으로 시작하지만, 앞으로 더 많은 제품으로 확대될 전망이다. 수출 중심의 우리 기업들에게는 큰 도전이 될 수밖에 없다.

이미 글로벌 기업들은 변화에 적극적으로 대응하고 있다. 글로벌 생활용품 기업 유니레버(Unilever)는 2039년까지 모든 제품의 탄소 중립 달성을 목표로 정했다. 이미 상당한 성과를 내고 있는데, 2021년 기준으로 전체 농산물 원료의 67%가 지속가능성 인증을 받았다. IT 기업 마이크로소프트는 더 나아가 2030년까지 탄소 네거티브를 달성하겠다고 선언했다. 창사 이래 배출한 모든 탄소를 없애겠다는 2050년까지의 목표는 업계에 신선한 충격을 주었다.

글로벌 기업들의 ESG투자액도 증가하고 있으며, 관련 프로그램을 운영하며 공급망 전체의 참여를 유도하고 있다. 이러한 변화들은 우리에게 ESG가 더 이상 선택이 아님을 보여준다. 모든 업무가 ESG와 연

표 1. 글로벌 기업의 ESG 투자 현황

기업명	ESG 투자액	주요 목표	특별 프로그램
애플	45억 달러	2030 탄소중립	청정 에너지 전환
구글	50억 달러	2025 RE100 달성	순환경제 이니셔티브
아마존	20억 달러	2040 탄소중립	기후서약기금
마이크로소프트	10억 달러	2030 탄소네거티브	기후혁신펀드

결되어 있다는 것은 바로 우리의 모든 의사결정이 환경과 사회, 그리고 기업의 투명성에 영향을 미친다는 것을 의미한다. 부담이 아닌, 지속 가능한 미래를 위한 새로운 기회로 받아들여야 한다.

❶ 산업별 ESG 영향과 대응 방안

각 산업은 저마다의 특성에 따라 ESG에서 직면한 도전과 기회가 다르다. 제조업의 경우, 탄소 배출 저감과 친환경 생산 공정 도입이 가장 시급한 과제로 떠올랐다. 특히 EU의 탄소국경조정제도 도입으로 인해 수출 기업들은 탄소 배출량 측정과 저감에 대한 구체적인 계획이 필요한 상황이다. 글로벌 자동차 기업들은 이미 공급망 전체의 탄소 중립을 목표로 하는 로드맵을 수립하고 있다.

금융권에서는 ESG가 투자의 새로운 기준이 되었다. 세계 최대 자산운용사 블랙록의 래리 핑크 CEO가 "기후 리스크는 투자 리스크"라고 선언한 이후, ESG는 글로벌 금융시장의 새로운 패러다임으로 자리잡

[그림 1] 월마트 프로젝트 기가톤(출처: Walmart Sustainability Hub)

왔다. 국내 금융기관들도 ESG 평가 모델을 도입하고, ESG 연계 대출과 투자 상품을 확대하고 있다.

IT 산업 부분에서는 디지털 전환 과정에서 독특한 ESG 과제에 직면했다. 급증하는 데이터센터의 에너지 소비는 환경적 도전 과제가 되었고, 개인정보 보호와 AI 윤리는 사회적 책임의 새로운 영역으로 부상했다. 구글과 마이크로소프트 같은 글로벌 기업들은 데이터센터의 100% 재생에너지 전환을 선언하고, AI 윤리 가이드라인을 수립하며 이러한 도전에 대응하고 있다.

유통 산업은 포장재 폐기물과 공급망 관리가 핵심 과제로 다뤄지고 있다. 월마트(Walmart)는 '프로젝트 기가톤(Project Gigaton)'을 통해 2030년까지 월마트의 공급망에서 발생하는 온실가스를 10억 톤 감축하겠다는 목표를 세웠다. 단순한 선언을 넘어 공급망의 협력사들과 함께 구체적인 감축 계획을 수립하고 이행하는 혁신적인 시도로 평가받고 있다.

❷ 중소기업의 ESG 도전과 기회

글로벌 공급망 재편으로 중소기업의 ESG 대응은 더 이상 미룰 수 없는 과제가 되었다. EU의 기업 공급망 실사제도는 글로벌 기업과 직접 거래하는 1차 협력사뿐만 아니라 2차, 3차 협력사까지 영향을 미치게 된다. 예를 들어, 한국의 자동차 부품 제조 중소기업이 유럽 기업과 직접 거래하지 않더라도, 국내 대기업의 협력사라면 ESG 기준을 충족해야만 하는 상황을 마주하게 된 것이다.

공급망 압박과 더불어 금융 조달 측면에서도 ESG는 중요한 변수로 부상하고 있다. 2023년 한국은행 자료에 따르면, 국내 주요 은행들이 대출 심사에 ESG 평가를 도입하기 시작했다. ESG 성과가 우수한 기업은 금리 우대나 한도 확대 등의 혜택을 받을 수 있어, 자금 조달 비용 절감의 기회가 되고 있다.

이처럼 ESG 대응이 불가피한 상황에서, 중소기업들은 이를 단순한 비용이나 규제 준수 차원을 넘어 새로운 사업 기회로 활용할 수 있다. 비록 대기업에 비해 인프라나 시스템 운영 측면에서는 부족할 수 있으나, ESG 성과가 우수한 중소기업은 신규 고객 확보와 기존 거래처 유지에서 확실한 경쟁 우위를 보여주고 있다. 실제로 국내 중소기업 중

친환경 포장재 제조업체는 생분해성 소재 개발에 선제적으로 투자해 시장을 선도하는 성과를 거두고 있다.

ESG 전환의 흐름 속에서 RE100(Renewable Electricity 100%)은 중소기업에게 또 하나의 중요한 도전 과제가 되고 있다. 개별 기업이 직접 재생에너지 설비를 구축하기 어렵다면, 한국전력공사의 '녹색프리미엄' 제도나 '신재생에너지 공급인증서(Renewable Energy Certificates, REC)' 구매를 활용하는 것도 하나의 방안으로 살펴볼 수 있다. 중소기업들은 이런 제도들을 활용하여 점진적으로 재생에너지 전환을 시도할 수 있다.

❸ 대기업의 협력사 ESG 상생 모델

대기업들은 공급망 ESG 관리의 중요성을 인식하고, 실질적인 도움이 되는 지원 프로그램을 운영하고 있다. 국내 주요 대기업들은 협력사의 ESG 역량 강화를 위한 통합 지원 체계를 구축하고 있다. 특히 글로벌 공급망 실사 법제화와 ESG 경영 요구가 강화되면서, 협력사 지원의 범위와 깊이가 더욱 확대되고 있다.

대기업의 협력사 ESG 상생 모델은 크게 세 가지 방향으로 발전하고 있다. 첫째, ESG 진단과 컨설팅 지원이다. 전문가들이 협력사를 직접 방문하여 환경, 안전, 노동, 인권 등 ESG 전 영역에 대한 진단을 실시하고, 맞춤형 개선방안을 제시한다. 특히 중소 협력사들이 어려워하는 온실가스 관리나 안전보건 체계 구축 등에 대해 실질적인 가이드라인을 제공하고 있다.

둘째, ESG 개선을 위한 자금과 기술 지원이다. 협력사들이 노후 설비를 친환경 설비로 교체하거나 안전 시설을 보강할 때 필요한 자금을 저리로 지원해 준다. 또한 에너지 효율화, 오염물질 저감, 안전관리 시스템 구축 등에 필요한 기술도 공유하고 있다. 이러한 지원은 협력사의 ESG 리스크를 줄이는 동시에 경영 효율성도 높이는 효과를 가져온다.

셋째, ESG 역량 강화를 위한 교육과 네트워크 구축이다. 협력사 임직원들을 위한 체계적인 ESG 교육 프로그램을 운영하고, 우수 사례 공유 플랫폼을 통해 협력사들의 자발적인 참여를 독려하고 있다. 특히 협력사들이 서로의 경험과 노하우를 공유할 수 있는 네트워크를 만들어, 상호학습과 협력의 기회를 제공해 주고 있다.

대기업의 다양한 협력사 지원 프로그램들은 공급망 내 협력사의 ESG 역량 강화가 곧 기업 생태계 전체의 지속가능성과 경쟁력 강화로 이어진다는 인식에 기반하고 있다. ESG 리스크는 공급망 전체로 연결되어 있기 때문에, 협력사의 ESG 관리는 대기업 자신의 리스크 관리이자 새로운 가치 창출의 기회가 되고 있다.

❹ 규제 환경의 변화와 대응의 필요성

향후 5년간 ESG 규제 환경은 더욱 강화될 전망이다. 특히 2025년은 글로벌 ESG 규제의 본격적인 시작점이 될 것이다. EU의 기업 공급망 실사제도가 시행되면서, 유럽 시장과 연결된 모든 기업들은 환경과 인권에 대한 철저한 실사가 필요하다. 마치 도미노처럼 글로벌 공급망 전체에 영향을 미칠 것이다. 특히 원자재 조달부터 생산, 유통에 이르는 전 과정에서 환경 영향과 인권 리스크를 평가하고 관리해야 하는 부담이 커질 것으로 예상된다.

ESG 정보 공시도 더욱 구체화되고 있다. 과거 대기업 중심의 지속가능경영보고서 발간이 이제는 중소기업에게도 현실적인 과제가 되었다. 특히 탄소배출량, 용수 사용량, 폐기물 발생량 등 환경 데이터는 제3자 검증까지 요구되는 추세다. 이러한 변화에 대응하기 위해서는 체계적인 데이터 관리 시스템 구축이 시급하다. 국제 표준에 부합하는 ESG 정보 관리 체계를 구축하지 못한 기업들은 글로벌 시장에서 경쟁력을 잃을 수 있다.

2026년 시행 예정인 EU의 탄소국경조정제도는 수출 기업들에게 큰 도전이 될 것이다. 기업들은 탄소배출 현황을 정확히 파악하고, 단계적인 감축 계획을 수립해야 한다. 이 과정에서 정부의 '중소기업 탄소중립 지원사업' 같은 지원 제도를 적극 활용할 필요가 있다. 또한 저탄소 생산 기술 도입, 에너지 효율화, 재생에너지 전환 등 구체적인 감축 수단도 검토해야 한다.

이러한 규제 강화 추세에 대응하기 위해서는 기업들의 선제적인 준비가 필수적이다. 우선 ESG 관련 규제를 모니터링하고 분석하는 전담 조직이나 인력 배치가 필요하다. 더불어 ESG 리스크 관리 체계를 구축하고, 관련 투자 계획도 수립해야 한다. 특히 중소기업의 경우, 산업계 협회나 정부 지원 사업을 통해 규제 대응 역량을 강화할 수 있다.

장기적으로는 ESG를 새로운 기회 요인으로 활용하는 전략적 접근도 중요하다. 규제 준수를 넘어 친환경 기술 개발, 지속가능한 비즈니스 모델 혁신 등을 통해 경쟁력을 강화할 수 있다. ESG 경영은 이제 선택이 아닌 필수가 되었으며, 이에 대한 체계적이고 종합적인 대응이 기업의 생존과 성장을 좌우하게 될 것이다.

❺ 미래 전망과 준비 방향

ESG는 이제 단순한 규제 대응이나 일시적 트렌드를 넘어 기업 경영의 새로운 패러다임이 되었다. 특히 수출 의존도가 높은 한국 기업들에게 ESG는 글로벌 시장에서의 생존과 직결된 문제다. 주목할 점은 ESG가 비용 중심이 아닌, 가치 창출의 관점으로 진화하고 있다는 것이다.

ESG 기술 혁신은 새로운 기회를 제공할 것이다. 탄소 포집 및 저장 기술(Carbon Capture, Utilization and Storage, CCUS), 수소 에너지, 배터리 재활용 기술 등은 향후 급성장이 예상되는 분야다. 한국 기업들은 이미 배터리, 수소 등 친환경 기술 분야에서 경쟁력을 확보하고 있어, 이를 바탕으로 ESG 시장에서도 선도적 위치를 차지할 수 있을 것이다.

순환경제로의 전환도 가속화될 전망이다. 자원 재활용, 제품 수명 연장, 공유 경제 등 순환경제 모델은 새로운 비즈니스 기회를 창출할 것이다. 특히 플라스틱 규제 강화로 인해 친환경 소재와 재활용 기술 분야의 성장이 기대된다.

또한 ESG 데이터 관리와 분석 시장이 급성장할 것으로 예상된다. ESG 성과 측정, 리스크 평가, 정보 공시 등을 지원하는 디지털 솔루션에 대한 수요가 증가할 것이다. 특히나 IT 강국인 한국 기업들에게 새로운 기회가 될 수 있다.

ESG는 결국 기업의 지속가능한 성장을 위한 필수 요소가 되었다. 이를 얼마나 전략적으로 접근하고 내재화하느냐가 기업의 미래 경쟁력을 좌우할 것이다. 특히 중소기업들은 ESG를 단순한 부담이 아닌 혁신의 기회로 삼아, 장기적인 관점에서 체계적인 준비를 해나가야 할 것이다. 변화의 시기에 ESG를 새로운 성장 동력으로 활용하는 기업만이 미래 시장의 주역이 될 수 있을 것이다.

2. 글로벌 비즈니스 환경의 변화

❶ 글로벌 규제 동향과 새로운 변화의 물결

▶ EU의 선도적 규제 정책

글로벌 비즈니스 환경이 근본적인 변화를 맞이하고 있다. 특히 EU가 주도하는 강력한 환경 규제는 전 세계 기업들의 경영 방식을 획기적으로 바꾸고 있다. 변화의 중심에는 기업 공급망 실사제도(Corporate

Sustainability Due Diligence Directive, CSDDD)와 탄소국경조정제도 (Carbon Border Adjustment Mechanism, CBAM)가 있다.

2024년부터 시행된 EU의 기업 공급망 실사제도는 글로벌 공급망 전반에 걸쳐 큰 파급효과를 미칠 것으로 예상된다. 이 제도는 EU에서 사업을 영위하는 모든 기업들에게 적용되며, 특히 주목할 만한 점은 실사 범위가 직접적인 거래 관계를 넘어선다는 점이다. 예를 들어, 한국의 중소기업이 독일 기업에 부품을 납품하는 2차 협력사라고 가정해 보자. 이 경우 해당 중소기업도 EU의 환경 기준과 인권 기준을 충족해야만 거래 관계를 지속할 수 있게 되었다.

탄소국경조정제도는 더욱 직접적인 영향을 미칠 것으로 보인다. 2026년부터 본격 시행되는 이 제도는 제품의 생산 과정에서 발생한 탄소 배출량에 따라 추가 관세를 부과하게 된다. 초기에는 철강, 시멘트, 알루미늄, 비료, 전기 등 5개 품목을 대상으로 시작하지만, 점차 적용 범위가 확대될 전망이다. 마치 '관세장벽'처럼 작용할 이 제도는 글로벌 교역의 새로운 게임 체인저가 될 것이다.

▶ 미국을 비롯한 주요 아시아 지역의 대응

EU의 선도적 정책에 발맞추어 다른 국가들도 유사한 규제를 도입하고 있다. 미국의 경우, 연방정부 차원의 포괄적 규제는 아직 미비하나 주별로 적극적인 움직임을 보이고 있다. 캘리포니아주는 2022년 '기후책임기업법(Climate Corporate Accountability Act)'을 통과시켜 연간 매출 10억 달러(약 1조 3천억 원) 이상인 기업들의 온실가스 배출량 공개를 의무화했다. 뉴욕주 역시 금융기관들을 대상으로 '기후변화 금융리스크 지침'을 발표하며 기후변화 대응에 동참하고 있으며, 그 규모와 범위를 넓혀가고 있다.

아시아 지역에서도 이러한 움직임은 적극적으로 일어나고 있다. 일본은 2050년 탄소중립 목표 달성을 위해 '그린 트랜스포메이션(Green Transformation, GX)' 정책을 추진 중이며, 2026년부터 단계적으로 탄소배출권 거래제를 도입할 예정이다. 중국 역시 2060년 탄소중립 달성을 목표로 전국단위 탄소배출권 거래제를 시행하고 있으며, 점차 규제를 강화하는 추세다.

▶ 기후위기 대응을 넘어선 패러다임의 전환

기업들의 환경 대응은 이제 단순한 탄소 배출 감축을 넘어 생태계 전반으로 확대되고 있다. 특히 주목할 만한 변화는 '넷제로(Net Zero)'에서 '네이처 포지티브(Nature Positive)'로의 전환이다. 마치 건강검진에서 특정 질병의 유무만을 체크하는 것이 아니라, 전반적인 건강 상태를 종합적으로 평가하는 것처럼, 기업의 환경 영향도 더욱 포괄적인 관점에서 평가되고 있다.

넷제로가 온실가스 순배출량을 영(0)으로 만드는 것을 목표로 한다면, 네이처 포지티브는 생태계의 순기능 증가를 추구한다. 한 기업이 탄소 배출을 완전히 상쇄하여 넷제로를 달성했다 하더라도, 그 과정에서 생물다양성이 감소했다면 네이처 포지티브 관점에서는 불충분한 것이다. 유니레버(Unilever)는 2030년까지 넷제로 달성뿐만 아니라, 사업 운영 지역의 생물다양성 회복까지 목표로 설정하면서 선도적인 정책을 보여주고 있다.

❷ 주요 글로벌 이니셔티브의 등장

앞서 설명한 것 처럼 글로벌 ESG 이니셔티브는 크게 두 가지 방향성을 가지고 발전하고 있다. 하나는 기후변화 대응을 위한 '넷제로(Net Zero)'이고, 다른 하나는 생태계 회복을 위한 '네이처 포지티브(Nature Positive)'다. 이 두 가지 방향성은 상호 보완적이면서도 각각의 목표와 접근 방식을 가지고 있다.

표 2. 글로벌 환경 이니셔티브의 주요 특징과 목표

구분	넷제로	네이처 포지티브
주요 목표	온실가스 순배출량 0	생태계 순기능 증가
평가 범위	탄소 배출량	생물다양성, 생태계 서비스
달성 방식	감축 + 상쇄	보전 + 복원 + 혁신
목표 시점	대부분 2050년	2030년부터 순증가

▶ 넷제로(Net Zero)- 탄소중립을 향한 도전

넷제로는 인간 활동으로 발생하는 온실가스 배출량을 실질적으로 '0'

으로 만드는 것을 목표로 한다. 여기서 '순(Net)'이라는 표현이 중요한데, 불가피하게 발생하는 탄소 배출량만큼 이를 상쇄하는 활동을 통해 전체적인 균형을 맞추겠다는 의미다. 파리기후협약 이후 글로벌 스탠다드로 자리잡은 넷제로는 이제 기업 경영의 필수 과제가 되었다.

애플(Apple)은 2030년까지 제품 생산부터 폐기까지 전 과정의 탄소 배출을 넷제로로 만들겠다는 목표를 세웠다. 이를 위해 재생에너지 사용 확대, 제품 설계 변경, 공급망 탄소 감축 등 포괄적인 접근을 시도하고 있다. 불가피한 배출량에 대해서는 탄소 포집(Carbon Capture) 기술 투자와 산림 보호 프로젝트를 통해 상쇄하는 전략을 채택했다.

▶ 네이처 포지티브(Nature Positive)- 생태계 회복을 위한 새로운 패러다임

네이처 포지티브는 단순한 환경 보호를 넘어 자연을 적극적으로 회복시키고 생태계의 순기능을 강화하는 것을 목표로 한다. 2020년 세계경제포럼(WEF)이 제시한 이 개념은 2030년까지 자연의 순손실을 멈추고, 2050년까지는 1970년 수준의 생태계 건강성을 회복하는 것을 지향한다.

ESG의 다양한 분야에서 선도사례를 보여주고 있는 유니레버의 '재생농업 프로그램'은 네이처 포지티브의 좋은 예시다. 이 프로그램은 토양 건강성 회복, 생물다양성 증진, 수자원 보호를 통해 농업 생태계를 적극적으로 개선하는 것을 목표로 하고 있다. 단순히 환경 파괴를 줄이는 것이 아니라, 농업 활동이 오히려 생태계를 풍부하게 만드는 선순환을 만들어내고 있다.

이 두 이니셔티브는 상호보완적이라 할 수 있다. 탄소중립만으로는 이미 손상된 생태계를 회복시킬 수 없으며, 생태계 회복 없이는 지속가능한 탄소중립도 달성하기 어렵다. 대표적 사례로 알려진 맹그로브 숲의 복원 사업은 탄소 흡수 기능을 강화하면서 동시에 해양 생태계를 풍부하게 만드는 일석이조의 효과를 보여주는 사례이다.

❸ 탄소배출 감축을 위한 글로벌 이니셔티브

기후변화 대응을 위한 탄소감축 이니셔티브는 기업의 구체적인 온실가스 감축 목표 설정과 이행을 지원하는 것을 목적으로 한다. 특히 파리기후협약(2015) 이후 탄소중립이 글로벌 과제로 대두되면서, 기업의 자발적 참여를 이끌어내고 실질적인 감축 성과를 도출하기 위한 다양한 이니셔티브들이 등장했다. 이 중 RE100과 SBTi는 가장 영향력 있는 이니셔티브로 자리잡았으며, 전 세계 주요 기업들의 적극적인 참여를 이끌어내고 있다.

▶ RE100(Renewable Energy 100%)

RE100은 2014년 클라이밋 그룹과 CDP가 공동으로 출범한 이니셔티브로, 기업들이 2050년까지 사용 전력의 100%를 재생에너지로 전환하는 것을 목표로 한다. 단순한 선언에 그치지 않고 매년 이행 현황을 공개하고 제3자 검증을 받도록 함으로써 실효성을 확보하고 있다.

현재 380개 이상의 글로벌 기업이 참여하고 있으며, 이들의 연간 전력 소비량은 전 세계 전력 소비량의 약 2.5%를 차지할 정도로 영향력이 크다. 구글, 애플, 마이크로소프트 같은 글로벌 기업들은 이미 100% 재생에너지 전환을 달성했거나, 24/7 무탄소 에너지 사용과 같은 더 높은 목표를 설정하며 시장을 선도하고 있다.

▶ SBTi(Science Based Targets initiative)

과학기반 감축 목표 이니셔티브(SBTi)는 2015년 설립된 이후 기업들의 온실가스 감축 목표가 과학적 근거에 기반하도록 보장하는 핵심적인 역할을 수행하고 있다. 파리협정의 1.5℃ 목표 달성을 위해 필요한 감축량을 산정하고, 이에 따라 기업별 감축 목표를 설정하도록 지원하고 있다. SBTi의 특징은 산업별 특성을 고려한 차별화된 감축 경로를 제시한다는 점이다. 예를 들어, 철강 산업과 IT 산업의 감축 경로는 각 산업의 기술적, 경제적 특성을 반영하여 다르게 설정하는 것이다. SBTi에는 현재 3,500개 이상의 기업이 참여하고 있으며, 이들의 시가총액 합계는 전 세계 시가총액의 약 35%를 차지할 정도로 활발하다. 그러한 이유가 SBTi의 검증을 받은 감축 목표는 투자자들에게 신뢰성 있는 지표로 인정받고 있으며, 기업의 ESG 평가에서도 중요한 요소로 작용하고 있기 때문이다.

❹ 생태계 보전을 위한 글로벌 이니셔티브

생태계 보전을 위한 이니셔티브들은 기후변화 대응을 넘어 생물다양성, 수자원, 토양 등 자연환경 전반의 보호와 회복을 목표로 한다. 특히 2020년 세계경제포럼이 생물다양성 손실을 글로벌 최상위 리스크로 지목한 이후, 자연환경 보전의 중요성이 더욱 부각되었다. 이러한 배경에서 TNFD와 SBTN은 기업의 자연환경 영향을 측정하고 관리하는 새로운 기준을 제시하며 시장을 선도하고 있다.

▶ TNFD(Taskforce on Nature-related Financial Disclosures)

TNFD는 2021년 공식 출범한 이니셔티브로, 기업과 금융기관이 자연환경 관련 리스크와 기회를 평가하고 공시하는 표준화된 프레임워크를 제공한다. 기후변화에 초점을 맞춘 TCFD의 성공을 생태계 전반으로 확장한 것으로 지배구조, 전략, 리스크 관리, 지표와 목표라는 네 가지 핵심 영역에 대한 공시를 요구한다. 현재 1,000개 이상의 기업과 금융기관이 참여하고 있으며, 2023년부터 본격적인 프레임워크 적용이 시작되었다. TNFD의 프레임워크는 투자자들이 기업의 자연환경 리스크를 평가하는 핵심 기준이 되고 있으며, ESG 투자 의사결정에 중요한 영향을 미치고 있다.

▶ SBTN(Science Based Targets for Nature)

SBTN은 SBTi의 성공 모델을 자연환경 영역으로 확장한 이니셔티브로, 2030년까지 자연손실 제로(Nature Loss Zero) 달성을 목표로 한다. 특히 물, 토지, 해양, 생물다양성 등 다양한 영역에 대해 과학적 근거에 기반한 목표 설정 방법론을 제공하는 것이 특징이다. 현재 100개 이상의 선도 기업이 참여하고 있으며, 이들은 자사의 사업이 자연환경에 미치는 영향을 측정하고 개선하기 위한 구체적인 목표를 수립하고 있다. SBTN의 방법론은 특히 생물다양성 보전, 수자원 관리, 토지 이용 변화 등에 대한 기업의 책임 있는 접근을 요구하며, 글로벌 공급망 전반에 걸쳐 자연친화적인 비즈니스 관행을 확산시키는 데 기여하고 있다.

표 3. 주요 환경 이니셔티브별 기업 참여 현황 및 목표

이니셔티브	참여기업 수	주요 목표	달성시점	검증방식
RE100	380+	100% 재생에너지	~2050	제3자 검증
SBTi	3,500+	1.5℃ 목표 부합	~2030	과학기반 검증
TNFD	1,000+	자연영향 공시	2023~	프레임워크 준수
SBTN	100+	자연영향 목표	~2030	과학기반 검증

❺ 순환경제 구축을 위한 글로벌 이니셔티브

순환경제 이니셔티브는 '취득-사용-폐기'로 이어지는 전통적인 선형 경제 모델을 탈피하고, 자원의 순환적 사용을 촉진하는 새로운 경제 시스템 구축을 목표로 한다. 특히 플라스틱 오염, 자원 고갈, 폐기물 중

가 등 글로벌 환경 문제가 심화되면서, 순환경제로의 전환은 지속가능한 미래를 위한 필수 과제로 대두되었다. 이러한 배경에서 EMF(Ellen MacArthur Foundation)의 순환경제 이니셔티브는 글로벌 표준을 제시하며 산업계의 변화를 선도하고 있다.

▶ EMF(Ellen MacArthur Foundation) 순환경제 이니셔티브

EMF 순환경제 이니셔티브는 2010년 설립된 엘렌 맥아더 재단이 주도하는 글로벌 프로그램으로, 특히 '새로운 플라스틱 경제(New Plastics Economy)' 프로젝트를 통해 큰 영향력을 발휘하고 있다. 이 이니셔티브는 2025년까지 모든 플라스틱 포장재를 재사용, 재활용, 퇴비화가 가능하도록 전환하는 것을 목표로 한다. 현재 500개 이상의 기업과 조직이 참여하고 있으며, 이들의 플라스틱 포장재 사용량은 전 세계 플라스틱 포장재 시장의 20% 이상을 차지한다. 참여 기업들은 구체적인 감축 목표를 설정하고 정기적으로 진행 상황을 보고해야 하며, 이를 통해 실질적인 변화를 이끌어내고 있다.

EMF의 이니셔티브는 단순한 재활용을 넘어 제품 설계 단계부터 순환성을 고려하도록 하는 혁신적인 접근을 요구한다. 유니레버는 이 이니셔티브에 참여하여 2025년까지 모든 플라스틱 포장재를 재사용, 재활용, 퇴비화가 가능한 소재로 전환하고, 재활용 플라스틱 사용 비율을 25%까지 높이겠다는 목표를 설정했다. 코카콜라는 2030년까지 판매하는 모든 병과 캔의 회수율을 100%로 높이고, 재활용 원료 사용 비율을 50% 이상으로 확대하는 등 구체적인 실천 계획을 수립했다.

순환경제 이니셔티브는 기업의 비즈니스 모델 자체를 변화시키는 동시에, 소비자의 인식과 행동 변화도 이끌어내고 있다. 특히 제품의 수명주기 전반에 걸친 환경 영향을 고려하는 '요람에서 요람으로 (Cradle to Cradle)' 접근방식은 지속가능한 생산과 소비의 새로운 패러다임으로 자리잡고 있다. EMF의 이니셔티브는 변화를 체계적으로 지원하고 가속화하는 핵심 동력이 되고 있다.

❻ 이니셔티브 간의 상호 연계성과 통합적 접근

글로벌 ESG관련 이니셔티브들은 각각의 고유한 목표와 방법론을 가지고 있지만, 궁극적으로는 지속가능한 미래를 위한 하나의 큰 그림을 그리고 있다. 이들의 상호 연계성을 이해하는 것은 효과적인 ESG 전략 수립에 핵심적이다.

탄소배출 감축을 위한 RE100과 SBTi, 생태계 보전을 위한 TNFD와 SBTN, 그리고 순환경제를 위한 EMF 이니셔티브는 서로 긴밀하게 연결되어 있다. 순환경제의 실천은 자원 사용과 폐기물 감소를 통해 탄소배출 저감에 기여하며, 생태계 보전 활동은 자연의 탄소 흡수 능력을 강화하는 데 도움이 된다.

이러한 연계성은 다음과 같은 선순환을 만들어낸다.

• RE100을 통한 재생에너지 전환은 SBTN의 생태계 보전 목표 달성에 기여

- TNFD의 자연환경 리스크 평가는 EMF의 순환경제 전략 수립에 중요한 기준을 제공
- EMF의 순환경제 실천은 SBTi의 탄소감축 목표 달성을 지원

결과적으로, 이니셔티브들은 각자의 영역에서 환경 회복을 위한 구체적인 목표와 실천 방안을 제시하면서도, 통합적으로는 지속가능한 경제 시스템 구축이라는 공동의 목표를 향해 나아가고 있다. 기업들은 이러한 상호 연계성을 이해하고 활용함으로써 더욱 효과적이고 포괄적인 ESG 전략을 수립할 수 있게 된다.

표 4. 주요 환경 이니셔티브 간 연계성

구분	기후변화 대응	생태계 보전	순환경제	정보공시
RE100	◎	△	○	○
SBTi	◎	○	○	◎
TNFD	○	◎	○	◎
SBTN	○	◎	○	◎
EMF	○	○	◎	○

(◎: 직접 관련, ○: 간접 관련, △: 부분 관련)

❼ 공급망 전반으로 확대되는 환경 책임과 기업의 대응

기업의 환경 책임이 근본적으로 변화하고 있다. 과거에는 기업의 직접적인 사업 영역에서 발생하는 환경 영향만을 관리하면 충분했지만,

Apple has set an ambitious goal to be carbon neutral across its global supply chain by 2030

200+ suppliers
committed to using clean energy like wind or solar for their Apple production

3,000 GWh
of new renewable energy across Europe per year by 2030 to address the electricity used by Apple devices on the continent

1 million metric tons
of carbon forecast to be removed in 2025 through Apple's Restore Fund

[그림 2] 애플 2030 탄소중립 목표(출처: apple.com)

이제는 공급망 전체에 걸친 환경 책임이 요구되고 있다. 이러한 변화는 글로벌 규제 환경의 변화와 시장의 요구가 맞물린 결과다. EU의 공급망 실사제도는 기업들이 공급망 전반의 환경 영향을 관리해야 함을 명확히 했으며, 금융시장 역시 기업의 환경 성과를 평가할 때 공급망 전체의 영향을 고려하기 시작했다.

환경 변화는 기업 경영의 패러다임을 바꾸고 있다. 글로벌 기업들은 더 이상 개별적인 환경 과제 대응이나 단편적인 성과 관리에 그치지 않는다. 공급망 전체를 아우르는 통합적인 환경 관리 체계를 구축하고, 다양한 환경 이니셔티브를 유기적으로 연계하여 시너지를 만들어내고 있다.

애플이 2030년까지 제품 전과정의 탄소 중립을 목표로 300개 이상의 협력사와 함께 재생에너지 전환을 추진하는 것은 통합적 접근의 대표적인 사례다.

더욱 주목할 점은 변화가 선택이 아닌 필수가 되었다는 것이다. 금융시장은 이미 환경 성과를 기업 가치 평가의 핵심 요소로 삼고 있으며, 지속가능성 연계 채권과 같은 새로운 금융 상품의 등장은 환경 성과와 재무적 성과의 연계를 더욱 강화하고 있다.

❽ 공급망 전체의 환경 책임 공유와 협력적 실천의 중요성

이제 기업의 환경 성과는 개별 기업의 노력만으로는 달성할 수 없게 되었다. 공급망에 속한 모든 기업들이 하나의 환경 공동체로서 협력하고 실천해야 하는 시대가 온 것이다. 대기업과 중소기업 모두에게 새로운 도전이자 기회가 되고 있다. 대기업은 협력사의 환경 역량 강화를 지원하고, 중소기업은 이를 새로운 성장의 기회로 활용해야 한다.

유니레버나 애플과 같은 글로벌 기업들의 사례는 변화의 방향을 잘 보여준다. 이들은 단순히 협력사에게 환경 기준 준수를 요구하는 것을 넘어 기술 지원, 자금 지원, 교육 프로그램 제공 등 실질적인 지원을 통해 공급망 전체의 환경 역량을 높이고 있다. 이는 환경 책임이 단순한 비용이나 규제 준수의 차원을 넘어, 기업 생태계 전체의 지속가능한 성장을 위한 필수 요소가 되었음을 의미한다.

변화는 앞으로 더욱 가속화될 전망이다. EU를 중심으로 한 글로벌 환경 규제는 더욱 강화될 것이며, 금융시장의 환경 성과 요구도 더욱 구체화될 것이다. 특히 주목해야 할 점은 이러한 변화가 특정 산업이나 기업군에 국한되지 않는다는 것이다. 모든 산업, 모든 규모의 기업들이 이러한 변화에 대응해야 하는 시대가 도래한 것이다.

따라서 기업들은 지금부터 체계적이고 전략적인 준비를 시작해야한다. 우선 자사의 환경 영향을 정확히 파악하고, 이를 관리할 수 있는 시스템을 구축해야 한다. 더불어 협력사와의 관계를 재정립하여, 환경 책임을 함께 이행할 수 있는 협력적 거버넌스를 만들어가야 한다. 단기적으로는 부담이 될 수 있지만, 장기적으로는 기업의 지속가능한 성장을 위한 필수 투자가 될 것이다.

환경분야의 책임 확대는 거스를 수 없는 시대적 흐름이 되었다. 이제 중요한 것은 변화를 얼마나 빠르게 인식하고, 얼마나 효과적으로 대응하는지에 달려있다. 공급망 전체가 하나의 환경 공동체로서 협력하고 실천할 때, 진정한 의미의 지속가능한 성장이 가능할 것이다. 이것이 바로 우리 기업들이 직면한 새로운 도전이자, 반드시 해결해야 할 과제인 것이다.

❾ 기업 생존을 좌우하는 새로운 패러다임

향후 변화의 양상은 단순한 트렌드나 일시적인 현상이 아니다. 글로벌 환경 규제의 강화, 금융시장의 압박, 소비자의 인식 변화는 이미 되돌릴 수 없는 흐름이 되었다. 특히 EU의 탄소국경조정제도와 공급망 실사제도는 직접적인 수출 기업뿐만 아니라, 공급망에 속한 모든 기업들에게 영향을 미치게 될 것이다. 환경 책임이 더 이상 선택의 문제가 아닌, 기업 생존의 필수 요소가 되었음을 의미한다.

공급망 관리에서 환경 책임이 핵심 요소로 부상한 것은 바로 이 때문이다. 어느 한 기업의 환경 리스크는 연쇄적으로 전체 공급망에 영향을 미치게 되며, 곧 비즈니스의 지속가능성과 직결된다. 따라서 기업들은 자사의 환경 영향 관리를 넘어, 공급망 전체의 환경 역량을 높이는 데 주목해야 한다.

이제 기업들은 새로운 도전을 시작해야 한다. 대기업은 협력사와 함께 성장하는 환경 경영 체계를 구축해야 하며, 중소기업은 이를 새로운 경쟁력 확보의 기회로 삼아야 한다. 산업별 특성에 맞는 구체적인 대응 전략 수립, 효과적인 이행 체계 구축, 성과 관리 시스템 마련 등 해결해야 할 과제가 많다. 그러나 이러한 도전을 피해갈 수는 없다. 오히려 얼마나 빠르게, 그리고 효과적으로 대응하느냐가 기업의 미래를 결정짓는 핵심 요소가 될 것이다.

제2장

ESG와
나의 연결고리

1. ESG가 일상 업무에 미치는 영향

당신의 하루 업무는 어떻게 시작되는가? 아마도 노트북을 켜고, 이메일을 확인하고, 회의에 참석하는 일상적인 루틴일 것이다. 얼핏 보기에 ESG와는 무관해 보이는 이러한 일상적인 업무들이 실은 ESG와 깊은 관련이 있다는 사실을 알고 있는가?

ESG는 이제 특별한 과제나 프로젝트가 아닌, 모든 업무의 기본 전제가 되고 있다. 마치 품질관리가 제품 생산의 필수 요소이듯, ESG는 모든 의사결정과 업무 수행의 필수 고려사항이 되었다.

사소해 보이는 프린터 사용부터 큰 프로젝트 결정까지, ESG는 새로운 기준을 제시한다. 예를 들어, 구글(Google)은 2022년부터 모든 내부 보고서에 '환경 영향 평가 섹션'을 의무적으로 포함하도록 했다. 심지어 회의실 예약 시스템에도 에너지 효율성을 고려한 최적 배정 알고리즘을 도입했다.

표 5. 일상 업무의 ESG 변화 사례

업무 영역	기존 방식	ESG 통합 방식	기대 효과
회의 진행	대면 회의 중심	하이브리드 방식	탄소 배출 감소
문서 관리	종이 문서	디지털 문서	자원 절약
출장 관리	비용 중심	환경영향 고려	지속가능성 제고
업무 공간	에너지 효율 미고려	친환경 설계	운영비용 절감

구글의 사례처럼 글로벌 기업들에게 있어 종이가 없는 사무실은 더이상 선택이 아닌 필수가 되었다. 많은 선도 기업들이 디지털 문서 관리 시스템을 도입하여 종이 사용량을 대폭 감축하고 있으며, 이를 통해 상당한 비용 절감 효과와 함께 환경 영향도 크게 줄여나가고 있다.

❶ ESG가 변화시키는 업무 수행 방식

기업의 일상적인 업무 수행 방식이 ESG라는 새로운 패러다임과 함께 근본적인 변화를 맞이하고 있다. 이러한 변화는 단순한 환경 보호나 사회적 책임 이행을 넘어, 기업의 지속가능한 성장을 위한 필수적인 혁신으로 자리잡았다. ESG가 가져온 주요한 업무 방식의 변화들을 세부적으로 살펴보자.

▶ 의사결정 프로세스의 진화

과거의 기업 의사결정은 '비용과 수익'이라는 단순한 등식으로 이루어졌다. 그러나 이제는 작은 사무용품 구매부터 대규모 프로젝트 진행까지, 모든 의사결정 과정에서 ESG 관점의 평가가 필수적인 요소가 되었다. 많은 글로벌 기업들은 투자 결정 과정에 환경 영향 평가를 도입하고 있다. 단순한 지표 추가가 아닌, 의사결정의 패러다임 자체를 바꾸는 혁신적인 시도이다. 예를 들어, 새로운 생산 설비 도입을 검토할 때 초기 투자비용과 예상 수익뿐 아니라, 해당 설비의 에너지 효율성, 탄소 배출량, 폐기물 발생량까지 종합적으로 고려하게 된 것이다. 이러한 접근은 기업들이 더 환경 친화적인 투자 대안을 선택하게 하는 긍정적인 변화를 이끌어내고 있다.

▶ 업무 평가 기준의 확장

조직의 성과 평가 기준도 큰 변화를 맞이했다. 단순한 실적 중심의 평가에서 벗어나, ESG 관련 목표 달성도가 중요한 평가 요소로 자리잡은 것이다. 글로벌 IT기업인 마이크로소프트(Microsoft)는 이러한 변화를 선도하고 있다. 전체 임직원 성과 평가의 20%를 ESG 관련 목표 달성도로 측정하기 시작했으며, 여기에는 개인과 팀의 탄소 배출 저감 노력, 조직 내 다양성 증진 활동, 윤리경영 실천 등이 포함된다. ESG가 더 이상 선택이 아닌, 필수적인 업무 영역이 되었음을 보여주는 단적인 예시다.

▶ ESG 리터러시(Literacy), 새로운 필수 역량의 부상

과거 컴퓨터 활용 능력이 선택적 역량에서 필수 역량이 된 것처럼, 이제 ESG 리터러시가 모든 직원에게 요구되는 기본 역량으로 떠올랐다. ESG 리터러시란 환경(Environmental), 사회(Social), 지배구조(Governance) 관련 이슈를 이해하고, 일상 업무에서 이를 고려하여 올바른 의사결정을 내릴 수 있는 종합적인 능력을 의미한다.

마케팅 담당자는 새로운 캠페인을 기획할 때 환경적 영향과 사회적 포용성을 고려할 수 있어야 하며, 구매 담당자는 협력업체 선정 시 해당 기업의 ESG 성과를 평가할 수 있어야 한다. 전 세계 주요 기업의 83%가 직원들의 ESG 리터러시 향상을 위한 교육 프로그램을 운영하고 있으며, ESG가 더 이상 전문가만의 영역이 아닌, 모든 구성원이 갖춰야 할 필수 지식이 되었음을 보여준다.

▶ 데이터 기반 의사결정의 중요성

ESG 성과의 실질적인 측정과 개선을 위해서는 데이터 기반의 접근이 필수적이다. 단순한 예로, 사무실의 전력 사용량 데이터는 이제 단순한 비용 관리 차원을 넘어 조직의 탄소 배출량을 계산하는 중요한 기초 자료가 된다. 이러한 데이터를 체계적으로 수집하고, 분석하며,

개선에 활용하는 능력이 모든 조직 구성원에게 요구되고 있다. 특히 ESG 데이터는 재무 데이터와 달리 다양한 형태와 출처를 가지고 있어, 이를 효과적으로 관리하고 활용하는 것이 새로운 도전 과제로 대두되고 있다.

표 6. ESG 관련 새로운 업무 역량

역량 영역	주요 내용	적용 분야
ESG 이해도	ESG 기본 개념과 트렌드	전 업무 영역
데이터 분석	ESG 데이터 수집과 활용	성과 측정/보고
이해관계자 소통	ESG 성과 커뮤니케이션	대내외 보고/협력
혁신 역량	ESG 기반 업무 혁신	프로세스 개선

이처럼 변화들은 단기적으로는 업무 부담을 증가시킬 수 있지만, 장기적으로는 조직의 지속가능성과 경쟁력을 높이는 필수적인 혁신 과정으로 이해해야 한다. ESG는 이제 선택이 아닌 필수이며, 이러한 변화에 적응하고 발전시켜 나가는 것이 현대 기업과 구성원들의 중요한 과제가 되었다.

❷ ESG 실천을 위한 일상적 도구들

▶ 디지털 도구의 활용

ESG 경영이 기업의 새로운 패러다임으로 자리잡으면서, 이를 효과적으로 실천할 수 있는 혁신적인 디지털 도구들이 속속 등장하고 있다. 글로벌 CRM 솔루션 기업인 세일즈포스(Salesforce)는 'Net Zero Cloud' 플랫폼을 통해 기업의 일상 업무에서 발생하는 탄소 발자국을 실시간으로 추적하고 관리할 수 있는 솔루션을 제공한다. 이 플랫폼은 에너지 사용량, 출장, 통근 등 다양한 기업 활동에서 발생하는 온실가스 배출량을 자동으로 계산하고 분석한다.

또한 마이크로소프트 팀즈(Teams)나 줌(Zoom)과 같은 주요 화상회

[그림 3] 비대면 화상회의 플랫폼 줌과 팀즈(출처: totalgroup.co.uk)

의 플랫폼들은 이제 회의 진행에 따른 탄소 절감 효과를 자동으로 산출해 주며, 이를 통해 기업들은 비대면 회의가 환경에 미치는 긍정적 영향을 구체적으로 확인할 수 있게 되었다.

▶ ESG 중심의 업무 문화 정착

ESG 실천은 단순한 정책이나 시스템의 도입을 넘어, 조직 전체가 이를 핵심 가치로 받아들이고 일상적으로 실천하는 조직문화적 변화가 필수적이다. 스포츠 브랜드 아디다스(Adidas)의 사례는 문화적 전환을 성공적으로 이끈 대표적인 사례 중 하나이다. 아디다스는 'Sport Needs a Space' 캠페인을 통해 일상 업무에서의 환경 보호 실천을 게임화(Gamification)하는 혁신적인 접근을 시도했다. 직원들은 일회용품 사용 줄이기, 디지털 문서 활용, 에너지 절약 등 일상적인 업무 수행 과정에서 발생하는 환경 영향을 줄이는 활동에 자발적으로 참여한 활동들이 점수화되어 참여한 팀별 친환경 경쟁으로 이어진다. 게임화 전략은 직원들의 적극적인 참여를 이끌어내며, ESG 실천을 재미있고 지속가능한 문화로 정착시키는 데 큰 역할을 하고 있다.

▶ 하이브리드 근무 환경에서의 ESG

코로나19 팬데믹 이후 새로운 표준이 된 하이브리드 근무 환경은 ESG 실천의 새로운 지평을 열었다. 산업기술 기업인 지멘스(Siemens)의 경우, 주 3일 재택근무 시행으로 직원 1인당 연간 1.5톤의 탄소 배출이 감소하는 것으로 나타났다. 단순히 통근 거리 감소에 따른 직접적인 탄소 저감 효과뿐만 아니라, 사무실 공간의 에너지 사용 절감, 일회용품 사용 감소 등 다양한 환경적 이점을 포함한다. 더불어 하이브리드 근무는 직원들의 일과 삶의 균형을 개선하고, 업무 효율성을 높이는 등 사회적 가치 창출에도 기여하고 있다.

▶ 측정 가능한 변화의 중요성

ESG 실천의 실질적인 효과를 파악하고 지속적인 개선을 이루기 위해서는 구체적인 수치 측정이 필수적이다. 글로벌 기업들의 사례는 일상적인 업무 방식의 변화가 가져오는 긍정적 효과를 명확히 보여준다. 앞선 사례에서 소개한 지멘스는 화상회의 시스템 도입을 통해 직원 1인당 연간 항공 출장을 평균 3회 줄였으며, 이를 통해 연간 2톤의 탄소 배출 감축이라는 가시적인 성과를 달성했다.

글로벌 금융기관인 도이치뱅크(Deutsche Bank)의 전자문서 시스템

표 7. 도이치뱅크의 ESG 실천의 측정 가능한 효과

활동 영역	측정 지표	연간 절감 효과
화상회의	출장 감소량	CO_2 2톤/인
전자문서	종이 사용량	용지 50% 감소
스마트 조명	전력 사용량	전기료 30% 절감
재택근무	통근 거리	CO_2 1.5톤/인

도입 사례도 주목할 만하다. 전면적인 페이퍼리스 정책 시행으로 연간 종이 사용량을 50% 이상 절감했는데, 단순한 비용 절감을 넘어 약 1만 그루의 나무를 보호하는 환경적 효과로 이어졌다. 또한 사무실 전체에 도입된 스마트 조명 시스템은 전기 사용량을 30% 가까이 줄이는 성과를 거두었으며, 운영 비용 절감과 함께 상당한 수준의 탄소 배출 감축으로 이어져 기업의 환경적, 경제적 가치를 동시에 향상시키는 결과를 가져왔다.

❸ 미래를 위한 준비와 핵심 과제

ESG는 이제 기업 경영의 새로운 기준점이 되었다. 마치 디지털 전환이 선택이 아닌 필수가 된 것처럼, ESG도 모든 업무 수행의 기본 전제가 되어가고 있다. 일상 업무에서 ESG를 실천하는 것은 단순한 환경 보호나 사회적 책임을 넘어, 기업과 개인의 지속가능한 성장을 위한 필수 조건이 되었다.

특히 주목해야 할 점은 의사결정 과정에서 ESG 요소가 필수적으로 고려되어야 한다는 것이다. 과거처럼 단순히 비용과 효율성만을 따지는 것이 아니라 환경적 영향, 사회적 책임, 지배구조의 투명성까지 종합적으로 고려해야 한다. 이를 위해 다양한 디지털 도구들이 개발되고 있으며, 이러한 도구들의 활용은 ESG 실천을 더욱 효과적으로 만들고 있다.

기업 문화 측면에서도 ESG는 중요한 변화를 가져오고 있다. 개별 직원의 실천을 넘어, 조직 전체가 ESG를 기본 가치로 받아들이고 이를 일상적으로 실천하는 문화가 형성되어야 한다. 변화는 단기적으로는 도전과제가 될 수 있지만, 장기적으로는 기업의 경쟁력 강화와 지속가능한 성장의 토대가 될 것이다.

2. 다양한 직무별 ESG 연관성

❶ 모든 직무와 연결되는 ESG

"우리 부서는 ESG와 관련이 없다고 생각했는데, 알고 보니 깊은 관련이 있더라고요."

한 중소기업 영업담당자의 이야기다. ESG는 특정 부서만의 책임이 아닌, 모든 직무와 밀접하게 연결되어 있다. 마치 품질관리가 모든 부서의 책임이듯, ESG는 이미 전사적 과제가 되었다.

▶ ESG 경영을 위한 직무별 접근: 전략과 실행의 체계화

기업의 ESG 경영은 모든 직무와 연관되어 있지만, 각 직무의 역할과 책임은 그 성격에 따라 크게 세 가지 영역으로 구분할 수 있다. 이러한 구분은 ESG 경영의 전략 수립부터 실행, 그리고 가치 창출에 이르는 전 과정을 체계적으로 관리하기 위한 것이다.

핵심 전략 및 관리 부문은 ESG 경영의 방향성을 설정하고 전사적 관리 체계를 구축하는 영역이다. 전략팀은 ESG 비전과 목표를 수립하고, 재무/회계팀은 ESG 성과의 재무적 관리를, 법무/컴플라이언스팀은 관련 규제 대응을 담당한다. IT/디지털팀은 ESG 데이터 관리와 디지털 전환을 주도하며, 인사팀은 조직 문화와 인적 역량 개발을 통해 ESG 경영의 기반을 다진다. 이들 부서는 ESG 경영의 큰 그림을 그리고 실행을 위한 기반을 마련하는 역할을 한다.

가치 창출 부문은 ESG를 통해 새로운 비즈니스 기회를 발굴하고 기업의 지속가능한 성장을 견인하는 영역이다. 연구개발(R&D)과 디자인/제품개발팀은 친환경 기술과 제품을 개발하고, 마케팅/홍보팀은 이를 시장에서 차별화된 가치로 포지셔닝한다. 대외협력/커뮤니케이션팀은 이해관계자들과의 소통을 통해 ESG 가치를 공유하고 확산시킨다. 이들 부서는 ESG를 기업의 새로운 경쟁력으로 전환하는 핵심 역할을 수행한다.

운영 및 실행 부문은 일상적인 업무 수행 과정에서 ESG를 실천하고 구체적인 성과를 창출하는 영역이다. 생산, 구매, 물류/SCM팀은 공급망 전반의 환경영향을 관리하고, 품질관리와 시설관리팀은 제품과 사업장의 지속가능성을 확보한다. 영업팀은 고객 접점에서 ESG 가치를 전달하고 실현한다. 이들 부서는 ESG 경영의 실질적인 성과를 만들어내는 실행 주체로서의 역할을 담당한다.

위의 세 가지 영역의 구분은 단순한 조직 구조의 분류를 넘어, ESG 경영의 효과적인 실행을 위한 체계적 접근을 가능하게 한다. 각 영역

표 8. 다양한 직무별 ESG 연관성 매트릭스

직무	E(환경)	S(사회)	G(지배구조)	핵심 과제
영업	친환경 제품 판매, 탄소발자국 관리	고객 권익 보호, 정보보안	공정거래, 윤리영업	지속가능한 매출 창출
생산	에너지 효율, 폐기물 관리	작업장 안전, 인권	품질관리, 공정 투명성	친환경 생산체계
구매	친환경 원자재, 포장재	협력사 인권, 상생협력	투명한 계약, 공정거래	지속가능한 공급망
재무	환경 투자, 탄소자산	ESG 투자, 사회공헌	재무건전성, 투명성	ESG 리스크 관리
전략	기후변화 대응, 순환경제	이해관계자 참여	ESG 거버넌스	ESG 전략 수립
마케팅	친환경 마케팅, 그린워싱 방지	사회적 가치 소통	책임있는 광고	지속가능 브랜딩
HR	친환경 교육, 탄소중립 문화	DEI, 인권경영	윤리경영, 공정인사	지속가능 인재육성
R&D	친환경 기술, 에너지 효율	사회문제 해결	연구윤리, 특허관리	혁신기술 개발
시설관리	건물 에너지 효율, 폐기물	안전보건, 접근성	시설운영 투명성	친환경 시설관리

은 서로 긴밀하게 연계되어 있으며, 이들의 유기적인 협력이 ESG 경영
의 성공을 위한 핵심 요소가 된다.

❷ 직무별 구체적 사례와 실천 방안

▶ 전략부서가 이끄는 기업의 ESG 혁신

기업의 모든 변화는 전략에서 시작된다. ESG 경영도 마찬가지다. 전략부서는 기업이 나아가야 할 방향을 제시하고, 이를 실현하기 위한 구체적인 계획을 수립하는 역할을 한다. 특히 ESG가 기업의 생존과 성장을 좌우하는 핵심 요소로 부상하면서, 전략부서의 역할은 그 어느 때보다 중요해졌다.

현대자동차그룹의 경우를 살펴보면, 전략부서는 2045년 탄소중립이라는 도전적인 목표를 설정했다. 단순한 선언이 아니다. 전기차와 수소차로의 전환 계획, 재생에너지 사용 확대, 밸류체인 전반에 걸쳐 협력사 탄소 감축 지원 등 구체적인 실행 전략을 포함한다. 더 나아가 수소 생태계 구축이라는 새로운 사업 기회도 발굴했다. 이처럼 전략부서는 환경적 도전을 새로운 성장 기회로 전환하는 청사진을 그린다.

사회적 책임도 전략적 접근이 필요하다. EU의 공급망실사법 도입은 기업들에게 새로운 도전이 되고 있다. SK이노베이션은 이에 대응하여 '카본 투 그린(Carbon to green)' 전략을 수립했다. 배터리와 친환경 소재 사업을 강화하는 한편, 협력사들의 ESG 역량 강화를 지원한다. 규제 대응을 넘어 새로운 사업 기회를 창출하는 전략적 접근이다.

전략부서의 또 다른 중요한 역할은 ESG 경영을 위한 거버넌스 체계를 설계하는 것이다. KB금융그룹은 국내금융사 중 최초로 이사회 내

ESG 위원회를 설치하고, 모든 주요 투자 결정에 ESG 요소를 반영하고, 생물다양성 영향까지 고려하는 '네이처 포지티브' 전략을 도입했다. ESG를 기업 의사결정의 핵심 축으로 만든 좋은 예시다.

전략의 실행을 위해서는 체계적인 성과 관리도 필수다. 포스코는 통합보고서를 통해 재무성과와 ESG 성과를 연계하여 보고한다. 단순한 보고서 발간이 아닌, ESG 경영의 성과를 측정하고 개선하는 전략적 도구로 활용된다. GRI, SASB, TCFD 등 글로벌 기준을 준수하면서도, 포스코만의 차별화된 가치 창출 스토리를 효과적으로 전달한다

이렇듯 전략부서의 역할은 ESG를 기업의 생존과 성장을 위한 기회로 전환하는 것이다. 환경적 도전과 사회적 책임을 새로운 가치 창출

표 9. 전략 부문의 ESG 요소와 실천 방안

ESG 요소	전략 영역	실천 방안	기대 효과
환경(E)	• 탄소중립 로드맵 • 네이처 포지티브 전환 • 배출권거래 전략 • 순환경제 체계	• 부문별 감축목표 수립 • 생태영향 평가체계 • 거래 포트폴리오 구축 • 자원순환 모델 개발	• 기후리스크 대응 • 생태가치 창출 • 신수익원 확보 • 자원효율성 제고
사회(S)	• 공급망 ESG 전략 • 임팩트 투자 계획 • 사회적 가치 창출 • 이해관계자 참여	• 실사 체계 구축 • 투자 기준 수립 • 가치측정 방법론 • 참여 플랫폼 운영	• 공급망 리스크 감축 • 사회적 영향력 증대 • 기업가치 향상 • 신뢰관계 구축
지배구조 (G)	• ESG 거버넌스 체계 • 이사회 구성 전략 • 성과관리 체계 • 정보공시 전략	• 위원회 설치/운영 • 노동이사제 검토 • ESG KPI 수립 • 보고체계 구축	• 경영 투명성 제고 • 의사결정 효율화 • 실행력 강화 • 정보 신뢰성 확보

의 원천으로 만들고, 이를 실현하기 위한 구체적인 전략을 수립하고 실행하는 것. 이것이 바로 ESG 시대에 전략부서가 수행해야 할 핵심 역할이다.

▶ 재무/회계가 주도하는 ESG 가치 창출

기업의 재무/회계 부서에서도 큰 변화를 맞이하고 있다. 과거에는 단순히 수익과 비용을 관리하고 재무제표를 작성하는 것이 주된 역할이었다면, 이제는 ESG 성과를 측정하고 이를 통해 새로운 가치를 창출하는 혁신의 중심이 되고 있다. 특히 녹색금융의 성장과 함께 재무/회계 부서는 기업의 지속가능한 성장을 위한 핵심 동력으로 자리잡았다.

ESG 금융의 변화를 잘 보여주는 사례로 현대캐피탈의 녹색채권 발행을 들 수 있다. 2023년 현대캐피탈은 3700억 원 규모의 녹색채권을 발행했다. 단순한 자금 조달을 넘어서는 의미를 가진다. 전기차와 수소차 등 친환경 차량을 위한 금융서비스 재원을 마련하면서, 동시에 ESG 채권이라는 새로운 금융 상품을 통해 자금을 조달한 것이다. ESG 경영이 비용이 아닌, 새로운 기회가 될 수 있음을 보여주는 좋은 예시다.

신한금융그룹은 더 큰 그림을 그리고 있다. 2030년까지 30조 원 규모의 녹색금융을 지원하겠다는 목표를 세웠다. 녹색채권 발행, ESG 연계 대출, 친환경 기업 투자 펀드 등 다양한 금융 상품을 통해 이를 실현하고 있다. 특히 주목할 만한 점은 ESG 성과에 따라 대출 금리가 변동하는 '지속가능연계대출'이다. 기업의 환경 성과가 곧 재무적 혜택으로 이어지는 혁신적인 구조다.

ESG는 기업 가치 평가의 새로운 기준이 되고 있다. 세계 최대 자산 운용사 블랙록(BlackRock)은 'Stakeholder Capitalism Metrics'를 도입하여 기업의 사회적 가치를 측정하고 있다. 이제 재무제표만으로는 기업의 진정한 가치를 평가할 수 없게 된 것이다. ING은행의 'Terra Approach'는 이러한 변화를 잘 보여준다. 각 산업별 탄소 감축 경로를 설정하고, 기업의 탄소배출량을 넘어 기업의 탄소저감기술까지 고려해서 금융 지원을 결정한다. 2023년 기준으로 전체 대출의 15%가 이미 녹색대출로 전환되었다.

표 10. 재무/회계 활동의 ESG 요소와 실천 방안

ESG 요소	주요 영향	혁신 방안	기대 효과
환경(E)	• 녹색금융 활용 • 환경투자 평가 • 탄소자산 관리 • 기후리스크 분석	• ESG 채권 발행 • 녹색대출 활용 • 탄소회계 도입 • 환경성과 측정	• 자금조달 비용 감소 • 투자 포트폴리오 개선 • 환경리스크 관리 • 기업가치 증대
사회(S)	• 사회적 투자 • 이해관계자 가치 • 임직원 복리후생 • 지역사회 투자	• 사회적채권 발행 • ESG 펀드 운용 • 임팩트 투자 • 사회가치 측정	• 사회적 신뢰 향상 • 투자자 다변화 • 평판 제고 • 지역사회 기여
지배구조 (G)	• 재무투명성 • ESG 공시 • 리스크 관리 • 윤리경영	• 통합보고서 발간 • ESG 성과관리 • 내부통제 강화 • 컴플라이언스	• 투자자 신뢰 확보 • 자본시장 평가 향상 • 규제 리스크 감소 • 지배구조 개선

투명한 정보 공개는 기업에게 신뢰성을 쌓는 데 있어 더욱 중요해졌다. TCFD, SASB 등 새로운 공시 기준이 등장하면서, 재무/회계 부서는 기업의 ESG 성과를 체계적으로 측정하고 보고해야 한다. 단순한 규제 대응을 넘어, 투자자와 이해관계자들의 신뢰를 얻기 위한 필수 요소가 되었다.

특히 재무/회계 부서의 역할은 ESG를 기업의 재무적 가치로 전환하는 것으로서 환경과 사회적 가치를 수치화하고, 이를 통해 새로운 금융 기회를 창출하며, 기업의 지속가능한 성장을 뒷받침하는 것. 이것이 바로 ESG 시대에 재무/회계 부서가 맡아야 할 새로운 책임이다.

▶ 법무/컴플라이언스가 이끄는 ESG 리스크 관리와 기회 창출

기업의 법무/컴플라이언스 부서 역시 새로운 도전을 맞이하고 있다. ESG와 관련된 글로벌 규제가 급증하면서, 이제는 단순한 법적 리스크 관리를 넘어 기업의 지속가능한 성장을 지원하는 전략적 파트너로 진화해야 하는 상황이다. 특히 환경 규제와 공급망 실사 의무화 등 새로운 형태의 규제들이 등장하면서, 법무/컴플라이언스 부서의 역할이 그 어느 때보다 중요해졌다.

최근 마주한 가장 큰 변화는 EU의 새로운 규제들이다. 탄소국경조정제도(CBAM)는 탄소 배출이 많은 제품에 추가 관세를 부과하게 하고, 기업지속가능성실사지침(CSDD)은 기업이 공급망 전체의 환경과 인권 영향을 관리하도록 요구한다. 이러한 규제들은 단순한 규정 준수

차원을 넘어, 기업의 사업 모델 자체를 변화시킬 수 있는 영향력을 가진다.

로레알(Loreal)의 블록체인에 기반한 리스크 관리 사례는 변화에 기업이 어떻게 대응해야 하는지 잘 보여준다. 2022년부터 '통합 법률 리스크 관리 시스템'을 구축하여, 다양한 ESG 규제에 체계적으로 대응하고 있다. 특히 주목할 만한 점은 2차, 3차 협력사까지 포함하는 포괄적인 공급망 실사 체계를 운영한다는 것이다. 블록체인 기술을 활용해 전체 공급망의 85%에 대한 ESG 실사를 완료했다는 사실은 법무/컴플라이언스 부서가 얼마나 혁신적으로 변화할 수 있는지 보여준다.

컴플라이언스 업무도 진화하고 있다. 과거에는 법규 위반을 예방하는 것이 주된 역할이었다면, 이제는 ESG 리스크를 선제적으로 발굴하고 관리하는 것이 핵심이라 할 수 있다. 기업의 탄소 배출 데이터를 관리하고 검증하는 것, 인권 실사 체계를 구축하는 것, ESG 정보 공시의 정확성을 확보하는 것 등이 새로운 업무 영역이 되었다.

무엇보다 더욱 중요한 것은 규제 대응을 새로운 기회로 전환하는 것이다. 로레알은 탄소 발자국 측정 시스템 'Green Carbon'을 개발하여 CBAM에 선제적으로 대응했다. 이는 단순한 규제 준수를 넘어 제품의 환경 영향을 체계적으로 관리하고, 나아가 새로운 친환경 제품 라인 개발로 이어졌다. 'Green Line' 제품군의 성공은 규제 대응이 어떻게 비즈니스 기회가 될 수 있는지 보여주는 좋은 예시다.

ESG 정보 공시 역시 법무/컴플라이언스 부서의 중요한 책임이 되었다. TCFD(기후변화 관련 재무정보 공개), TNFD(자연자본 영향 공시) 등 새로운 공시 기준들이 등장하면서, 정확하고 투명한 정보 공개가 더욱 중요해지고 있다. 단순한 규제 준수의 문제가 아니라, 투자자와 이해관계자들의 신뢰를 얻기 위한 필수 요소가 되었다.

표 11. 법무/컴플라이언스 활동의 ESG 요소와 실천 방안

ESG 요소	법무 영역	실천 방안	기대 효과
환경(E)	• 환경규제 대응 • 기후변화 리스크 • 인허가 관리 • 환경책임	• 규제 모니터링 • 리스크 평가 • 허가 체계화 • 배상책임 관리	• 법적 리스크 감소 • 선제적 대응 • 운영 안정성 • 평판 리스크 관리
사회(S)	• 인권실사 • 노동 컴플라이언스 • 공정거래 • 정보보호	• 실사 체계 구축 • 노동법 준수 • 거래 투명성 • 개인정보 보호	• 사회적 신뢰 • 노사관계 개선 • 거래 안정성 • 데이터 보안
지배구조 (G)	• ESG 공시 • 윤리경영 • 이해관계자 관리 • 내부통제	• 공시 체계화 • 윤리강령 운영 • 소통 체계 • 통제 강화	• 투명성 제고 • 윤리의식 향상 • 신뢰관계 구축 • 리스크 예방

법무/컴플라이언스 부서의 새로운 역할은 ESG 리스크를 기회로 전환하는 것이다. 급변하는 규제 환경을 선제적으로 파악하고, 이에 체계적으로 대응하면서, 동시에 새로운 비즈니스 기회를 발굴하는 것. 이것이 바로 ESG 시대에 법무/컴플라이언스 부서가 나아가야 할 방향이라 할 수 있다.

▶ IT/디지털이 만드는 지속가능한 미래

"데이터센터 하나의 전력 소비량이 중소도시 하나와 맞먹는다." 이런 충격적인 사실은 IT/디지털 부서가 왜 ESG의 중요한 주체가 되어야 하는지 잘 보여준다. 하지만 동시에 IT는 ESG 혁신을 이끄는 가장 강력한 도구이기도 하다. 디지털 기술을 통해 환경 영향을 줄이고, 사회적 가치를 창출하며, 기업 운영의 투명성을 높일 수 있기 때문이다.

먼저 환경 측면에서 구글의 데이터센터 사례는 IT가 어떻게 환경 문제를 해결할 수 있는지 잘 보여준다. AI 기술을 활용해 데이터센터의 냉각 시스템을 최적화한 결과, 에너지 사용량을 40%나 줄였다. 마치 에어컨의 온도를 자동으로 조절해 전기를 절약하는 것과 비슷하지만, 그 규모가 훨씬 크다.

클라우드 컴퓨팅도 중요한 역할을 한다. 과거에는 각 기업이 개별적으로 서버를 운영했지만, 이제는 클라우드를 통해 컴퓨팅 자원을 공유한다. 마치 카셰어링처럼, 필요한 만큼만 사용하고 자원을 효율적으로 활용하는 것이다. 이를 통해 전체적인 에너지 소비와 탄소 배출을 크게 줄일 수 있다. 코로나19 이후 급속히 확산된 원격근무도 IT의 환경적 기여를 보여주고 있다. 화상회의 시스템과 협업 툴을 통해 불필요한 출장과 통근을 줄임으로써 상당한 양의 탄소 배출을 감축할 수 있게 되었다.

사회적 측면에서 IT의 역할은 더욱 다양하다. 디지털 기술은 정보의 접근성을 높이고, 교육의 기회를 확대하며, 취약계층의 서비스 이용을

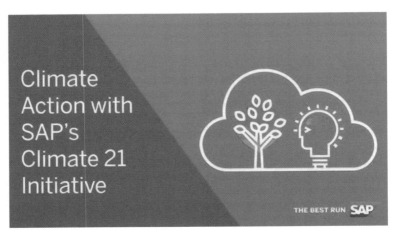

[그림 4] SAP Climate 21(출처: SAP's X)

돕는 데 활용될 수 있다. 예를 들어, 시각장애인을 위한 화면낭독 기술이나 고령자를 위한 직관적인 인터페이스 개발은 디지털 포용성을 높이는 중요한 방법이 될 수 있다.

데이터 보안과 개인정보 보호도 IT 부서의 핵심 책임이다. ESG 데이터가 많아질수록 이를 안전하게 관리하고 보호하는 것이 더욱 중요해지고 있다. 사이버 보안 위협이 증가하는 상황에서, IT 부서는 기업의 디지털 자산을 보호하는 파수꾼 역할을 맡게 된다.

SAP의 'Climate 21' 프로그램은 IT가 어떻게 ESG 혁신을 이끌 수 있는지 보여주는 좋은 사례인데, 이 시스템은 제품의 전 생애주기에 걸친 탄소 발자국을 추적하고 관리한다. 마치 내비게이션이 실시간으로 교통 상황을 파악하고 최적의 경로를 제시하듯, 기업의 탄소 배출을 실

표 12. IT/디지털 활동의 ESG 요소와 실천 방안

ESG 요소	IT 혁신 영역	실천 방안	기대 효과
환경(E)	• 데이터센터 효율화 • ESG 데이터 자동화 • 스마트 빌딩 관리 • 페이퍼리스 시스템	• 클라우드 전환 • ESG 관리 플랫폼 구축 • IoT 센서 네트워크 • 전자문서 시스템	• 에너지 효율 향상 • 탄소배출 감축 • 자원사용 최적화 • 운영비용 절감
사회(S)	• 디지털 접근성 • 정보보안 강화 • 원격근무 지원 • 디지털 교육	• 웹 접근성 개선 • 보안시스템 구축 • 협업툴 도입 • 디지털 역량강화	• 정보격차 해소 • 데이터 보호 • 업무효율 향상 • 임직원 역량강화
지배구조 (G)	• ESG 데이터 관리 • 시스템 투명성 • 컴플라이언스 • 리스크 관리	• 데이터 거버넌스 • 모니터링 시스템 • 규제대응 시스템 • 리스크 관리 체계	• 데이터 신뢰성 • 의사결정 최적화 • 규제 준수 • 리스크 예방

시간으로 모니터링하고 개선점을 찾아준다. 도입 기업들이 평균 25%의 탄소 감축을 달성했다는 사실은 디지털 기술의 힘을 잘 보여준다.

　IT/디지털 부서의 역할은 첨단 기술을 통해 지속가능한 미래를 만드는 것이다. 에너지 효율을 높이고, 자원 사용을 최적화하며, 디지털 포용성을 확대하는 것. 이것이 바로 ESG 시대에 IT/디지털 부서가 수행해야 할 핵심 미션이다.

▶ 인사(HR)가 이끄는 사람 중심의 ESG 혁신

　"기업의 가장 큰 자산은 사람"이라는 것은 예나 지금이나, 그리고 향후에도 변함이 없을 것이다. 이 오래된 경영 격언이 ESG 시대에 새로

운 의미를 갖게 되었다. 인사(HR) 부서는 더 이상 단순한 인력 관리나 복리후생을 담당하는 곳이 아니다. 기업의 사회적 가치를 실현하고, 지속가능한 성장을 위한 인적 기반을 만드는 핵심 주체가 된 것이다.

ESG 시대의 인사(HR) 혁신은 크게 네 가지 방향으로 진행되고 있다.

첫째, 일하는 방식의 혁신이다. 코로나19를 계기로 많은 기업들이 유연근무제와 재택근무를 도입했고, 이제 새로운 일하는 방식으로 정착되고 있다. 근무 시간과 장소의 유연화는 직원들의 일과 삶의 균형을 개선할 뿐만 아니라, 출퇴근 교통량 감소로 인한 탄소배출 저감 등 환경적 측면에서도 긍정적인 영향을 미치고 있다.

둘째, 직원의 성장을 위한 교육 혁신이다. 기업들은 ESG 시대에 필요한 새로운 역량 개발을 위해 교육 체계를 혁신하고 있다. 친환경 기술, 사회적 가치 창출, 윤리경영 등 지속가능경영 관련 교육을 강화하는 한편, 직원들이 자기주도적으로 학습할 수 있는 환경을 조성하고 있다. 개인별 학습 계정 제공과 같은 혁신적인 접근을 통해, 직원들은 자신의 관심사와 업무 필요성에 맞춰 교육을 선택할 수 있게 되었다.

셋째, 성과 평가와 보상 체계의 혁신이다. 과거 재무적 성과 중심의 평가에서 벗어나 환경 영향 저감, 사회적 가치 창출, 윤리경영 실천 등 ESG 성과를 평가 기준에 포함시키는 기업들이 늘고 있다. 국내 주요 기업들은 임원진부터 일반 직원까지 ESG 성과를 평가에 반영하는 체계를 도입하고 있다. 예를 들어, 생산부문 직원들의 경우 에너지 절감이나 폐기물 저감 실적을, 구매담당자는 친환경 원재료 조달 비율을,

영업담당자는 친환경 제품 매출 비중을 성과 지표로 관리하고 있다. 특히 ESG 경영을 선도하는 기업들은 전체 성과 평가에서 ESG 관련 지표가 차지하는 비중을 점진적으로 확대하고 있으며, 이를 보상과 직접 연계하여 실질적인 변화를 이끌어내고 있다.

넷째, 다양성과 포용성 강화다. 기업들은 성별, 연령, 장애, 국적 등에 관계없이 모든 구성원이 잠재력을 발휘할 수 있는 문화를 만들기 위해 노력하고 있다. 국내 주요 기업들은 이사회부터 신입사원 채용까지 다양성 목표를 설정하고, 이를 달성하기 위한 체계적인 프로그램을 운영하고 있다. 여성 리더 육성을 위한 멘토링 프로그램, 장애인 직원을 위한 업무환경 개선, 글로벌 인재 채용 확대 등 다각적인 노력을 기울이고 있다. 더불어 세대 간 소통과 협력을 촉진하기 위한 리버스 멘토링, 다문화 인식 개선 교육 등을 통해 포용적 조직문화를 만들어가고 있다. 이러한 노력은 단순한 사회적 책임을 넘어, 다양한 관점과 경험이 모여 새로운 가치를 창출하는 원동력이 되고 있다.

특히 주목할 만한 것은 노사 관계의 변화다. ESG 경영이 강조되면서, 노사 관계도 임금과 복리후생을 넘어 기업의 지속가능성이라는 공동의 목표를 향해 발전하고 있다. 국내 기업들은 ESG 경영에 대한 노사 공동 협의체를 구성하여, 환경 문제나 사회적 책임에 대해 함께 논의하고 해결책을 모색하고 있다. 특히 산업 구조 전환 과정에서 발생할 수 있는 고용 문제에 대해, 직무 전환 교육이나 재교육 프로그램을 노사가 공동으로 설계하고 운영하는 사례도 늘고 있다.

표 13. 인사(HR) 활동의 ESG 요소와 실천 방안

ESG 요소	IT 혁신 영역	실천 방안	기대 효과
환경(E)	• 친환경 출퇴근 제도 • 디지털 업무 환경 • 환경 인식 교육 • 환경보호 활동	• 재택근무/유연근무 • 페이퍼리스 정책 • 직원 환경교육 • 환경캠페인 운영	• 통근 탄소배출 감소 • 자원 사용 절감 • 직원 환경의식 향상 • 기업 환경경영 기여
사회(S)	• 일과 삶의 균형 • 직원 건강/복지 • 역량 개발 기회 • 포용적 조직문화	• 자율 출퇴근제 • 건강관리 프로그램 • 자기계발 지원 • 다양성/포용성 정책	• 직원 만족도 향상 • 업무 생산성 증대 • 인재 유치/유지 • 조직문화 혁신
지배구조 (G)	• 인사제도 투명성 • 성과평가 체계 • 윤리경영 실천 • 노사관계 관리	• 공정한 인사규정 • ESG 연계 평가 • 윤리강령 교육 • 노사협의회 운영	• 조직 신뢰도 향상 • 공정한 보상 실현 • 윤리의식 제고 • 노사관계 개선

위의 변화들은 단순한 복리후생의 확대가 아니다. ESG의 관점에서 보면, 기업의 지속가능한 성장을 위한 필수적인 투자다. 건강하고 행복한 직원들이 있어야 혁신도 가능하고, 사회적 가치 창출도 가능하기 때문이다. 결국 인사 부서의 새로운 역할은 사람을 통해 ESG 가치를 실현하는 것이다. 직원들의 웰빙을 높이면서 동시에 기업의 사회적 책임을 다하는 것, 이것이 바로 ESG 시대에 인사 부서가 추구해야 할 방향이다.

ESG 시대의 인사 관리는 '사람'을 통해 기업의 지속가능한 성장을 실현하는 것이다. 공정한 평가와 보상, 일과 삶의 균형, 건강한 노사 관계, 다양성과 포용성 등은 모두 이를 위한 핵심 요소다. 직원들이 행복

하고 건강하게 일할 수 있는 환경을 만들면서, 동시에 기업의 사회적 책임을 다하는 것. 이것이 바로 인사 부서가 추구해야 할 새로운 방향이다.

▶ 연구개발(R&D)이 만드는 지속가능한 혁신

혁신적인 기술과 제품이 세상을 바꾼다. 하지만 이제는 단순한 기술 발전을 넘어, 지속가능한 미래를 위한 혁신이 필요한 시대가 되었다. 연구개발(R&D) 부서는 이러한 변화의 최전선에 서 있다. 친환경 기술을 개발하고, 사회 문제를 해결하며, 윤리적 혁신을 추구하는 것이 R&D의 새로운 미션이 된 것이다.

테슬라(Tesla)의 배터리 개발 사례는 변화에 적극적으로 대응한 사례를 잘 보여준다. 과거에는 단순히 성능과 가격이 개발의 핵심 기준이었다면, 이제는 다르다. 2023년 발표된 테슬라의 새로운 배터리는 성능은 20% 높이면서도 희귀금속 사용량은 30% 줄였다. 더 나아가 배터리의 재활용 가능성까지 고려했다. 제품의 전체 수명주기에 걸친 환경 영향을 고려하는 새로운 R&D 패러다임을 보여준다.

3M의 'Sustainability Value Commitment'는 이보다 한 걸음 더 나아간다. 모든 신제품 개발 과정에서 지속가능성 평가를 의무화한 것이다. "이 제품이 환경에 미치는 영향은 무엇인가?", "사회적 가치는 어떻게 창출하는가?", "윤리적 기준에 부합하는가?" 이런 질문들이 이제는 제품 개발의 필수 고려사항이 되었다. 그 결과 2023년 출시된 신제품

[그림 5] 3M의 Sustainability Value Commitment(출처: 3M's Facebook)

의 85%가 뚜렷한 지속가능성 개선 효과를 보일 수 있었다.

사회적 가치 창출도 R&D의 중요한 목표가 되고 있다. 필립스 (Philps)는 최첨단 의료기기를 개발하는 것도 중요하지만, 개발도상국 의 의료 환경을 고려한 적정 기술 개발도 같이 진행한다. 고가의 최신 장비 대신, 현지 물가수준과 환경에 맞는 실용적이고 저렴한 의료기기 를 개발하여 의료 접근성을 높이는 것이다.

인텔(Intel)의 'Design for Sustainability' 프로그램은 생산 공정의 측면에서 혁신을 보여준다. AI 기술을 활용하여 반도체 제조 과정의 물 사용량을 45% 줄이고, 유해화학물질 사용도 25% 감축했다. 첨단 기술이 환경 보호에 기여할 수 있다는 것을 증명하는 좋은 예다.

이렇듯 연구개발 분야에서 특히 주목할 만한 트렌드는 '넷제로 R&D'

표 14. 연구개발 활동의 ESG 요소와 실천 방안

ESG 요소	주요 영향	혁신 방안	기대 효과
환경(E)	• 친환경 설계 • 에너지 효율 • 순환경제 대응 • 탄소저감 기술	• 에코디자인 도입 • 신재생에너지 R&D • 재활용 기술 개발 • 저탄소 공정 혁신	• 환경부하 감소 • 자원효율성 향상 • 순환경제 기여 • 기후변화 대응
사회(S)	• 포용적 혁신 • 사회문제 해결 • 기술 접근성 • 일자리 창출	• 적정기술 개발 • 사회혁신 R&D • 유니버설 디자인 • 미래기술 인재육성	• 사회가치 창출 • 시장 확대 • 기술 형평성 • 혁신 생태계 발전
지배구조 (G)	• 연구윤리 • 지식재산권 • 기술 안전성 • 정보보안	• 윤리위원회 운영 • IP 관리체계 구축 • 안전성 평가 강화 • 보안체계 고도화	• 연구신뢰도 향상 • 기술자산 보호 • 리스크 관리 • 규제 대응력

개념의 등장이다. 지멘스는 2025년까지 모든 R&D 시설의 탄소 중립을 달성하겠다고 선언했다. 더 나아가 R&D 예산의 40%를 탄소 저감 기술 개발에 투자하고 있다. 연구 활동 자체의 환경 영향을 줄이면서, 동시에 환경 문제 해결을 위한 기술을 개발하는 통합적 접근이라 할 수 있다.

지속가능한 혁신의 변화는 R&D의 근본적인 역할 변화를 의미한다. 이제 R&D는 단순한 기술 개발을 넘어, 지속가능한 미래를 설계하는 핵심 동력이 되었다. 환경 보호, 사회 문제 해결, 윤리적 혁신이라는 세 가지 축을 균형 있게 고려하면서, 기업의 ESG 경쟁력을 높이는 것. 이것이 바로 ESG 시대에 R&D가 추구해야 할 방향이다.

▶ 디자인과 제품개발이 이끄는 지속가능한 혁신

"제품의 환경 영향 80%가 디자인 단계에서 결정된다." 이 말은 디자인과 제품개발이 ESG 경영에서 얼마나 중요한 역할을 하는지 단적으로 보여준다. 이제 디자이너와 제품 개발자들은 단순히 아름답고 기능적인 제품을 만드는 것을 넘어, 지속가능한 미래를 설계하는 중차대한 책임을 맡게 된 것이다.

ESG분야에서 익히 잘 알려진 파타고니아(Patagonia)의 '원 웨어(Worn Wear)' 프로그램은 변화를 선도하는 좋은 예다. 의류를 디자인할 때부터 수명 연장을 고려하여 진행하게 되는데, 단순히 튼튼하게 만드는 것이 아니라, 쉽게 수선할 수 있고 부품을 교체할 수 있도록 모듈형으로 설계한다. 이러한 접근은 놀라운 결과를 가져왔다. 제품의 평균 수명이 30% 이상 늘어났고, 자원 절약과 폐기물 감소로 이어졌다. 더 나아가 소비자들에게 '오래 쓰는 것이 멋있다'는 새로운 가치관을 심어주었다.

제품의 포용성도 중요한 과제가 되었다. 주방용품 전문기업인 옥소(OXO)의 'Good Grips' 라인은 유니버설 디자인의 새로운 지평을 열었다. 처음에는 관절염 환자를 위해 개발된 주방용품이었지만, 결과적으로 모든 사용자에게 더 나은 경험을 제공했다. 인체공학적으로 설계된 손잡이는 나이나 신체 조건에 관계없이 편안한 그립감을 제공한다. 포용적 디자인이 특별한 것이 아닌, 모두를 위한 더 나은 디자인이 될 수 있다는 것을 보여준다.

필립스(Philps)는 한 걸음 더 나아가 비즈니스 모델 자체를 바꾸었다. '순환경제 조명 서비스'는 조명을 단순한 제품이 아닌 서비스로 재정의 한 사례로서, LED 모듈을 쉽게 교체할 수 있고, 알루미늄 하우징은 100% 재활용이 가능하도록 구성하였다. 혁신적 접근으로 자원 사용량을 75% 줄였고, 고객의 에너지 비용도 절반 이상 절감했다. 지속가능한 디자인이 환경보호와 경제적 이익을 동시에 달성할 수 있다는 것을 보여준다.

또 다른 사례로 마이크로소프트(Microsoft)의 '적응형 컨트롤러'는 다양한 가치를 통합한 훌륭한 사례이다. 신체적 제약이 있는 게이머들을 위해 개발된 이 제품은 사회적 포용성을 높이면서, 환경적 가치도 놓치

표 15. 디자인/제품개발 활동의 ESG 요소와 실천 방안

ESG 요소	디자인 영역	실천 방안	기대효과
환경(E)	• 친환경 소재 설계 • 에너지 효율성 • 수리용이성 • 폐기물 최소화	• 재활용 소재 활용 • 저전력 설계 • 모듈형 설계 • 제로웨이스트 디자인	• 환경영향 감소 • 에너지 절감 • 제품수명 연장 • 자원순환 촉진
사회(S)	• 유니버설 디자인 • 사용자 안전성 • 접근성 개선 • 사회적 가치	• 포용적 설계 • 안전성 검증 • 직관적 인터페이스 • 사회문제 해결	• 사용자 만족도 • 안전사고 예방 • 시장 확대 • 사회가치 창출
지배구조 (G)	• 디자인 윤리 • 지적재산권 • 정보 투명성 • 품질 관리	• 윤리적 디자인 • IP 관리체계 • 정보 공개 • 품질 기준 수립	• 브랜드 신뢰도 • 기술 경쟁력 • 고객 신뢰 • 제품 품질

지 않았다. 100% 재활용이 가능한 소재를 사용하고, 수리가 쉬운 모듈형 설계를 채택했다. 심지어 포장재도 한 손으로 쉽게 열 수 있도록 설계하고, 생분해성 소재를 사용했다. 이 제품은 게임 업계의 새로운 표준이 되었고, 디자인을 통해 다양한 ESG 가치를 실현할 수 있다는 것을 증명했다.

이처럼 디자인과 제품개발은 ESG 가치를 실현하는 핵심 수단이 되었다. 환경 영향을 최소화하고, 사회적 포용성을 높이며, 윤리적 가치를 지키는 것. 이것이 바로 ESG 시대에 디자이너와 제품 개발자들이 추구해야 할 새로운 미션이다. 좋은 디자인은 더 이상 아름답고 기능적인 것만으로는 부족하다. 지속가능한 미래를 위한 가치를 담아낼때, 비로소 진정한 의미의 좋은 디자인이 되는 것이다.

▶ 마케팅/홍보가 전하는 진정성 있는 ESG 스토리

기업의 ESG 활동이 아무리 훌륭해도, 이를 제대로 전달하지 못하면 의미가 반감된다. 반대로 실체 없는 ESG 홍보는 '그린워싱(Green washing)'이라는 비난을 받게 된다. 이런 상황에서 마케팅/홍보 부서의 역할이 그 어느 때보다 중요해졌다. 진정성 있는 ESG 스토리를 어떻게 효과적으로 전달할 것인가가 핵심 과제가 된 것이다.

파타고니아의 'Don't Buy This Jacket' 캠페인은 진정성 있는 소통의 새로운 지평을 열었다. 언뜻 보면 자사 제품의 구매를 만류하는 듯한 이 도발적인 캠페인은, 실제로는 과소비를 경계하고 제품의 지속가

[그림 6] 파타고니아 'Don't Buy This Jacket' 캠페인(출처: patagonia.com)

능성을 강조하는 메시지를 담고 있다. "정말 필요할 때만 구매하세요. 그리고 오래 사용하세요."라는 역설적 메시지는 오히려 소비자들로부터 강한 신뢰를 얻었다. ESG 커뮤니케이션이 단순한 홍보를 넘어 기업의 근본적인 가치관을 전달할 수 있다는 것을 보여준다.

가치 중심의 커뮤니케이션은 나이키(Nike)에서 또 다른 형태로 진화했다. 'Until We All Win' 캠페인은 파타고니아의 환경 중심 메시지와는 달리, 사회적 포용성에 초점을 맞췄다. 단순히 운동화나 운동복을 파는 것이 아니라, 스포츠를 통해 인종, 성별, 장애의 벽을 허무는 메시지를 전달한 것이다. ESG의 'S(사회)' 측면에서 브랜드가 추구하는 가치를 효과적으로 전달한 사례다.

벤앤제리스(Ben&Jerry's)는 가치 기반 마케팅을 한 단계 더 발전시켰다. 파타고니아가 환경, 나이키가 사회적 포용성에 집중했다면, 벤앤제리스는 기후변화부터 사회정의까지 더 폭넓은 사회적 이슈에 대해 목소리를 내고 있다. 특히 아이스크림이라는 제품의 특성상 민감한 사회적 이슈에 대한 발언이 리스크가 될 수 있음에도, 브랜드의 신념을 일관되게 표현하는 것이 주목할 만하다.

한편, 유니레버는 가치 기반 마케팅이 실제 비즈니스 성과로 이어질 수 있음을 보여주는데, 'Sustainable Living Brands' 전략을 통해 지속가능성을 핵심 가치로 내세운 브랜드들이 일반 브랜드보다 더 높은 성장률을 기록하고 있다. 파타고니아나 벤앤제리스의 진정성 있는 접근이 틈새시장 전략이 아닌, 주류 시장에서도 통할 수 있다는 것을 증명하는 것이기도 하다.

디지털 시대의 도래는 ESG 커뮤니케이션에 새로운 차원을 더했다. 마이크로소프트의 'Digital Sustainability Report' 플랫폼은 앞선 기업들의 가치 중심 커뮤니케이션에 실시간성과 양방향성을 더했다. ESG 성과를 실시간으로 공개하고 이해관계자들과 직접 소통함으로써 진정성을 더욱 강화하는 효과를 얻고 있다.

변화의 흐름 속에서 '임팩트 스토리텔링(Impact Storytelling)'이라는 새로운 트렌드가 부상하고 있다. 앞선 기업들의 다양한 접근방식(파타고니아의 환경 중심, 나이키의 사회적 포용성, 벤앤제리스의 사회정의, 유니레버의 지속가능성)을 더욱 구체적인 이야기로 풀어내는 방식이다. 단순한 성과 수치가 아닌, 실제 변화의 이야기를 전달함으로써 ESG 활동의 의

표 16. 마케팅/홍보 활동의 ESG 요소와 실천 방안

ESG 요소	주요 영향	혁신 방안	기대 효과
환경(E)	• 마케팅 자원 사용 • 환경가치 소통 • 친환경 캠페인 • 디지털 전환	• 친환경 마케팅 자료 • 환경성과 스토리텔링 • 그린 캠페인 • 디지털 마케팅 강화	• 환경부하 감소 • 브랜드 가치 향상 • 고객 인식 개선 • 비용 효율화
사회(S)	• 포용적 커뮤니케이션 • 사회가치 확산 • 소비자 권익 • 정보 접근성	• DEI 마케팅 • 임팩트 스토리텔링 • 책임있는 광고 • 유니버설 디자인	• 브랜드 신뢰도 향상 • 고객 관계 강화 • 사회적 영향력 증대 • 시장 확대
지배구조 (G)	• 마케팅 윤리 • 정보 투명성 • ESG 공시 • 이해관계자 소통	• 윤리적 마케팅 정책 • 투명한 정보공개 • ESG 보고서 발간 • 이해관계자 참여	• 그린워싱 리스크 감소 • 기업 신뢰도 향상 • 투자자 소통 강화 • 평판 관리 개선

미를 더욱 깊이 있게 전달하고 있다.

마케팅/홍보 부서의 새로운 역할은 ESG 활동의 진정성을 커뮤니케이션 채널에 맞춰 효과적으로 전달하는 것이다. 과장된 홍보나 표면적인 캠페인이 아닌, 기업의 실질적인 ESG 노력과 그 영향을 진정성 있게 소통하는 것. 이것이 바로 ESG 시대에 마케팅/홍보가 나아가야 할 방향이 되고 있다.

▶ 대외협력과 커뮤니케이션으로 만드는 ESG 생태계

기업의 ESG 활동은 적절한 소통이 뒷받침되어야 그 가치를 인정받을 수 있다. 대외협력/커뮤니케이션 부서는 이해관계자들과의 소통을 통해 기업의 ESG 노력을 효과적으로 전달하고, 이를 바탕으로 신뢰를 구축하는 핵심 역할을 수행한다. 특히 최근 그린워싱 논란이 증가하면서, 투명하고 검증 가능한 소통의 중요성이 더욱 커지고 있다.

이해관계자와의 소통 방식도 진화하고 있다. 세계적인 식품기업 다논(Danone)의 사례를 보면 변화를 잘 알 수 있다. 다논은 전통적인 일방향 소통을 넘어, 이해관계자들이 직접 기업의 ESG 전략 수립에 참여하는 '사회적 혁신 플랫폼'을 운영하고 있다. 이 플랫폼에서는 농민, 소비자, 환경단체, 학계 등 다양한 이해관계자들이 정기적으로 모여 지속가능성 과제를 논의한다. 단순한 의견 청취가 아닌, 실제 사업으로 이어지는 것이 특징이다. 2023년에는 이 플랫폼을 통해 제안된 '지역순환농업' 프로젝트가 실제 사업이 되어 150개 이상의 지역 농가와 협력 체계를 구축했다.

글로벌 식품기업 네슬레(Nestlé)는 지역별 특성을 고려한 맞춤형 소통을 보여주고 있다. 'Creating Shared Value(공유가치 창출)' 프로그램을 통해 전 세계 각 지역의 이해관계자들과 정기적인 대화를 진행한다. 특히 최근에는 AI 기술을 활용한 '실시간 이해관계자 피드백 시스템'을 도입하여, 현지의 목소리를 더욱 신속하게 경영 의사결정에 반영하고 있다. 글로벌 기업이 지역사회와 어떻게 효과적으로 소통할 수 있는지 보여주는 좋은 사례다.

이해관계자와의 소통에서 중요한 것은 복잡한 ESG 정보를 이해하기 쉽게 전달하는 것이다. 유니레버는 'Sustainable Living Plan'을 통

[그림 7] 유니레버의 'Sustainable Living Plan'(출처: Unilever Careers UK's X)

해 이를 잘 보여준다. ESG 성과를 단순한 숫자가 아닌, 소비자의 일상
생활과 연결된 스토리로 전달한다. 예를 들어, 물 절약 캠페인의 효과
를 "절약된 물의 양"이 아닌 "몇 개의 마을에 깨끗한 물을 공급할 수 있
는지"로 설명하는 식이다.

  사회문제 해결을 위한 협력도 대외협력/커뮤니케이션 부서의 중요
한 역할이다. 마이크로소프트(Microsoft)는 'AI for Earth' 프로그램을
통해 환경 보호 단체들과 협력하여 AI 기술을 활용한 환경 문제 해결
을 지원한다. 이는 기업의 핵심 역량을 사회문제 해결에 활용하는 동
시에, 이해관계자들과의 의미 있는 협력을 보여주는 사례다.

  대외협력/커뮤니케이션의 새로운 역할은 ESG를 중심으로 한 협력
생태계를 만드는 것이다. 이해관계자들과 진정성 있게 소통하고, 함께
실질적인 변화를 만들어내는 것. 단순한 홍보가 아닌, 기업과 사회가
함께 성장하는 지속가능한 미래를 위한 필수 요인으로 제시되고 있다.

표 17. 대외협력/커뮤니케이션 활동의 ESG 요소와 실천 방안

ESG 요소	소통 영역	실천 방안	기대 효과
환경(E)	• 환경성과 소통 • 협력 네트워크 • 환경캠페인 • 정보 투명성	• 통합보고서 발간 • 환경협의체 운영 • 시민참여 프로그램 • 데이터 공개	• 환경신뢰도 제고 • 협력기반 구축 • 사회적 영향력 • 정보 접근성
사회(S)	• 이해관계자 소통 • 사회공헌 활동 • 지역사회 협력 • NGO 파트너십	• 소통채널 다각화 • 임팩트 프로젝트 • 지역협의체 • 협력사업 개발	• 사회적 신뢰 • 지역사회 관계 • 문제해결 기여 • 파트너십 강화
지배구조 (G)	• 소통 전략 수립 • 정보 품질 관리 • 이해관계자 참여 • 피드백 시스템	• ESG 위원회 운영 • 검증체계 구축 • 참여 플랫폼 • 모니터링 강화	• 전략적 소통 • 정보 신뢰성 • 참여 활성화 • 소통 효과성

▶ 생산 현장에서 시작되는 ESG 혁신

공장의 굴뚝에서 나오는 연기, 작업장의 소음, 산업 폐기물... 전통적으로 생산 활동은 환경과 사회에 부정적 영향을 주는 것으로 인식되어 왔다. 하지만 이제 생산 현장이 ESG 혁신의 최전선으로 변모하고 있다. 환경 영향을 최소화하고, 근로자의 안전과 권리를 보호하며, 전체 공급망의 지속가능성을 높이는 변화가 일어나고 있는 것이다.

가장 두드러진 변화는 환경 분야라 할 수 있다. 기업들은 이제 단순히 공장에서 발생하는 직접적인 환경 영향만 관리하는 것이 아니다. 원료 조달부터 제품 사용, 폐기까지 전 과정에서 발생하는 환경 영향을 고려한다. 이를 이해하기 쉽게 설명하면, 과거에는 공장의 굴뚝에서

나오는 연기만 신경썼다면, 이제는 원료를 만들 때 발생하는 오염부터 소비자가 제품을 사용하고 버릴 때 발생하는 환경 영향까지 모두 관리하는 것이다.

애플의 사례는 포괄적 접근을 잘 보여주는데, 애플은 2023년부터 모든 생산 협력사에 재생에너지 사용을 의무화했다. 자사 공장뿐만 아니라, 부품을 만드는 협력사들까지 친환경 에너지를 사용하도록 한 것이다. 마치 식당이 음식의 맛뿐만 아니라, 식재료를 기르는 농부의 농사 방식까지 신경 쓰는 것과 비슷하다.

작업장의 안전과 근로자의 권리도 더욱 중요해졌다. 특히 코로나 19는 안전한 작업 환경의 중요성을 다시 한번 일깨웠다. 나이키의 'Worker Safety First' 프로그램은 단순한 안전 수칙 준수를 넘어서는 것이다. 작업자들의 건강 관리, 역량 개발, 권리 보호까지 포괄적으로 지원함으로써 안전하고 건강한 일터가 결국 더 나은 제품을 만들어낸다는 믿음에 기반한 것이라 할 수 있다.

기술 혁신도 생산 현장의 ESG를 가속화하고 있다. 지멘스는 'Digital Factory 2025' 프로그램을 통해 스마트 팩토리(Smart factory)의 새로운 기준을 제시했다. AI가 공장의 전력 사용량을 실시간으로 모니터링하고, 가장 효율적인 생산 일정을 제안한다. 마치 스마트홈 시스템이 집안의 전기 사용을 최적화하는 것처럼, 공장 전체의 에너지 효율을 높이는 것이다. 그 결과 4년 만에 생산 단위당 에너지 소비량을 28%나 줄였다.

표 18. 생산 활동의 ESG 요소와 실천 방안

ESG 요소	주요 영향	혁신 방안	기대 효과
환경(E)	• 에너지 소비/온실가스 배출 • 자원/용수 사용 • 폐기물 발생 • Scope 3 배출	• 재생에너지 전환 • 스마트 팩토리 구축 • 순환경제 도입 • 협력사 ESG 관리	• 탄소배출 감축 • 운영비용 절감 • 자원효율성 향상 • 공급망 리스크 감소
사회(S)	• 작업자 안전/보건 • 인권/노동권 • 지역사회 영향 • 기술 숙련도	• 스마트 안전관리 • 인권 실사 강화 • 지역사회 협력 • 직무교육 확대	• 산업재해 감소 • 직원 만족도 향상 • 지역사회 신뢰 • 생산성 향상
지배구조 (G)	• 품질관리 체계 • 생산정보 투명성 • 공정 표준화 • 규제 준수	• 품질관리 디지털화 • 정보공개 강화 • 표준 매뉴얼 구축 • 컴플라이언스 강화	• 제품 신뢰성 향상 • 이해관계자 신뢰 • 운영 효율성 • 법적 리스크 감소

생산 부분에서 특히 주목할 만한 것은 생산 과정에 있어서의 투명성이다. EU의 공급망 실사제도 도입으로, 생산 과정 전반을 투명하게 관리하고 문서화하는 것이 필수가 되었다. 마치 식품의 원산지 표시처럼, 제품이 어떤 과정을 거쳐 만들어졌는지 소비자가 알 수 있게 하는 것이다.

생산 부문의 ESG 혁신은 더 나은 제품을 더 나은 방식으로 만들기 위한 총체적 변화다. 환경 영향을 줄이고, 근로자의 안전과 권리를 보호하며, 전체 공급망의 지속가능성을 높이는 것. 단순한 비용이나 규제 대응이 아닌, 기업의 장기적 경쟁력을 좌우하는 핵심 요소가 되고 있다.

▶ 구매가 만드는 지속가능한 공급망

구매는 기업 활동의 시작점이라 할 수 있다. 어떤 원자재를 어디서, 어떻게 구매하느냐는 제품의 품질부터 기업의 사회적 책임까지 모든 것에 영향을 미친다. ESG 시대에 구매 부서의 역할은 더욱 중요해졌다. 단순히 좋은 품질의 물건을 저렴하게 사는 것을 넘어, 환경과 사회적 책임을 고려한 전략적 구매가 필요한 시대가 된 것이다.

과거 나이키의 사례는 구매 의사결정의 중요성을 극적으로 보여준다. 1990년대 후반, 중국 신장 지역의 협력업체에서 발생한 강제 노동 문제는 전 세계적인 불매운동으로 이어졌고, 이를 계기로 나이키는 공급망 관리 방식을 근본적으로 바꾸었다. 'Sustainable Manufacturing & Sourcing Index'를 개발하여 협력사 선정부터 관리까지 전 과정을 혁신했다. 이 시스템은 노동 조건, 임금, 노동시간, 안전 기준 등을 세세하게 평가하며, 정기적인 현장 실사도 진행한다. 특히 주목할 만한 점은 단순한 모니터링을 넘어 협력사의 역량 강화를 지원한다는 것이다. 노동자 교육 프로그램 제공, 작업장 안전 시설 개선 지원 등 실질적인 변화를 이끌어내고 있다.

환경 측면의 변화도 주목할 만하다. 유니레버의 'Sustainable Sourcing Program'은 농산물 원료의 75%를 지속가능 인증 제품으로 전환했다. 단순히 원료를 구매하는 것이 아니라, 그 원료가 어떻게 생산되었는지, 환경에 어떤 영향을 미치는지까지 고려하는 것이다. 운송 과정의 탄소 배출까지 계산해 가장 환경 친화적인 구매 방식을 선택하는 것이다.

글로벌 기업의 사례 중 애플은 한 걸음 더 나아가 협력사의 환경 혁신을 주도하고 있다. 애플의 'Supplier Clean Energy Program'은 공급망 환경 관리의 새로운 모델을 제시한다. 단순히 재생에너지 사용을 요구하는 것이 아니라, 협력사들이 이를 실현할 수 있도록 종합적인 지원을 제공한다. 협력사들에게 재생에너지 설비 투자를 위한 저금리 금융 지원, 기술 컨설팅, 정부/전력회사와의 협상 지원 등이 포함된다. 특히 중소 협력사들을 위해 공동구매 플랫폼을 만들어 규모의 경제를 실현할 수 있게 했다. 이전의 단순한 기준 제시나 감사(audit) 중심의 접근과는 완전히 다른 것이다. 그 결과 2023년까지 300개 이상의 협력사가 100% 재생에너지 전환을 약속했으며, 이들 중 상당수가 이미 목표를 달성하는 성과를 보여주었다.

구매분야에서 가장 혁신적인 변화는 '순환 조달'의 확산이다. 필립스는 2025년까지 전체 구매의 25%를 순환 경제 원칙에 따라 진행하겠다고 선언했다. 제품을 설계할 때부터 재활용과 재사용을 고려해 원자재를 선택하고, 협력사들과 함께 자원 순환 체계를 만드는 것이다. 한 번 쓰고 버리는 것이 아니라, 계속해서 가치 있게 사용할 수 있는 방법을 찾는 것이다.

특히 EU의 공급망 실사제도 도입이 구매 부서의 역할을 더욱 중요하

표 19. 구매 활동의 ESG 요소와 실천 방안

ESG 요소	주요 영향	혁신 방안	기대 효과
환경(E)	• 원자재 환경영향 • 운송 탄소배출 • 포장재 사용 • 자원 효율성	• 친환경 원료 조달 • 운송 최적화 • 포장재 재활용 • 순환조달 도입	• 환경부하 감소 • 물류비용 절감 • 자원순환 촉진 • 친환경 이미지
사회(S)	• 협력사 인권/노동 • 지역사회 영향 • 공정거래 • 상생협력	• 협력사 ESG 평가 • 지역구매 확대 • 표준계약 도입 • 동반성장 투자	• 공급망 안정화 • 지역경제 기여 • 거래 투명성 • 협력사 역량강화
지배구조 (G)	• 계약 투명성 • 부패 리스크 • 이해상충 • 규제 준수	• 전자계약 시스템 • 윤리구매 정책 • 내부통제 강화 • 컴플라이언스	• 리스크 감소 • 기업신뢰 향상 • 거래효율 증대 • 법적 안정성

게 만들었다. 이제는 직접 거래하는 협력사뿐만 아니라, 그 협력사의 협력사까지 관리해야 한다. 마치 식품의 이력추적제처럼, 제품의 모든 구성 요소가 어디서, 어떻게 만들어졌는지 추적하고 관리해야 하는 것이다.

구매관련 부서의 새로운 역할은 지속가능한 공급망을 만들고 유지하는 것이라 할 수 있다. 환경을 보호하고, 인권을 존중하며, 공정한 거래를 실천하는 건강한 생태계를 구축하는 것. 단순한 비용 절감이나 리스크 관리를 넘어, 기업의 장기적 경쟁력을 좌우하는 핵심 전략방향이 된 것이다.

▶ 물류/SCM이 이끄는 지속가능한 가치사슬의 세 가지 방향성

물류와 공급망 관리(Supply chain management, SCM)는 기업 활동의 혈관과도 같다. 원재료가 제품이 되어 소비자에게 전달되기까지, 그리고 사용 후 폐기되거나 재활용되는 전 과정이 모두 물류/SCM과 연결되어 있다. 특히 전 세계 온실가스 배출량의 11%가 이 분야에서 발생한다는 점은 물류/SCM이 ESG 경영에서 얼마나 중요한지를 잘 보여준다.

물류/SCM 분야의 ESG 혁신은 크게 세 가지 방향에서 일어나고 있다. 디지털 전환을 통한 효율화, 순환경제로의 전환, 그리고 통합적 가치 창출이다. 각각의 혁신은 서로 다른 방식으로 지속가능성을 실현하면서도, 궁극적으로는 하나의 목표를 향해 나아간다.

첫째, 디지털 전환은 물류의 효율성을 획기적으로 높이고 있다.

[그림 8] DHL의 'GoGreen 2050'전략(출처: DHL U.S.'s X)

DHL의 'GoGreen 2050' 전략이 대표적인 사례다. AI 기반 경로 최적화 시스템은 수많은 데이터를 실시간으로 분석해 최적의 배송 경로를 찾아낸다. 교통 상황, 날씨, 차량 상태 등 모든 변수를 고려하여, 마치 초정밀 내비게이션처럼 전체 물류 네트워크를 최적화하게 된다. 그 결과 연료 소비량은 15% 줄고, 배송 시간은 20% 단축하는 성과를 보여주었다.

이커머스의 공룡이라 불리는 아마존(Amazon)은 배송과정에서 한 단계 더 나아가 AI를 포장 과정에도 활용한다. 아마존의 'Shipment Zero' 프로그램의 일환인 '스마트 패키징' 시스템은 각 주문의 특성을 분석해 최적의 포장 방식을 제안한다. 단순히 상자 크기를 줄이는 것이 아니라 제품의 특성, 배송 방식, 날씨 조건까지 고려한 종합적인 최적화방식이라 할 수 있다. 이를 통해 포장재 사용량은 33% 줄이고, 배송 효율은 25% 향상시킬 수 있게 되었다.

둘째, 순환경제로의 전환은 물류의 개념 자체를 바꾸고 있다. 전통적인 물류가 생산자에서 소비자로의 일방향 이동이었다면, 이제는 자원의 순환을 고려한 양방향 시스템으로 진화하고 있다. 이케아(Ikea)의 '순환 물류 시스템'이 변화를 잘 보여준다.

이케아는 '역물류(Reverse Logistics)'라는 혁신적인 개념을 도입했다. 제품을 배송한 차량이 돌아올 때 포장재와 중고 제품을 함께 수거하는 것이다. 마치 과거 우유배달부가 빈 병을 수거해 가던 것과 같은 원리를 글로벌 규모로 확장한 것이다. 수거된 포장재는 품질 검사를 거쳐

표 20. 물류/SCM 활동의 ESG 요소와 실천 방안

ESG 요소	관리 영역	실천 방안	기대 효과
환경(E)	• 운송 효율화 • 포장재 관리 • 재고 최적화 • 친환경 물류센터	• 복합 운송체계 • 친환경 포장설계 • AI 기반 수요예측 • 태양광 물류센터	• 탄소배출 감축 • 자원 절약 • 비용 효율화 • 에너지 절감
사회(S)	• 근로조건 개선 • 안전관리 • 지역상생 • 협력사 지원	• 안전시스템 구축 • 작업환경 개선 • 지역채용 확대 • 상생협력 프로그램	• 산업재해 감소 • 직원만족도 향상 • 지역경제 기여 • 공급망 안정화
지배구조 (G)	• 공급망 투명성 • 공정거래 • 리스크 관리 • 규제 대응	• 추적시스템 도입 • 표준계약 체계 • 리스크 모니터링 • 컴플라이언스 강화	• 신뢰도 향상 • 거래 효율화 • 리스크 감소 • 규제 준수

평균 6-8회 재사용되며, 중고 가구는 수리와 개보수를 거쳐 할인된 가격에 재판매된다. 이를 통해 연간 10만 톤의 폐기물 발생을 방지하고, 포장재 비용도 30% 절감하는 성과를 보여주었다.

셋째, 통합적 가치 창출은 환경, 사회, 경제적 가치를 동시에 추구한다. 유니레버의 '지속가능한 농업 프로그램'이 그 대표적 사례 중 하나다. 블록체인 기술을 활용해 원재료의 생산부터 최종 제품까지 전 과정을 추적하면서 환경 영향을 최소화하고, 소규모 농가의 역량도 강화한다. 단순한 공급망 관리를 넘어, 모든 참여자가 함께 성장하는 생태계를 만드는 것이다.

이러한 혁신들은 물류/SCM이 더 이상 단순한 비용 센터가 아님을

보여준다. 이제는 디지털 기술을 활용한 효율화, 자원의 순환적 사용, 사회적 가치 창출이 통합된 새로운 패러다임으로 진화하고 있다. 기업의 지속가능한 미래를 만드는 핵심 동력이자, ESG 경영의 실질적인 실현 수단이 되고 있다.

▶ 품질관리가 만드는 총체적 가치변화

품질관리의 개념이 근본적으로 변화하고 있다. 과거에는 제품에 불량이 없고 규격에 맞는지만 확인하면 됐지만, 이제는 환경 영향부터 사회적 책임까지 모든 것을 고려해야 한다. ESG 시대의 품질관리는 제품의 전 생애주기에 걸친 영향을 종합적으로 관리하는 새로운 패러다임으로 진화하고 있다.

품질관리 분야에서의 변화는 크게 세 가지 방향에서 일어나고 있다. 첫째는 환경 영향 평가와 인증의 고도화, 둘째는 포용적 품질관리 체계 구축, 셋째는 공급망 전반의 통합적 품질관리다.

환경 영향 평가와 인증의 혁신을 보여주는 좋은 예가 월그린의 '지속가능 품질인증 프로그램'이다. 이 프로그램의 핵심은 모든 자체 브랜드 제품에 대한 전과정 환경 영향평가(LCA, Life Cycle Assessment)다. 제품의 원료 채취부터 생산, 유통, 사용, 폐기까지 전 과정에서 발생하는 환경 영향을 과학적으로 분석한다. 그러나 더 혁신적인 것은 이 복잡한 분석 결과를 소비자들이 쉽게 이해할 수 있는 'Eco-Rating' 시스템으로 바꾼 것이다. 마치 에너지효율 등급처럼 직관적인 등급 체계를 통해, 소비자들은 제품의 환경 영향을 쉽게 비교할 수 있게 되었다. 2023년까지 전체 제품의 45%가 최고 등급을 획득했다는 것은 이 시스템이 실질적인 변화를 이끌어내고 있음을 보여준다.

포용적 품질관리는 모든 소비자를 고려한 품질 기준 수립을 의미하는데 고령자, 장애인, 어린이 등 취약계층의 안전과 사용성을 특별히 고려하는 것이다. 유니레버의 세제 제품 개발 사례는 포용적 접근의 좋은 예시라 할 수 있다. 저시력자도 쉽게 식별할 수 있는 포장 디자인, 어린이 안전캡 적용, 알레르기 반응을 최소화한 성분 사용 등을 통해 모든 소비자가 안전하게 사용할 수 있는 제품을 만들었다.

가장 큰 변화는 공급망 전반을 아우르는 통합적 품질관리 체계의 구축이다. 유니레버의 '지속가능 생활 계획(USLP)'은 통합적 접근의 선구자적 사례. 특히 '지속가능 농업 규약(SAC)'을 통한 원재료 품질관리는 혁신적이다. 블록체인 기술을 활용해 팜유와 같은 주요 원료의 전 과정을 추적하며, 이를 통해 산림 파괴 없는 원료 조달을 보장한다. 2023년까지 전체 농산물 원료의 75%를 이러한 지속가능한 방식으로 조달하였다.

더 주목할 만한 것은 협력사와의 상생이다. 유니레버는 협력사들에게 품질관리 교육과 기술 지원을 제공하고, ESG 성과에 따른 인센티브도 제공하였는데, 단순한 감사나 평가가 아닌, 협력사와 함께 성장하는 모델로써 그 의미가 있다. 그 결과 협력사들의 에너지 효율은 30% 향상되었고, 용수 사용량은 25%나 줄일 수 있었다.

표 21. 품질관리 활동의 ESG 요소와 실천 방안

ESG 요소	품질관리 영역	실천 방안	기대 효과
환경(E)	• 친환경 인증 관리 • 환경영향 평가 • 에너지효율 검증 • 재활용성 평가	• 국제인증 획득 • LCA 평가 실시 • 효율등급 관리 • 순환성 검증	• 환경신뢰성 확보 • 시장경쟁력 강화 • 운영비용 절감 • 자원효율성 향상
사회(S)	• 제품 안전성 • 소비자 권익 • 보건영향 평가 • 접근성 검증	• 안전인증 획득 • VOC 관리체계 • 위해성 평가 • 유니버설 검증	• 소비자 신뢰 확보 • 고객만족도 향상 • 리스크 감소 • 시장 확대
지배구조 (G)	• 품질관리 체계 • 인증 투명성 • 정보공개 • 준법관리	• 품질경영시스템 • 제3자 검증 • 성과 공시 • 규제 대응	• 기업신뢰도 향상 • 브랜드가치 제고 • 이해관계자 신뢰 • 법적 리스크 감소

이런 노력들은 실질적인 제품 혁신으로 이어진다. 예를 들어, 저온에서도 효과적인 세정력을 발휘하는 세제를 개발해 에너지 사용량을 40% 줄이면서, 동시에 생분해성을 높여 수질 오염도 줄였다. 제품의 성능과 환경 성과를 동시에 개선할 수 있다는 것을 보여주는 좋은 예다.

ESG 시대의 품질관리는 제품, 환경, 사회적 가치를 통합적으로 관리하는 것이라 할 수 있다. 단순한 검사나 인증이 아닌, 기업의 지속가능한 성장을 위한 핵심 경쟁력이 되었다.

▶ 시설관리를 통한 ESG 가치 창출

사옥을 비롯한 생산시설을 포함한 건물은 우리가 생각하는 것보다

환경에 훨씬 큰 영향을 미친다. 전 세계 온실가스 배출량의 28%, 즉 거의 3분의 1에 가까운 양이 건물을 운영하는 과정에서 발생한다. 시설관리가 ESG 경영에서 얼마나 중요한 역할을 하는지 보여준다. 건물의 에너지 사용, 폐기물 관리, 근무환경 조성 등 시설관리는 ESG의 모든 측면과 맞닿아 있다.

관련된 문제를 해결하기 위해 기업들은 시설관리의 혁신을 추구하고 있다. 크게 세 가지 방향인데, 첫째는 스마트 빌딩을 통한 에너지 효율화, 둘째는 자원 순환 시스템 구축, 셋째는 건강하고 안전한 근무환경 조성이다.

글로벌 기업 아마존은 전 세계에 수많은 사옥과 물류센터를 운영하면서 막대한 에너지를 소비한다. 이 문제를 해결하기 위해 도입한 것이 'Sustainable Operations' 프로그램이다. 건물 곳곳에 설치된 수천 개의 IoT 센서가 실시간으로 에너지 사용량과 실내 환경을 모니터링한다. 마치 스마트홈의 원리를 대형 건물에 적용한 것이다. 회의실이 비어 있을 때는 자동으로 냉난방과 조명을 조절하고, 외부 날씨에 따라 실내 환경을 최적화한다. 특히 혁신적인 것은 AI를 활용한 예측 정비 시스템이다. 설비가 고장 나기 전에 미리 문제를 감지하고 조치함으로써 에너지 손실을 45%나 줄였다.

그러나 건물 중에서도 가장 많은 에너지를 소비하는 것이 바로 데이터센터다. 우리가 사용하는 모든 디지털 서비스의 기반이 되는 데이터센터는 24시간 가동되는 수많은 서버를 냉각하기 위해 엄청난 양의 전

[그림 9] 네이버 데이터센터 '각 세종'(출처: navercorp.com)

력을 사용한다. 일반 건물의 약 10-15배에 달하는 전력을 소비하는 것
이다.

네이버의 데이터센터 '각'은 친환경 데이터센터의 대표적 사례로 주
목받고 있다. 차가운 외부 공기를 활용해 서버를 냉각하는 '자연 공조
시스템'을 도입하여 냉각 에너지 사용을 획기적으로 줄였으며, 서버에
서 발생하는 열을 버리지 않고 지역 난방에 활용하는 열 재활용 시스템
을 구축했다. 혁신적인 냉각 방식과 열 재활용을 통해 에너지 효율성
을 크게 높였다.

데이터센터 '각'의 에너지 효율성은 PUE(Power Usage Effectiveness,
전력효율지수)를 통해 입증되고 있다. PUE는 데이터센터의 총 전력 사
용량을 IT 장비가 사용하는 전력량으로 나눈 값으로, 1에 가까울수록

표 22. 시설관리 활동의 ESG 요소와 실천 방안

ESG 요소	관리 영역	실천 방안	기대 효과
환경(E)	• 에너지 관리 • 용수 관리 • 폐기물 처리 • 친환경 설비	• 스마트 에너지 시스템 • 절수 시설 도입 • 폐기물 재활용 • 신재생에너지 설비	• 에너지 비용 절감 • 용수 사용량 감소 • 폐기물 저감 • 탄소배출 감축
사회(S)	• 실내 환경 • 안전 관리 • 접근성 개선 • 임직원 건강	• 공기질 관리 시스템 • 안전 모니터링 • 유니버설 디자인 • 건강증진 시설	• 업무환경 개선 • 안전사고 예방 • 포용성 향상 • 직원만족도 증가
지배구조 (G)	• 시설 운영 투명성 • 자원 관리 • 계약 관리 • 리스크 관리	• 운영데이터 관리 • 자산관리 시스템 • 공정 계약 체계 • 비상대응 체계	• 운영 효율화 • 비용 최적화 • 투명성 확보 • 리스크 감소

에너지 효율이 높다는 것을 의미한다. 일반적인 데이터센터들이 더 높은 PUE 수치를 보이는 것과 비교할 때, '각'은 우수한 에너지 효율성을 달성하고 있다.

더불어 '각'은 LEED(Leadership in Energy and Environmental Design) 인증을 받은 국내 데이터센터다. LEED는 미국 그린빌딩위원회(USGBC)가 부여하는 친환경 건축물 인증으로 건물의 에너지 효율, 자원 사용, 실내 환경 품질 등을 종합적으로 평가한다. 이렇게 관련인증 획득은 '각'이 친환경 데이터센터로서의 국제적 기준을 충족하고 있음을 보여준다.

이처럼 시설관리는 이제 단순한 건물 관리를 넘어 기업의 ESG 가치

를 실현하는 핵심 수단이 되었다. 에너지 효율화, 자원 순환, 건강한 근무환경 조성을 통해 환경과 사회적 가치를 창출하는 것. 이것이 바로 ESG 시대의 시설관리가 나아가야 할 방향이 되고 있다.

▶ 영업이 전하는 ESG 가치

"영업이 ESG와 무슨 관계가 있나요?" 많은 사람들이 이런 의문을 가질 수 있다. 하지만 영업은 오히려 ESG의 최전선이다. 기업의 ESG 활동과 가치를 고객에게 직접 전달하고, 시장의 반응을 가장 먼저 접하는 것이 바로 영업 부서이기 때문이다. 게다가 영업 활동 자체도 생각보다 많은 환경 영향을 미친다.

글로벌 자동차 기업 볼보(Volvo)의 조사 결과는 이런 현실을 잘 보여준다. 영업 활동으로 인한 탄소 배출이 전체 기업 배출량의 약 8%를 차지한다는 것이다. 고객을 만나기 위한 차량 이동, 종이로 된 카탈로그와 계약서 사용, 제품 샘플의 포장재 등이 모두 환경에 영향을 미친다. 8%라는 수치는 얼핏 작아 보일 수 있지만, 한 기업의 사무실 전체 에너지 사용량과 맞먹는 규모다.

문제를 해결하기 위한 혁신적인 시도들이 나타나고 있다. 글로벌 IT 기업 세일즈포스(Salesforce)는 'Ethical Sales Guidelines'을 통해 영업의 패러다임을 바꾸고 있다. 단순히 매출 목표 달성만을 추구하는 것이 아니라, 고객에게 정확한 정보를 제공하고, 고객의 실질적인 필요를 충족시키며, 지속가능한 관계를 구축하는 것을 핵심 가치로 삼는다. 특히 주목할 만한 것은 AI를 활용한 고객 맞춤형 솔루션 제안이다. 이를 통해 불필요한 제품 구매를 줄이고, 고객의 실제 니즈에 맞는 최적의 솔루션을 제공하게 된다.

유니레버의 'Sustainable Sales Framework'는 앞서 언급된 다른 프로그램들과는 다른 관점에서 주목할 만하다. 앞서의 사례들이 제품과 생산 과정의 지속가능성에 초점을 맞췄다면, 이 프로그램은 영업 활동 자체의 지속가능성을 혁신하는 데 중점을 둔다. 영업 사원들의 이동수단을 전기차로 전환하고, 대면 미팅을 디지털 상담으로 대체하며, 종이 문서를 디지털화하는 등의 변화를 추진했다. 그 결과 2023년 한 해 동안 영업 활동의 탄소 배출을 무려 35% 줄였다. 더 중요한 것은 이런 변화가 오히려 영업 효율을 높였다는 점이다. 친환경 제품의 매출 비중이 45%까지 증가했는데, 지속가능성이 이제 중요한 구매 결정 요인이 되었음을 보여준다.

영업은 또한 ESG 스토리텔링의 핵심 채널이 될 수 있다. 예를 들어, 제품의 탄소 발자국을 줄이기 위한 기업의 노력이나, 공정무역을 통한 원재료 조달 과정, 재활용 가능한 패키징 도입 등의 이야기를 고객에게 직접 전달할 수 있다. 단순한 정보 전달을 넘어, 고객을 지속가능한 소비에 동참하게 만드는 강력한 동기가 될 수 있다.

영업 부문의 새로운 역할은 ESG 가치를 시장에서 실현하는 것이라 할 수 있다. 환경 영향을 최소화하는 영업 방식을 도입하고, 고객과의 신뢰 관계를 구축하며, 지속가능한 제품과 서비스의 가치를 전파하는

표 23. 영업 활동의 ESG 요소와 실천 방안

ESG 요소	주요 영향	혁신 방안	기대 효과
환경(E)	• 이동으로 인한 탄소 배출 • 종이/포장재 사용 • 에너지 소비	• 화상 상담 시스템 • 디지털 문서화 • 친환경 이동수단	• 탄소발자국 감소 • 자원 효율성 향상 • 운영비용 절감
사회(S)	• 고객 권익 보호 • 정보 보안 • 접근성	• 투명한 정보 제공 • 보안 시스템 강화 • 포용적 서비스	• 고객 신뢰 향상 • 브랜드 가치 증대 • 시장 확대
지배구조 (G)	• 거래 투명성 • 윤리적 영업 • 성과 평가	• 표준 계약 프로세스 • 윤리 교육 강화 • 공정한 평가 체계	• 법적 리스크 감소 • 조직 신뢰도 향상 • 지속가능한 성장

것. 이것이 바로 ESG 시대에 영업이 나아가야 할 방향이다. 영업은 더이상 단순한 판매 활동이 아닌, 기업의 ESG 가치를 실현하는 최전선이된 것이다.

3. ESG가 가져올 업무 혁신

　기업의 업무 방식이 근본적인 변화를 맞이하고 있다. ESG는 더 이상단순한 환경보호나 사회공헌 활동이 아닌, 기업의 일하는 방식 자체를바꾸고 있다. 이 변화는 마치 산업혁명이 기존의 수작업 방식을 기계화했던 것처럼, 기업의 모든 업무 프로세스를 지속가능한 방식으로 재설계하고 있다.

❶ ESG가 가져올 업무 프로세스의 혁신

▶ 선형에서 순환으로의 패러다임 전환

기업의 업무 방식에도 ESG 경영을 받아들이게 되면서 근본적인 변화를 맞이하고 있다. 과거의 비즈니스는 마치 일방통행 도로처럼 원자재 구매, 생산, 판매가 직선적으로 이어졌다. 하지만 ESG 시대에는 이러한 선형적 프로세스로는 더 이상 지속가능성을 확보할 수 없게 되었다. 이제는 모든 과정이 원형 교차로처럼 순환적으로 연결되어야 한다.

펩시 콜라(Pepsi)의 'Circular Future' 프로그램은 순환형 프로세스의 대표적 사례다. 펩시 콜라는 2023년부터 농작물 재배에서 패키징까지 전 과정을 순환형으로 재설계했다. 특히 주목할 만한 것은 농업 순환 시스템이다. 농작물 재배 후 발생하는 부산물을 퇴비로 재활용하여 다시 농작물 재배에 활용하는 방식을 도입했다. 그 결과 연간 150만 톤의 농업 폐기물을 줄였고, 토양의 탄소 저장량도 무려 25%나 증가시켰다.

글로벌 의류 기업 리바이스(Levi's)도 생산 공정의 순환성을 높이는 혁신적인 시도를 하고 있다. 청바지 한 벌을 만드는 데 수천 리터의 물이 필요했던 전통적인 생산방식을 AI 기술을 활용해 완전히 바꾸었다. 'Water〈Less' 기술을 통해 물 사용량을 96%나 줄였을 뿐만 아니라, 사용된 물을 정화해 다시 활용하는 순환 시스템을 구축했다. 더 놀

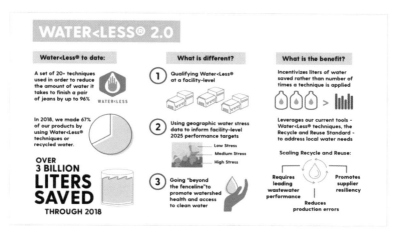

[그림 10] 리바이스의 'Water<Less' 기술 소개(출처: levistrauss.com)

라운 것은 공정 혁신이 제품의 품질은 높이고 생산 시간을 무려 30%나 단축하는 성과로 이어졌다는 점이다.

순환형 프로세스로의 전환은 환경 보호뿐만 아니라 비용 절감과 새로운 가치 창출로 이어진다. 더 이상 폐기물 처리 비용을 지불할 필요가 없을 뿐만 아니라, 버려지던 자원이 새로운 가치를 창출하는 원료로 변모하는 것이다. 이제 기업들은 모든 프로세스를 순환의 관점에서 재검토하고 재설계해야 하는 시대를 맞이하게 되었다.

▶ 공급망 전체로 확산되는 혁신

순환형 프로세스 혁신이 기업 내부에서 성과를 거두기 시작하자, 이제 기업들은 이를 공급망 전체로 확장하고 있다. 한 기업의 변화만으로는 진정한 지속가능성을 실현할 수 없다는 인식이 확산된 것이다. 마치 교통 체증을 해결하기 위해 한 도로만 개선하는 것이 아니라, 도시 전체의 교통 시스템을 재설계하는 것과 같다.

세계 최대 식품기업 중 하나인 네슬레(Nestle)는 공급망 혁신의 선두 주자로 손꼽힌다. 네슬레의 '농장에서 식탁까지' 프로그램을 통해, 특히 커피 사업에서 주목할 만한 변화를 만들어냈다. 블록체인 기술을 활용해 커피 원두가 재배되는 순간부터 소비자의 손에 들어갈 때까지 모든 과정을 추적할 수 있게 했다. 소비자들은 스마트폰으로 제품의 QR코드만 스캔하면 커피 농장의 위치, 농부의 근로 조건, 운송 과정의 탄소 발자국까지 모두 확인할 수 있다. 단순한 정보 공개를 넘어 실질적인 변화를 만들어냈다. 현재 전체 커피 원두의 82%가 추적 가능해졌고, 더 중요한 것은 공정거래에 참여한 농가의 수입이 평균 35% 증가했다는 점이다.

네슬레가 정보의 투명성을 통해 공급망을 혁신했다면, 영국의 대형 유통기업인 테스코(Tesco)는 인센티브를 통한 혁신적인 접근을 시도했다. 'Supply Chain Sustainability' 프로그램을 통해 5,000개가 넘는 협력사들과 ESG 데이터를 실시간으로 공유하는 것에서 한 걸음 더 나아간 것이다. '그린 서플라이어 인센티브' 제도를 도입해 탄소 배출을 20% 이상 줄인 협력사에게는 대금 지급 기간을 30일 단축해주는 혜택을 제공했다. 이는 협력사들의 자발적인 환경 혁신을 이끌어내는 효과적인 방법이 되었다. 단순한 감사나 규제가 아닌, 실질적인 혜택을 통

표 24. ESG 프로세스 혁신의 주요 변화

구분	기존 프로세스	혁신 프로세스	기대 효과
모니터링	연간/분기 단위	실시간 측정	즉각적 대응 가능
의사결정	재무중심 판단	ESG 통합 판단	지속가능성 향상
개선활동	사후적 개선	예방적 개선	리스크 사전 차단
이해관계자	제한적 소통	상시 소통	신뢰관계 구축

해 전체 공급망의 변화를 이끌어내고 있는 것이다.

이처럼 공급망 전체로 확산되는 ESG 혁신은 새로운 형태의 기업 생태계를 만들어내고 있다. 개별 기업의 성과를 넘어 산업 전체의 지속가능성을 높이는 동시에, 참여하는 모든 기업들에게 실질적인 혜택이 돌아가는 선순환 구조가 만들어지고 있는 것이다.

▶ 기술이 이끄는 ESG 혁신

업무 프로세스의 ESG 혁신은 앞으로 더욱 가속화될 전망이다. 특히 AI, 메타버스와 같은 첨단 기술의 발전은 이전에는 상상하기 어려웠던 수준의 혁신을 가능하게 만들고 있다. 특히 컨설팅 업계에서는 향후 5년 내에 전체 기업의 75% 이상이 기술 기반의 ESG 프로세스 혁신을 완료할 것으로 전망하고 있다.

지멘스(Simens)는 AI 기술을 활용한 ESG 혁신의 미래를 보여주고 있는데, 생산 공정의 에너지 효율화를 위해 AI 기반의 실시간 모니터링 시스템을 도입했다. 이 시스템은 단순히 에너지 사용량을 측정하는 것을 넘어, 수천 개의 센서에서 수집되는 데이터를 실시간으로 분석하여 가장 효율적인 운영 조건을 찾아낸다. 마치 자율주행 자동차가 최적의 경로를 찾아내는 것처럼, AI가 가장 에너지 효율적인 생산 방식을 제시하는 것이다. 이를 통해 공장 운영의 에너지 효율을 무려 45% 이상 높이는 놀라운 성과를 달성했다.

지멘스가 실제 공장의 운영을 혁신했다면, 독일의 자동차 기업 폭스바겐(Volkswagen)은 가상 공간에서의 혁신을 선도하고 있다. 메타버스 기술을 활용해 신차 개발 과정의 환경 영향을 가상으로 시뮬레이션하는 시스템을 구축한 것이다. 이는 마치 건축가가 건물을 짓기 전에 3D 모델로 설계하는 것처럼, 자동차 생산 과정의 모든 환경 영향을 사전에 검토하고 최적화할 수 있게 해준다. 실제 시제품 제작 단계에서 발생하는 환경 영향을 크게 줄일 수 있게 된 것이다.

기술 기반의 혁신은 단순한 효율성 향상을 넘어 비즈니스 모델 자체를 변화시키고 있다. 기업들은 이제 제품을 만들고 파는 것을 넘어, 환경과 사회에 긍정적인 영향을 미치는 방식으로 전체 비즈니스를 재설계해야 한다. 이는 도전이면서 동시에 새로운 기회다. ESG 기반의 업무 프로세스 혁신은 비용 절감과 효율성 향상을 가져올 뿐만 아니라, 새로운 시장과 비즈니스 기회를 창출하고 있기 때문이다.

기술의 발전은 ESG 혁신을 더욱 가속화하고 있으며, 기업의 지속가능한 성장을 위한 필수 요소가 되었다. 앞으로 기업의 경쟁력은 얼마

표 25. 기술이 이끄는 프로세스 혁신의 미래 전망

혁신 영역	주요 기술	예상 도입 시기	기대 효과
자율 최적화	AI/머신러닝	2025년	효율성 40% 향상
가상 시뮬레이션	메타버스/디지털트윈	2026년	개발기간 50% 단축
순환경제 플랫폼	블록체인	2027년	자원순환율 80% 달성

나 효과적으로 기술을 활용하여 ESG 혁신을 이뤄내느냐에 달려있을 것이다.

❷ 기업 의사결정 체계의 혁신

기업의 의사결정 기준이 근본적으로 변화하고 있다. 과거에는 "얼마나 많은 이익을 창출할 수 있는가?"가 의사결정의 유일한 기준이었다면, 이제는 "환경과 사회에 어떤 영향을 미치는가?", "장기적으로 지속가능한가?"라는 질문이 더해졌다. 이는 단순한 기준의 추가가 아닌, 기업 경영의 패러다임 전환을 의미한다.

▶ ESG 리스크 평가의 체계화

기업의 의사결정에서 ESG 리스크를 평가하는 것은 이제 선택이 아닌 필수가 되었다. 글로벌 500대 기업의 82%가 2023년부터 주요 의사결정 과정에 ESG 리스크 평가를 도입했다. 이는 단순한 형식적 절차가 아닌, 구체적이고 체계적인 평가 시스템을 의미한다. ESG 리스크를 제대로 평가하지 못한 기업들이 큰 위기를 맞은 사례들이 늘어나면서, 체계적인 리스크 평가의 중요성이 더욱 부각되고 있는 것이다.

세계 최대 생활용품 기업 중 하나인 P&G는 리스크 관리에 적극적으로 대응하여 변화를 선도하고 있다. 'ESG 리스크 스코어 카드'를 도입하여 모든 주요 의사결정에 ESG 리스크 평가를 필수화했다. 이 시스템은 단순한 체크리스트가 아니다. 탄소배출량, 수자원 영향, 생물다양성과 같은 환경적 요소부터 인권, 노동권, 지역사회 영향까지 종합적으로 평가한다. 특히 혁신적인 것은 AI 기술을 활용해 미래의 잠재적 리스크까지 예측한다는 점이다. 글로벌 ESG 규제 동향, 소비자 행동 변화, 기후변화 시나리오 등을 분석하여 의사결정에 반영하는 것이다.

한편, 세계 최대 규모의 국부펀드인 노르웨이 국부펀드(Norway Government Pension Fund Global, GPFG)는 더 큰 관점에서의 혁신을 시도했다. '세대간 형평성 평가' 제도를 도입한 것이다. P&G의 접근이 현재의 리스크에 중점을 둔 것과 달리, 미래 세대에 대한 영향까지 고려하는 장기적 관점의 평가 체계다. 모든 투자 결정에서 현재 세대의 이익 뿐만 아니라, 미래 세대에게 미치는 영향까지 평가한다. 예를 들어, 화석연료 관련 투자를 검토할 때 단기적인 수익률 뿐만 아니라, 기후변화가 미래 세대에게 미칠 영향까지 고려하여 의사결정을 내리는 것이다.

이처럼 ESG 리스크 평가 체계의 혁신은 기업의 의사결정을 더욱 책임있고 지속가능한 방향으로 이끌고 있다. 단기적인 재무적 성과를 넘

표 26. ESG 의사결정 지원 도구의 진화

구분	주요 기능	활용 효과	도입 기업 사례
AI 기반 ESG 스캐너	실시간 리스크 감지	선제적 대응 가능	글로벌 기업 60%
임팩트 시뮬레이터	장기 영향 예측	리스크 저감 30%	선도 기업 45%
ESG 디지털 트윈	가상 시나리오 분석	의사결정 시간 50% 단축	혁신 기업 25%

어, 장기적인 지속가능성을 고려한 균형 잡힌 의사결정이 가능해진 것이다.

▶ 장기적 영향 분석의 혁신

기업의 의사결정이 미치는 영향은 즉각적으로 나타나지 않는 경우가 많다. 특히 환경과 사회에 미치는 영향은 수년, 때로는 수십 년에 걸쳐 서서히 드러난다. 따라서 의사결정 과정에서 장기적 영향을 분석하고 예측하는 것이 매우 중요해졌다. 마치 의사가 환자의 현재 증상뿐만 아니라, 향후 발생할 수 있는 합병증까지 고려하여 치료 방법을 결정하는 것과 같다.

다논(Danone)은 장기적 관점의 의사결정을 '2050 임팩트 비전'이라는 시스템으로 구체화했다. 모든 주요 투자 결정에서 향후 30년간의 환경적, 사회적 영향을 분석하는 것이다. 예를 들어, 새로운 생산시설 투자를 검토할 때 2050년까지의 수자원 가용성, 극단적 기후현상의 발생 가능성, 지역사회 변화 등을 종합적으로 분석한다. 분석을 통해 2023년에는 동남아 지역 신규 투자의 40%를 수자원 고갈 위험이 낮은 지역으로 변경했으며, 연간 5억 유로 규모의 투자 의사결정을 수정했다.

글로벌 컨설팅 기업 액센츄어(Accenture)에서는 장기적 영향 분석을 더욱 과학적이고 체계적으로 수행할 수 있는 ESG 의사결정 지원 시스템을 개발했다. 이 시스템의 특징은 빅데이터와 AI를 활용해 수많은 변수들을 동시에 분석하고, 다양한 시나리오를 시뮬레이션할 수 있다는 점이다. 다논이 주로 환경적 영향에 초점을 맞췄다면, 액센츄어의 시스템은 사회적 영향과 거버넌스 측면까지 포괄적으로 분석한다. 예를 들어, 특정 사업 결정이 지역 고용에 미치는 영향, 협력업체의 지속 가능성, 잠재적인 평판 리스크까지 예측할 수 있다.

장기적 영향 분석 시스템의 도입은 기업의 의사결정 문화 자체를 변화시키고 있다. 단기적인 성과에 집중하던 과거의 관행에서 벗어나, 진정한 의미의 지속가능한 성장을 추구하는 방향으로 기업 문화가 진화하고 있는 것이다.

▶ 이해관계자 참여형 의사결정의 혁신

기업의 의사결정이 사회에 미치는 영향력이 커질수록 다양한 이해관계자들의 목소리를 반영해야 한다는 요구도 커지고 있다. 과거처럼 경영진이나 주주의 의견만으로 중요한 결정을 내리는 것은 더 이상 충분하지 않게 된 것이다. 특히 ESG 관련 의사결정은 직원, 고객, 지역사회, 환경단체 등 다양한 이해관계자들의 관점을 통합적으로 고려해야 한다.

유니레버는 '이해관계자 참여형 의사결정 시스템'을 통해 이러한 변화를 선도하고 있다. 이 시스템의 가장 큰 특징은 의사결정 과정을 이해관계자들에게 개방했다는 점이다. 신규 사업 진출이나 대규모 투자와 같은 중요한 결정을 내릴 때 직원, 소비자, 환경단체, 지역사회 대표들이 참여하는 협의체를 운영한다. 단순한 의견 청취를 넘어, 이해관계자들이 실제 의사결정 과정에 참여하는 것이다. 2023년 한 해 동안 이 시스템을 통해 15건의 주요 투자 결정이 수정되었는데, 그중에는 인도네시아 팜유 농장 확장 계획을 환경 보호를 위해 전면 재검토한 사례도 포함되어 있다.

특히 주목할 만한 점은 참여형 의사결정이 디지털 기술과 결합하면서 더욱 효과적으로 진화하고 있다는 것이다. 유니레버는 온라인 플랫폼을 통해 전 세계 이해관계자들의 실시간 참여를 가능하게 했다. 새로운 친환경 패키징 도입을 검토할 때, 전 세계 소비자들의 의견을 실시간으로 수집하고 분석할 수 있게 되었다. 의사결정의 질을 높일 뿐만 아니라, 결정에 대한 이해관계자들의 수용성도 크게 높이는 효과를 가져왔다.

이해관계자 참여형 의사결정은 시간과 비용이 더 많이 들 수 있지만, 장기적으로는 더 지속가능하고 효과적인 결정을 가능하게 한다. 다양한 관점을 사전에 고려함으로써 발생할 수 있는 리스크를 줄이고, 결정된 사항의 실행력도 높일 수 있기 때문이다. ESG 시대에 기업이 나아가야 할 새로운 의사결정 모델을 제시하고 있다.

ESG는 기업의 의사결정 체계를 근본적으로 변화시키고 있다. 리스크 평가의 체계화, 장기적 영향 분석, 이해관계자 참여라는 세 가지 축을 중심으로 한 혁신은 기업이 더 책임 있고 지속가능한 방식으로 성장할 수 있는 토대를 만들어가고 있다.

❸ 협업 방식의 혁신- ESG가 바꾸는 일하는 방식

ESG는 기업의 협업 방식을 근본적으로 변화시키고 있다. 과거 부서별로 독립적으로 수행되던 업무들이 이제는 ESG라는 공통 목표 아래 유기적으로 연결되어야 한다. 마치 오케스트라의 각 악기들이 하나의 하모니를 만들어내듯, 기업의 각 부서들도 ESG 목표 달성을 위해 조화롭게 협력해야 하는 시대가 된 것이다.

▶ 크로스펑셔널(Cross Functional) 협업의 부상

ESG 과제는 어느 한 부서의 노력만으로는 해결할 수 없다. 탄소 배출 감축을 예로 들면, 연구개발팀의 친환경 기술 개발, 생산팀의 공정 최적화, 구매팀의 친환경 원자재 조달, 재무팀의 투자 검토가 모두 유기적으로 연결되어야 한다.

글로벌 반도체 기업 인텔(Intel)은 'ESG 솔루션 랩'을 통해 크로스펑

서널 협업의 새로운 모델을 제시했다. 6개월마다 각 부서의 핵심 인재들이 이 조직에 파견되어 ESG 프로젝트를 수행한다. 예를 들어, 친환경 반도체 패키징 개발 프로젝트에서 R&D팀은 소재 기술을 개발하고, 생산팀은 공정을 최적화하며, 구매팀은 친환경 공급망을 구축하는 식이다. 이러한 통합적 접근으로 2023년 한 해 동안 15건의 친환경 혁신 특허를 출원했으며, 제품당 탄소 배출량을 35% 저감하는 성과를 보여주었다.

크로스펑셔널 협업의 흐름은 국내 기업들에서도 확산되고 있다. 대한항공은 ESG 성과 관리를 위해 각 부서의 데이터를 통합적으로 활용하는 시스템을 구축했다. 운항, 정비, 서비스 등 각 부서의 데이터를 연계하여 분석함으로써 연료 효율성을 높이고, 서비스 품질을 개선하는 등 시너지 효과를 창출하고 있다.

▶ ESG 데이터의 통합 관리와 공유

ESG 협업의 핵심은 데이터의 통합과 공유에 있다. 각 부서가 개별적으로 수집하고 관리하던 데이터들이 이제는 하나의 플랫폼에서 통합적으로 관리되어야 한다. 마치 스마트시티가 교통, 환경, 안전 등 다양한 도시 데이터를 통합 관리하여 시너지를 만들어내는 것과 같은 원리다.

코웨이는 '순환경제 파트너십' 프로그램을 통해 이데이터 통합의 새로운 모델을 제시했다. 단순히 내부 데이터를 통합하는 것을 넘어 정부기관, 환경단체, 재활용 기업, 소비자단체, 학계 등 다양한 이해관계자들과 데이터를 공유하고 협력하는 플랫폼을 구축한 것이다. 제품 설계 단계에서부터 재활용 기업들의 처리 기술 데이터를 참고하여 재활용이 용이한 디자인을 개발하고, 소비자들의 사용 패턴 데이터를 분석하여 제품의 수명을 연장하는 방안을 도출한다.

SK이노베이션은 앞선 사례보다 한 걸음 더 나아가 '그린 얼라이언스'라는 생태계 차원의 데이터 공유 플랫폼을 구축했다. 배터리 제조사, 완성차 업체, 폐배터리 재활용 기업, IT 기업들이 하나의 플랫폼에서 데이터를 공유하며 협력하는 것이다. 특히 주목할 만한 점은 경쟁사들까지 포함한 개방형 협력 모델이라는 것이다. 환경이라는 공동의 목표 앞에서는 경쟁보다 협력이 더 중요하다는 인식하에, 업계 전반의 ESG 역량 강화를 도모하고 있다.

이처럼 ESG 데이터의 통합 관리와 공유는 기업 내부의 효율성을 높일 뿐만 아니라, 산업 생태계 전체의 지속가능성을 향상시키는 핵심 동력이 되고 있다.

▶ 디지털 협업 플랫폼의 혁신

ESG 협업이 고도화되면서, 이를 지원하는 디지털 플랫폼도 진화하고 있다. 특히 코로나19 이후 비대면 협업이 일상화되면서, 디지털 기술을 활용한 ESG 협업의 중요성은 더욱 커졌다. 이제는 물리적 공간의 한계를 넘어, 전 세계 어디서든 실시간으로 ESG 협업이 가능한 시대가 된 것이다.

현대모비스는 가상현실(VR)을 활용한 디지털 트윈, 인공지능의 적용을 통해 디지털 협업의 새로운 지평을 열었다. 단순한 화상회의 시스템이 아닌, 메타버스 기술을 활용한 실시간 협업 플랫폼이다. 전 세계 사업장의 엔지니어들이 가상 공간에서 만나 친환경 부품을 함께 설계하고, 생산 공정의 탄소 배출량을 실시간으로 모니터링하며 개선방안을 도출한다. 전기차 배터리 시스템을 개발할 때 한국, 중국, 미국의 엔지니어들이 가상 공간에서 3D 모델을 함께 검토하고 수정할 수 있게 되었다.

한편, 삼성SDS는 블록체인 기술을 활용한 협업 플랫폼으로 차별화된 접근을 시도했다. ESG 데이터의 신뢰성과 보안이 중요해지면서, 협업 과정에서 발생하는 데이터의 무결성을 보장하는 것이 핵심 과제로 대두된 것이다. '블록체인 기반 협업 플랫폼'은 참여 기업들이 필요한 정보만 선택적으로 공유하면서도 ESG 성과는 투명하게 관리할 수 있게 해준다. 협력사들은 자사의 민감한 생산 정보를 공개하지 않으면서도 탄소 배출량이나 재활용률과 같은 ESG 성과 데이터는 신뢰성 있게 공유할 수 있게 되었다.

디지털 협업 플랫폼의 발전은 ESG 혁신을 더욱 가속화하고 있다. 시간과 공간의 제약 없이 전문성을 결집할 수 있게 되었고, 데이터의 투명성과 신뢰성도 높아졌다. ESG가 요구하는 전방위적이고 긴밀한 협력을 가능하게 하는 핵심 기반이 되고 있다.

ESG 시대의 협업은 조직의 경계를 넘어, 생태계 전체가 하나의 목표를 향해 움직이는 방향으로 진화하고 있다. 크로스펑셔널 협업, 데이터 통합 관리, 디지털 플랫폼이라는 세 가지 축을 중심으로 한 혁신은, 지속가능한 미래를 위한 새로운 협업 모델을 만들어가고 있다.

❹ ESG 성과관리의 혁신- 새로운 가치 측정의 시대

기업의 성과관리가 근본적인 변화를 맞이하고 있다. 매출액, 영업이익과 같은 재무적 지표만으로는 더 이상 기업의 진정한 가치와 성과를 측정할 수 없게 된 것이다. ESG 시대의 성과관리는 환경적 가치, 사회적 영향, 지배구조의 건전성까지 통합적으로 측정하고 평가해야 한다.

통합적 성과 측정의 진화 기업의 성과를 측정하는 방식이 크게 바뀌고 있다. 과거에는 매출이나 이익과 같은 재무적 성과만을 측정했다면, 이제는 환경보호의 가치, 사회적 기여도, 지배구조의 투명성까지 종합적으로 평가해야 한다. 마치 학생을 평가할 때 시험 점수뿐만 아니라 인성, 협동성, 창의성 등을 종합적으로 고려하는 것과 같다. 특히 ESG 성과는 단순한 수치가 아닌, 기업이 사회에 제공하는 실질적인 가치로 환산되어야 한다는 인식이 확산되고 있다.

포스코는 가치 창출과 관련되어 변화를 선도하고 있다. 2020년 '기업시민' 경영이념 도입과 함께 '가치창출 지수'라는 혁신적인 성과측정 시스템을 개발했다. 단순히 ESG 활동을 체크리스트로 확인하는 수준을 넘어, 기업 활동이 창출하는 모든 가치를 경제적 단위로 환산하여 측정하는 시도다. 이 시스템을 통해 탄소 감축 성과는 국제 탄소가격을 기준으로 경제적 가치로 환산되며, 자원 재활용 성과는 천연자원 절감 효과로 계산된다. 더 나아가 직원 교육, 협력사 지원, 지역사회 공헌 활동도 모두 계량화하여 평가한다.

포스코가 ESG 경영의 성과를 경제적 가치로 측정하는 방식을 채택했다면, 아모레퍼시픽은 시간의 관점에서 성과 측정을 시도했다. 화장품 산업은 빠르게 변화하는 소비자 트렌드에 대응해야 하는 동시에, 지속가능한 제품 개발과 친환경 패키징 같은 장기적 과제도 수행해야 하는 특성을 가지고 있다. 아모레퍼시픽은 산업 특성을 반영하여 ESG 성과를 단기, 중기, 장기적 관점에서 평가하고 있다. 신제품 출시 시 즉각적인 매출 성과뿐만 아니라, 패키징의 재활용 가능성이나 원료의 지속가능성까지 종합적으로 고려하는 방식을 채택하고 있다.

이처럼 통합적 성과 측정은 기업별 특성과 산업의 성격에 맞춰 다양한 형태로 진화하고 있다. 중요한 것은 단순한 재무적 성과나 ESG 활동의 나열이 아닌, 기업의 진정한 가치를 종합적으로 측정하고 평가하는 것이다.

▶ 보상체계와의 연계

ESG 성과 측정이 정교화되면서, 이를 임직원 보상체계와 연계하는 것이 새로운 과제로 떠올랐다. 아무리 정교한 성과 측정 시스템을 갖추더라도, 이것이 실질적인 보상과 연결되지 않으면 실행력을 확보하기 어렵기 때문이다. ESG 성과를 보상체계에 반영하는 것은 기업이 ESG 경영을 얼마나 진지하게 받아들이는지를 보여주는 중요한 지표가 되고 있다.

현대차그룹은 2022년부터 'ESG 연계 보상체계'를 도입하며 변화를 선도하고 있다. 특히 주목할 만한 점은 ESG 성과를 전 직급의 보상에 반영했다는 것이다. 대부분의 기업들이 고위 경영진의 보상에만 ESG 요소를 반영하는 것과 달리, 현대차그룹은 일반 직원까지 포함한 전사적 접근을 시도했다. 임원진의 경우 전체 성과급의 30%가 ESG 목표 달성도와 연계되어 있으며, 여기에는 탄소중립 이행실적, 안전사고 감소율, 협력사 ESG 관리 수준 등이 포함된다. 일반 직원들의 경우에도 부서별 ESG 목표가 설정되어 있어, 자신의 업무가 ESG와 어떻게 연결되는지 명확히 인식할 수 있다.

현대차그룹이 보상체계와 ESG를 수직적으로 통합했다면, SK그룹은 수평적 통합을 시도했다. '사회적 가치 연계 보상제도'를 도입하여 계열사 간 협력을 통한 ESG 성과 창출을 장려한다. 예를 들어, SK이노베이션이 개발한 친환경 기술을 다른 계열사가 활용하여 탄소 배출을 줄이면, 양사 모두 추가적인 보상을 받는 방식이다. ESG가 단순한 개별 부서나 회사의 과제가 아닌, 그룹 차원의 핵심 경영 목표임을 보여준다.

보상체계와의 연계는 ESG가 기업 문화의 일부로 자리잡는 데 크게 기여하고 있다. 임직원들은 ESG를 추상적인 개념이 아닌, 자신의 업무와 직접 연결된 구체적인 목표로 인식하게 되었으며, 실질적인 변화를 이끌어내는 원동력이 되고 있다.

▶ 이해관계자 참여형 성과관리

ESG 성과관리의 또 다른 혁신은 성과 평가에 다양한 이해관계자들의 목소리를 반영하는 것이다. 과거에는 기업이 내부적으로 성과를 측정하고 평가했다면, 이제는 고객, 협력사, 지역사회, 환경단체 등 외부 이해관계자들의 평가도 중요한 지표가 되고 있다. 기업의 성과가 더 이상 기업 내부의 관점만으로는 완전히 측정될 수 없다는 인식에서 비롯된다.

CJ제일제당은 이러한 것을 반영하여 이해관계자 중심의 ESG 경영을 실천하고 있다. 이들은 지속가능경영보고서를 통해 주요 이해관계자를 주주 및 투자자, 임직원, 고객, 협력사, 지역사회로 정의하고, 각 이해관계자와의 소통 채널을 운영하고 있다. 특히 식품기업으로서 식품안전성, 지속가능한 원재료 조달, 친환경 패키징 등의 영역에서 ESG 성과관리를 진행하고 있다.

▶ ESG가 이끄는 기업 혁신의 새로운 시대

지금까지 살펴본 네 가지 혁신, 업무 프로세스, 의사결정 체계, 협업 방식, 성과관리의 혁신은 서로 긴밀하게 연결되어 있다. 이들은 마치 톱니바퀴처럼 맞물려 돌아가며 ESG 경영이라는 큰 변화를 만들어내고 있다.

업무 프로세스의 혁신은 선형적 사고에서 순환적 사고로의 전환을 가져왔다. 의사결정 체계의 혁신은 단기적 이익 중심에서 장기적 가치 창출로 기업의 시야를 넓혔다. 협업 방식의 혁신은 부서와 조직의 경계를 허물고 생태계 차원의 협력을 가능하게 했다. 성과관리의 혁신은 재무적 성과를 넘어 환경적, 사회적 가치를 측정하고 평가하는 새로운 기준을 제시했다.

앞서 사례에서 보여준 기업들의 혁신활동은 더 이상 선택이 아닌 필수가 되었다. 글로벌 규제는 강화되고 있고, 소비자들의 ESG 인식은 높아지고 있으며, 투자자들은 더욱 엄격한 ESG 기준을 요구하고 있다. 변화에 적응하지 못하는 기업은 도태될 수밖에 없다.

반면, ESG 혁신을 선도하는 기업들은 새로운 성장의 기회를 발견하고 있다. 비용 절감과 효율성 향상은 물론 신시장 개척, 브랜드 가치 제고, 인재 확보 등 다양한 측면에서 경쟁우위를 확보하고 있다. ESG는 이제 단순한 리스크 관리 차원을 넘어, 기업의 지속가능한 성장을 위한 핵심 동력이 된 것이다.

결국 ESG 경영은 기업의 DNA를 바꾸는 근본적인 혁신을 요구한다. 쉽지 않은 도전이지만, 피할 수 없는 시대적 과제다. 앞으로 성공하는 기업은 ESG를 중심으로 한 혁신을 통해 경제적 가치와 사회적 가치를 동시에 창출하는 기업, 즉 진정한 의미의 지속가능한 기업이 될 것이다.

Part 2

지속가능 경영보고서에 담긴 기업의 전략

THE GREEN BOOK

제3장

지속가능경영보고서의
A to Z

1. 글로벌 기준으로서의 지속가능경영보고서

❶ 지속가능경영보고서의 진화

기업의 사회적 책임과 지속가능성에 대한 관심이 높아지면서 지속가능경영보고서는 이제 단순한 보고서를 넘어 글로벌 비즈니스의 필수 요소로 자리잡았다. 2022년 기준으로 포춘 500대 기업의 96%가 지속가능경영보고서를 발간하고 있으며, 10년 전과 비교하여 무려 2배 이상 증가한 수치다.

지속가능경영보고서는 크게 두 가지 핵심 요소로 구성된다. 첫째는 보고서 작성의 기준이며, 둘째는 작성된 보고서의 신뢰성을 확보하기 위한 검증 표준이다. 마치 기업의 재무제표가 회계기준에 따라 작성되고, 외부 회계감사를 통해 검증받는 것과 유사한 체계다.

글로벌 시장에서는 다양한 보고 기준이 존재하며, 각각의 특성과 목적에 따라 선택적으로 활용되고 있으며, 이런 기준들은 기업의 ESG 성과를 측정하고 평가하는 중요한 도구로도 폭넓게 적용되고 있다.

❷ 주요 글로벌 보고 기준

▶ GRI(Global Reporting Initiative)

1997년 미국의 환경단체 CERES와 UNEP이 공동으로 설립했다. 기업의 재무제표처럼 지속가능성 성과를 체계적으로 보고할 수 있는 표준을 제시하고 있으며, 기업이 환경과 사회에 미치는 영향을 종합적으로 보여주는 가이드라인이다. 기업이 배출한 온실가스 양, 임직원의 다양성, 지역사회 기여도 등을 상세히 공개하도록 하고 있다. 2023년부터는 보고 기준이 더욱 엄격해져, 기업들의 활동이 환경과 사회에 미치는 실제 영향을 더 정확하게 보고하도록 요구하고 있다.

▶ SASB(Sustainability Accounting Standards Board)

2011년에 설립된 SASB는 GRI와는 다른 접근방식을 취한다. 각 산업에서 정말 중요한 지속가능성 이슈가 무엇인지에 초점을 맞추고 있

다. 자동차 산업에서는 연비와 배기가스가 중요한 이슈인 반면, 소프트웨어 산업에서는 데이터 보안과 인재 확보가 더 중요한 이슈가 될 수 있다는 점을 고려한다. SASB는 재무적 성과와 직접적으로 연관된 지속가능성 지표들을 제시하기 때문에 특히 투자자들이 선호하는 기준이다. 지속가능성 이슈가 기업의 수익에 미치는 영향을 중점적으로 다루고 있다.

▶ TCFD(Task Force on Climate-related Financial Disclosures)

TCFD는 2015년 G20 재무장관과 중앙은행 총재들의 요청으로 설립되었다. 다른 기준들이 지속가능성 전반을 다루는 것과 달리 기후변화가 기업에 미치는 위험에 특화된 보고 기준이다. 해수면 상승으로 인한 공장 침수 위험, 탄소세 도입으로 인한 비용 증가, 소비자들의 친환경 제품 선호도 증가 등 기후변화와 관련된 다양한 위험과 기회요인을 분석하고 공개하도록 한다. 2025년부터는 많은 국가에서 주요 기업들에게 TCFD 보고서 발간을 의무화할 예정이어서 그 중요성이 더욱 커지고 있다.

이 세 가지 기준의 주요 차이점은 명확하다. GRI는 기업이 사회와 환경에 미치는 전반적인 영향을 포괄적으로 보고하는 데 중점을 둔다. SASB는 산업별 특성을 고려하여 재무적으로 중요한 지속가능성 이슈에 집중한다. TCFD는 기후변화라는 특정 이슈에 대한 기업의 위험과 기회를 상세히 분석하는 데 초점을 맞추고 있다.

❸ 제3자 검증의 중요성과 유형

▶ 검증의 필요성

지속가능경영보고서의 신뢰성 확보를 위해 제3자 검증은 필수적인 요소가 되었다. 작성된 보고서는 제3자 검증을 통해 데이터의 신뢰성과 보고 내용의 적절성을 확인 받게 된다. 검증은 보고서가 정해진 기준에 따라 적절히 작성되었는지, 수록된 정보가 신뢰할 수 있는지를 평가하는 과정이다. 2022년 기준 글로벌 500대 기업의 87%가 제3자 검증을 받고 있으며, 5년 전 대비 23% 증가한 수치다.

▶ 주요 검증 표준

AA1000AS(AccountAbility 1000 Assurance Standard)는 1999년 영국의 비영리 단체인 AccountAbility에 의해 개발되었다. 지속가능경영 성과에 대한 포괄적인 검증 체계를 제공한다. 이 표준은 포괄성(이해관계자 참여), 중요성(중요 이슈 식별), 대응성(이슈 대응), 영향성(조직의 영향 평가)이라는 4가지 핵심 원칙을 기반으로 한다. 검증 수준은 Type 1과 Type 2로 구분되는데, Type 1은 조직이 지속가능성 원칙을 얼마나 잘 준수하는지를 평가하고, Type 2는 실제 성과 정보의 신뢰성까지 평가한다. 최근에는 기업들이 더 높은 수준의 검증을 요구하면서

Type 2 검증이 증가하는 추세이다.

ISAE3000(International Standard on Assurance Engagements)은 2003년 국제감사인증기준위원회(IAASB)가 제정한 표준이다. 주로 회계법인들이 사용하는 검증 표준으로, 재무제표 감사의 엄격한 방법론을 비재무정보 검증에 적용한다. 검증 수준은 제한적 확신과 합리적 확신으로 나뉘는데, 합리적 확신이 더 높은 수준의 검증을 의미한다. 특히 온실가스 배출량이나 에너지 사용량과 같은 정량적 데이터를 검증하는 데 강점이 있으며, 재무정보와 연계된 ESG 데이터 검증에 주로 활용된다.

기타 검증 표준들은 각 국가나 산업의 특성을 반영하여 2010년대 이후 지속적으로 개발되고 있다. 각 나라의 회계사협회나 산업단체가 주도하여 개발하고 있다. 표준들은 글로벌 표준을 기반으로 하되, 자국의 규제 환경이나 산업별 특성을 반영한 검증 방법론을 제시한다.

위의 세 가지 검증 표준의 주요 차이점은 다음과 같다. AA1000AS는 이해관계자 중심의 포괄적인 검증에 중점을 두며, ESG 전문 검증기관이 주로 활용한다. ISAE3000은 회계적 관점에서의 엄격한 검증을 강조하며, 주로 회계법인이 사용하고 있다. 기타 검증 표준은 국가별, 산업별 특수성을 반영하여 더 구체적이고 맞춤화된 검증 방법을 제시한다. AA1000AS가 질적인 측면의 검증에 강점이 있다면, ISAE3000은 정량적 데이터 검증에 더 특화되어 있다고 볼 수 있다.

❹ 글로벌 기업의 검증 사례

현재 글로벌 기업들은 자사의 특성에 맞는 검증 방식을 선택하여 ESG 성과의 신뢰성을 확보하고 있다. 대표적인 기업으로 구글과 유니레버를 들 수 있다. 구글은 데이터센터 운영으로 인한 막대한 에너지 사용이 주요 환경 이슈이기 때문에, 2021년 지속가능경영보고서에서 온실가스 배출량 데이터에 대해 가장 높은 수준인 ISAE3000 기준의 합리적 확신 수준 검증을 받았다. 반면 다양한 소비재를 생산하는 유니레버는 제품 생산부터 소비까지 전 과정의 ESG 영향을 평가해야 하므로, AA1000AS Type 2 검증을 통해 전사적 ESG 성과 데이터의 신뢰성을 확보했다.

이러한 흐름은 앞으로 더욱 가속화될 전망이다. ISSB(국제지속가능성기준위원회)의 설립으로 재무정보와 지속가능성 정보를 통합적으로 보고하는 체계가 강화될 것이다. EU의 기업지속가능성보고지침(CSRD) 시행으로 2025년까지 유럽 내 5만개 이상의 기업이 의무적으로 보고

표 27. 글로벌 지속가능경영보고서 발간 현황

연도	발간 기업 수	제3자 검증 비율
2018	25,000	64%
2020	35,000	75%
2022	45,000	87%
2023~2024	…(집계 중)	(집계 중)
2025(예상)	50,000+	95%

서를 발간해야 한다. 여기에 글로벌 공급망 실사 법제화로 중소기업까지 보고서 작성이 필요해지면서, 2030년까지 전 세계적으로 약 10만 개 이상의 기업이 지속가능경영보고서를 발간할 것으로 전망된다.

검증 시장의 급격한 성장으로 이어질 것이다. 글로벌 검증 시장은 2030년까지 연평균 20% 이상 성장할 것으로 예상되며, ESG 전문 검증기관이 증가하고 기존 회계법인들도 검증 역량을 강화하고 있다. 특히 산업별 특성을 반영한 전문화된 검증 방법론이 개발되고, 인공지능과 빅데이터 기술을 활용한 새로운 검증 방식도 도입될 것으로 보인다.

검증 표준 역시 시장의 변화에 발맞춰 진화할 것으로 예상된다. 기존 검증 표준의 고도화와 함께 산업별, 이슈별로 특화된 새로운 검증 기준이 등장할 것이다. 실시간 데이터 검증의 중요성이 커지면서 이를 위한 새로운 표준이 개발될 것으로 보이며, 블록체인 기술을 활용한 검증 방식의 표준화도 진행될 전망이다.

아시아 지역에서도 한국, 일본, 중국 등 주요 국가들의 ESG 공시 의무화가 확대되면서 보고서 작성과 검증 시장이 급격히 성장할 것으로 예상된다. 글로벌 검증 기관들의 아시아 시장 진출 확대로 이어질 것이며, 현지 검증 기관들의 전문성 강화도 촉진할 것이다.

2. 지속가능경영보고서의 구조와 핵심요소

지속가능경영보고서는 기업의 ESG 활동과 성과를 체계적으로 전달하는 핵심 커뮤니케이션 도구다. 이 보고서는 단순한 성과 보고를 넘어 기업의 지속가능한 가치창출 노력을 이해관계자들에게 전달하는 중요한 역할을 한다. GRI 스탠다드를 비롯한 주요 보고 기준들은 보고서의 기본 구조와 필수 포함 사항을 제시하고 있으며, 이를 통해 보고서의 완전성과 비교가능성을 확보하고 있다.

[그림 11] 아마존 지속가능경영보고서 2023(출처: sustainability.aboutamazon.com)

❶ 보고서의 주요 구성과 의미

▶ 보고서 개요

지속가능경영보고서는 그 시작점에서 보고서의 범위와 기준을 명확히 제시한다. 독자들이 보고서에 담긴 정보의 시간적, 공간적 범위를 이해하고, 데이터의 신뢰성을 판단할 수 있게 하는 기초가 된다. 보고 범위에서는 보고 기간, 조직의 경계, 데이터 수집 범위 등을 명확히 하며, 이전 보고서와의 주요 변경사항도 함께 설명한다.

또한 보고서 작성에 적용된 국제 기준과 내부 보고 원칙을 명시하고, 제3자 검증 여부와 수준을 밝힌다. 보고서의 객관성과 신뢰성을 확보하는 중요한 요소다. GRI 스탠다드는 이러한 기본 정보의 공개를 GRI 2-3, 2-4, 2-5 항목을 통해 요구하고 있다.

▶ CEO 메시지

지속가능경영보고서에서 CEO 메시지는 단순한 인사말이 아닌, 기업의 ESG 경영 의지를 대내외에 천명하는 선언문이다. 최고경영자는 이를 통해 기업이 직면한 지속가능성 과제와 이에 대한 대응 전략, 그리고 미래 비전을 이해관계자들과 공유한다.

특히 기후변화나 사회적 불평등과 같은 글로벌 도전과제에 대한 기업의 대응 의지를 밝히고, 구체적인 목표와 약속을 제시한다. CEO의 메시지는 조직 전체의 ESG 추진 동력을 만들고, 이해관계자들의 신뢰를 얻는 토대가 된다.

▶ 기업 소개 및 비즈니스 모델

기업의 정체성과 비즈니스 모델을 설명하는 이 섹션은 ESG 성과를 이해하는 맥락을 제공한다. 단순한 회사 소개를 넘어 기업이 어떻게 지속가능한 가치를 창출하는지, ESG가 비즈니스 전략과 어떻게 연계되는지를 설명한다.

여기서는 기업의 규모와 사업 영역, 시장 현황 등 기본 정보와 함께, 가치사슬 전반에 걸친 ESG 영향과 기회 요인을 분석한다. 특히 지배구조 부분에서는 ESG 의사결정 체계와 책임자의 역할을 명확히 하여, ESG 전략의 실행력을 보여준다.

▶ 지속가능경영 전략

지속가능경영 전략 섹션은 기업이 ESG 관련 도전과제를 어떻게 해결해 나갈 것인지를 보여주는 중요한 부분이다. 마치 등산을 할 때 정상까지의 등반 계획을 세우는 것처럼, 기업은 ESG 목표 달성을 위한 구체적인 계획을 이 섹션에서 제시한다.

가장 중요한 부분은 '중대성 평가'이다. 중대성 평가는 수많은 ESG 이슈들 중에서 해당 기업에게 가장 중요하고 시급한 과제가 무엇인지를 찾아내는 과정이다. 예를 들어, 제조업체라면 탄소배출 감축이나 작업장 안전이 중요 이슈가 될 수 있고, IT 기업이라면 데이터 보안이나 인재 확보가 핵심 이슈가 될 수 있다.

이렇게 도출된 중요 이슈들에 대해 기업은 구체적인 목표와 실행계획을 수립한다. 예를 들어, "2030년까지 탄소배출량 50% 감축"과 같은 명확한 목표를 설정하고, 이를 달성하기 위한 연도별 세부 계획을

표 28. 중대성 평가 과정과 내용

중대성 평가 과정	내용 설명	평가 의미
이슈 풀 구성	산업 특성, 국제 표준, 미디어 분석 등을 통한 이슈 수집	모든 잠재적 이슈 파악
이해관계자 설문	임직원, 고객, 협력사 등 다양한 관계자 의견 수렴	외부 관점 반영
영향도 분석	비즈니스 영향과 이해관계자 관심도 평가	우선순위 결정

제시한다.

▶ ESG 성과 보고

ESG 성과 보고는 보고서의 본론이자 가장 핵심적인 부분이다. 마치 학생의 성적표처럼, 기업의 ESG 활동 결과를 구체적인 수치와 사례로 보여준다.

환경(E) 성과

환경 성과는 기업 활동이 지구환경에 미치는 영향과 이를 개선하기 위한 노력을 다루며, 주요 보고 항목은 다음과 같다:

- 기후변화 대응: 온실가스 배출량과 감축 노력
- 자원 사용: 에너지, 용수 사용량과 절감 활동
- 환경영향 저감: 폐기물 처리, 재활용, 생물다양성 보호 활동

예를 들어, "작년 대비 온실가스 배출량 15% 감축", "공장 용수 재활용률 80% 달성" 등의 구체적 성과를 제시한다.

사회(S) 성과

사회 성과는 기업의 직원과 관련된 것은 물론, 기업이 다양한 이해관계자들과 어떻게 상생하는지를 보여준다. 주요 내용은 다음과 같다:

- 임직원 관리: 인재 육성, 복리후생, 다양성 확보
- 안전보건: 산업재해 예방, 건강관리 지원
- 협력사 상생: 동반성장 프로그램, 공정거래
- 지역사회 기여: 사회공헌 활동, 일자리 창출

지배구조(G) 성과

지배구조는 기업이 얼마나 투명하고 공정하게 운영되는지를 보여주는 항목으로, 다음과 같은 내용을 포함한다:

- 이사회 운영: 이사회 구성과 활동내역
- 주주권리: 주주와의 소통, 주주가치 제고
- 윤리경영: 부패방지, 내부통제 체계

▶ 부록 및 데이터

보고서의 마지막 섹션인 부록은 상세한 성과 데이터와 각종 인증 정보를 담는다. 마치 책의 찾아보기처럼, 독자들이 필요한 정보를 쉽게

표 29. 지속가능경영보고서의 주요 부록의 구성항목

부록 구성	주요 내용	활용 방법
ESG 데이터(Fact Book)	3년간의 정량 성과	성과 추이 분석
검증의견서	외부 전문가의 검증 결과	신뢰성 확인
이니셔티브 참여	글로벌 이니셔티브 활동 내역	대외 활동 확인

찾을 수 있도록 구성된다.

ESG 데이터는 팩트북(Facr Book)이라고도 부르는데, 보통 최근 3개 년의 성과를 표로 정리하여 제시하며, 이를 통해 기업의 ESG 성과 변화 추이를 한눈에 파악할 수 있도록 작성한다. 또한 제3자 검증의견서 를 통해 데이터의 신뢰성을 확인할 수 있다.

체계적인 구성을 통해 지속가능경영보고서는 기업의 ESG 활동과 성과를 이해관계자들에게 효과적으로 전달하며, 기업의 지속가능한 성장에 대한 의지와 노력을 보여주는 중요한 소통 도구로 자리잡고 있다.

3. GRI 스탠다드의 이해

❶ GRI 스탠다드의 이해와 글로벌 표준으로서의 가치

▶ GRI 스탠다드의 위상과 중요성

기업의 ESG 경영이 세계적 트렌드로 자리잡으면서, 기업들은 자신들의 지속가능경영 활동과 성과를 어떻게 보고해야 할지 고민하게 되었다. 마치 기업의 재무성과를 회계기준에 따라 작성하듯이, ESG 성과를 보고하는 데도 표준화된 기준이 필요해졌고, 이 필요에 따라 만들어진 것이 GRI(Global Reporting Initiative) 스탠다드다.

GRI 스탠다드가 글로벌 표준으로 자리잡은 데에는 다음의 몇 가지 중요한 이유가 있다.

포괄성과 체계성을 기반

- 환경, 사회, 경제 분야를 모두 아우르는 종합적인 보고 체계
- 체계적이고 명확한 보고 구조로 기업 간 비교가 용이

이해관계자 중심의 접근방식

- 다양한 이해관계자의 의견을 반영하여 개발
- 투자자, 고객, 임직원 등 모든 이해관계자가 필요로 하는 정보 제공

글로벌 호환성

- 전 세계 주요 ESG 공시 제도와의 연계성
- 국제기구와 각국 정부의 인정여부

지속적인 업데이트

- 시장의 요구와 글로벌 트렌드를 반영한 정기적 업데이트
- 산업별 특성을 고려한 섹터 기준 개발

❷ GRI 스탠다드의 구조와 쉬운 이해

GRI 스탠다드는 마치 건물을 짓는 것처럼 체계적인 구조를 가지

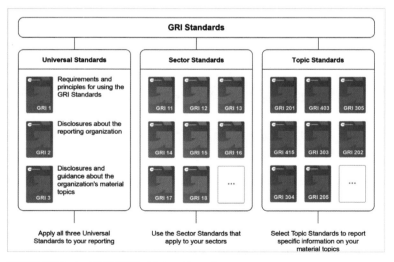

[그림 12] GRI Standards의 구성(출처: globalreporting.org)

고 있다. 기초공사(Universal Standards)를 하고, 건물의 용도(Sector Standards)를 정한 다음, 그 위에 필요한 공간(Topic Standards)을 만드는 것으로 이해할 수 있다.

▶ **공통 표준**(Universal Standards) **- 기초공사**

모든 기업이 반드시 공시를 하는 데 있어 갖춰야 할 기본적인 보고 요소들을 설명하게 된다.

- GRI 1: Foundation은 "보고서 작성의 기본 규칙"이라고 이해할 수 있다. 마치 운동경기의 기본 규칙과 같이, 보고서 작성의 기본 원칙과 방법을 제시한다.
- GRI 2: General Disclosures은 "회사 소개와 운영 방식"을 소개하는 것으로, 이력서처럼 조직의 일반적인 기본 정보와 운영 체계를 설명한다.
- GRI 3: Material Topics에서는 "우리 회사가 중점적으로 다뤄야 할 ESG 이슈"를 제시하는 것으로, 마치 학교에서 중간고사 범위를 정하는 것처럼, 기업이 중점적으로 보고해야 할 주요 이슈를 선정하고 관리하는 방법을 설명한다.

▶ **섹터 표준**(Sector Standards) **- 산업별 맞춤 설계**

섹터 표준에서는 각 산업의 특성에 맞는 보고사항을 다루게 되는데, 쉽게 설명하자면 "우리 업종에서 특별히 신경 써야 할 부분"을 설명한다고 할 수 있다.

섹터 표준은 각 산업의 고유한 특성과 위험요소를 반영한 추가 보고 사항을 제시한다. 마치 같은 건물이라도 병원, 학교, 공장에 따라 다른 설계와 안전기준이 필요한 것과 같은 원리다. 대표적인 섹터들의 특징과 주요 보고사항은 다음과 같이 정리할 수 있다.

제조업 섹터의 특징

제조업체들은 생산과정에서 발생하는 환경영향과 작업장 안전에 특히 주목하고 있다.

- 유해물질 관리와 배출 저감
- 작업장 안전사고 예방
- 협력사 ESG 관리
- 제품 책임과 안전성

금융 섹터의 특징

금융기관들은 투자와 대출을 통한 간접적 영향에 초점이 맞추어져 있다.

- 책임투자 정책과 실적
- 환경사회 리스크 평가
- 금융포용성 증진
- 금융소비자 보호

에너지/자원 섹터의 특징

에너지 기업들은 환경영향과 지역사회 관계를 핵심으로 바라보고 있다.

- 기후변화 대응 전략
- 생태계 영향 관리
- 지역주민 권리 보호
- 재생에너지 전환

이처럼 섹터 표준은 각 산업의 특수성을 반영하여, 해당 산업에서 특히 중요한 ESG 이슈들을 더 상세히 보고하도록 요구한다. 이를 통해 이해관계자들은 해당 기업의 ESG 성과를 산업 특성에 맞춰 더 정확하게 평가할 수 있다.

▶ 주제별 표준(Topic Standards) - 실제 공간 구성

주제별 표준은 마치 건물의 각 층을 용도에 맞게 구성하는 것과 같다. 경제, 환경, 사회 각 분야별로 구체적인 보고 사항을 다루게 된다.

경제 영역

경제 영역에 대해 간단하게 설명하자면, 이 영역은 "회사가 돈을 어떻게 벌고 쓰는지"에 대해 설명하는 기준이 된다. 하지만 경제 영역의 보고는 단순히 기업의 매출이나 이익을 보고하는 것이 아니다. 기업이 창출한 경제적 가치가 다양한 이해관계자들에게 어떻게 분배되고 영향을 미치는지를 종합적으로 다루게 된다.

예를 들어, '경제성과' 항목에서는 기업이 창출한 수익이 임직원 급여, 협력사 대금, 주주 배당, 세금 납부, 지역사회 투자 등으로 어떻게 분배되는지를 보여준다. 마치 가계부를 쓰면서 수입이 어떻게 사용되는지 항목별로 정리하는 것과 비슷하다.

'시장지위'와 '간접경제효과' 항목에서는 기업이 지역사회에 미치는 경제적 영향을 다룬다. 현지 채용 인원, 지역 중소기업과의 거래, 지역 인프라 투자 등을 통해 기업이 지역경제 발전에 얼마나 기여하는지 보여준다. 다음 부분에 대해 기업에 해당사항이 있는지 확인해 보는 것이 필요하다.

- 경제성과: 창출한 가치와 분배 내역
- 시장지위: 임금 수준과 현지 채용 현황
- 간접경제효과: 지역사회 발전 기여도
- 조달관행: 현지 구매 정책과 실적
- 반부패: 부패 방지 노력과 성과
- 경쟁저해행위: 공정한 경쟁을 위한 노력

환경 영역

환경 영역은 "지구환경 보호를 위한 회사의 노력"을 기술하는 표준으로, 기업 활동이 지구환경에 미치는 영향과 이를 줄이기 위한 노력을 다룬다. 마치 집안의 에너지 사용량을 체크하고 절감하려 노력하는 것처럼, 기업의 환경 영향을 측정하고 관리하는 활동을 보고한다.

'에너지'와 '배출' 항목은 기후변화 대응과 직접 연관된다. 공장이나 사무실에서 사용하는 전기와 연료량, 이로 인해 발생하는 온실가스 배출량을 측정하고, 이를 줄이기 위한 노력을 상세히 보고한다. 예를 들어 태양광 발전 설치, 고효율 설비 도입, 전기차 전환 등의 활동이 포함된다.

'용수'와 '폐기물' 항목에서는 자원의 효율적 사용과 순환경제 기여를 다룬다. 물 사용량과 재활용량, 쓰레기 발생량과 재활용 비율 등을 보고하며, 자원 절약을 위한 혁신 활동도 포함하게 된다. 환경 부문에서 다뤄지는 내용은 다음의 내용을 우선적으로 검토하는 과정을 거치게 된다.

- 원재료: 자원 사용량과 재활용 현황
- 에너지: 전기/연료 사용량과 절감 노력
- 용수: 물 사용량과 절약 방안
- 생물다양성: 자연환경 보호 활동
- 배출: 온실가스와 대기오염 물질 관리
- 폐기물: 쓰레기 처리와 재활용

사회 영역

이 영역에서는 "회사가 사회와 어떻게 상생하는지"에 대해 초점이 맞춰진 표준으로, 기업이 임직원, 협력사, 고객, 지역사회 등 다양한 이해관계자들과 어떻게 관계를 맺고 있는지를 보여준다. 마치 한 사람이 가족, 이웃, 사회와 어떻게 어울려 사는지를 보여주는 것과 같다.

'고용'과 '훈련 및 교육' 항목에서는 임직원에 대한 투자와 배려를 다룬다. 신규 채용 현황, 급여 수준, 복리후생제도, 교육훈련 프로그램 등을 통해 기업이 얼마나 좋은 일자리를 제공하는지 보여준다.

'산업안전보건' 항목은 임직원의 안전과 건강 보호를 다루게 되는데, 산업재해 예방활동, 건강검진 지원, 작업환경 개선 등 안전한 일터를 만들기 위한 노력을 보고하게 된다. 사회 부문에서의 주요 보고사항으로는 다음의 내용을 필히 검토해야 한다.

- 고용: 일자리 창출과 복리후생
- 노사관계: 직원과의 소통과 협력
- 산업안전보건: 안전한 작업환경 조성
- 훈련 및 교육: 직원 역량 개발
- 다양성과 기회균등: 차별 없는 일터
- 인권평가: 인권 보호와 증진
- 지역사회: 지역발전 기여

❸ GRI 스탠다드의 보고서 적용과정

실제 기업들이 GRI 스탠다드를 지속가능경영보고서에 적용하는 과정은 우선순위를 정해 진행하게 되는데, 주요 과정은 다음과 같다:

▶ 중대성 평가를 통한 보고 방향 설정

마치 집을 지을 때 설계도를 그리는 것처럼, 무엇을 중점적으로 보고할지 계획을 세운다.

첫 단계는 중대성 평가를 통해 기업이 중점적으로 다뤄야 할 ESG 이슈들을 선별하는 것이다. 이 과정은 마치 나침반이 방향을 가리키는 것처럼, 보고서의 전체적인 방향을 결정하는 과정이 된다.

중대성 평가는 다양한 관점을 종합적으로 고려하게 된다. 먼저 주요 이해관계자들의 의견을 폭넓게 수렴한다. 임직원 설문조사, 고객 피드백, 투자자 면담, 외부 전문가 자문 등 다양한 채널을 통해 의견을 수집한다. 동시에 산업의 특성과 글로벌 트렌드도 면밀히 분석한다. 동종 업계의 우수 사례, 국제 표준의 요구사항, ESG 평가기관의 중점 항목 등을 참고하게 된다. 중대성 평가 등 보고방향을 정하는 데 있어서 다음의 요인들을 필히 진행하여 준비하는 것이 필요하다.

- 이해관계자 의견 수렴
- 산업 특성 분석
- 글로벌 트렌드 파악

▶ 체계적인 데이터 수집과 관리

집을 지을 설계도가 완성되면 이후 건축 자재를 준비하는 것처럼, 필요한 정보를 체계적으로 수집하는 과정을 거치게 된다.

두 번째 단계는 선정된 중요 이슈들에 대한 데이터를 수집하고 관리하는 것이다. 마치 건물의 골격을 세우는 것처럼 보고서의 핵심을 이루는 과정이다.

데이터 수집은 전사적인 협력이 필요한 작업이다. 환경 데이터의 경우 에너지 사용량, 온실가스 배출량, 용수 사용량, 폐기물 발생량 등을 각 사업장별로 집계한다. 사회 데이터는 인사, 안전, 구매 등 유관부서에서 임직원 현황, 산업재해 통계, 협력사 관리 현황 등을 취합한다. 지배구조 데이터는 이사회 운영 현황, 주주 구성, 윤리경영 실적 등을 정리한다.

이 과정에서 가장 중요한 것은 데이터의 정확성과 일관성이다. 모든 데이터는 명확한 산정 기준과 증빙자료를 갖추어야 하며, 전년도 데이터와의 비교가 가능하도록 일관된 기준을 적용해야 한다. 데이터 수집과 자료를 준비하는 데 있어서 시간이 상당히 소요되는 과정으로써 다음의 요소들을 꼭 확인하여 미리 준비하는 과정이 도움이 된다.

- 각 부서별 ESG 성과 데이터 취합
- 증빙자료 확보
- 산정 기준 명확화

▶ 보고서의 체계적 작성과 검증

이 단계는 집 짓기의 실무과정이라 할 수 있다. 수집된 자재로 실제 건물을 짓는 것처럼, 준비된 데이터와 자료를 토대로 체계적으로 보고서를 작성한다. 이는 마치 건물의 내외부를 완성하는 것과 같은 정교한 작업이 된다.

보고서 작성은 GRI 스탠다드가 제시하는 원칙과 요구사항을 충실히 따라서 작성하게 된다. 각 지표별 보고 요건을 확인하고, 필요한 정보가 빠짐없이 포함되도록 한다. 특히 정량 데이터의 경우 산정 방식과 기준을 명확히 설명하고, 중요한 변동이 있는 경우 그 사유를 상세히 기술하는 것이 중요하다.

수집된 관련 데이터를 단순히 나열하는 것이 아니라, 기업의 ESG 전략과 연계하여 의미 있는 스토리를 만들어내는 것도 중요하다. 예를 들어, 온실가스 배출량 감축 실적을 보고할 때는 단순한 수치 제시를 넘어, 감축을 위한 투자와 노력, 향후 계획까지 포함하여 종합적으로 설명하는 것이 보고의 품질을 높이는 데 기여한다.

작성된 보고서는 내부 검토와 외부 검증을 거치게 된다. 내부적으로는 유관부서의 정보 확인과 경영진 검토를 진행하며, 외부적으로는 전문 검증기관의 객관적인 제3자 검증을 받는다. 제3자 검증 과정은 보고서의 신뢰성을 향상시키는 핵심 요소가 된다. 작성단계의 핵심사항으로는 다음의 요인들을 필히 점검해야 한다.

- GRI 기준에 따른 구조화
- 데이터의 정확성 검증
- 이해하기 쉬운 설명 추가

이처럼 GRI 스탠다드의 실제 적용은 체계적이고 종합적인 프로세스를 통해 이루어진다. 단순한 보고서 작성을 넘어, 기업의 ESG 경영을 한 단계 발전시키는 의미 있는 여정이 된다.

▶ 글로벌 기준 적용의 의미

GRI 스탠다드에 따른 지속가능경영보고서 작성은 단순히 기업의 ESG 정보를 공개하는 것 이상의 깊은 의미를 지닌다. 기업이 글로벌 수준의 경영 체계를 갖추고, 국제 사회의 일원으로서 책임을 다하겠다는 의지의 표명이다.

먼저, GRI 스탠다드의 적용은 기업의 글로벌 경쟁력을 한 단계 높이는 계기가 된다. 전 세계적으로 통용되는 기준에 맞춰 경영 시스템을 정비하면서 자연스럽게 국제 수준의 ESG 경영 체계를 구축하게 된다. 해외 투자자들의 신뢰를 얻는 기반이 되며, 글로벌 시장 진출을 위한 필수 조건이 된다. 예를 들어, 유럽 시장에 진출하려는 기업은 EU의 엄격한 ESG 기준을 충족해야 하는데, GRI 스탠다드를 따르는 기업은 이러한 요구사항에 수월하게 대응할 수 있다.

더불어 GRI 스탠다드는 기업의 지속가능한 성장을 위한 튼튼한 기반을 제공한다. 표준화된 기준에 따라 ESG 리스크를 체계적으로 파악하고 관리하면서, 기업은 미래의 위험요소에 선제적으로 대응할 수 있게 된다. 또한, ESG 관련 새로운 사업 기회를 발굴하는 과정에서 혁신의 동력을 얻을 수 있다. 기후변화 대응 기술 개발이나 친환경 제품 출시 등이 좋은 예다. 이러한 과정에서 이해관계자들과의 신뢰 관계도 자연스럽게 강화된다.

　GRI 스탠다드의 적용은 조직 문화의 선진화도 이끈다. ESG를 고려한 의사결정이 일상화되면서, 기업의 모든 구성원이 지속가능성을 고려하는 사고방식을 갖게 된다. 마치 환경보호가 개인의 생활습관으로 자리잡는 것과 같은 변화다. 또한, 정보 공개의 투명성이 높아지면서 조직 전반의 책임경영 문화가 강화된다. 임직원들은 자신의 업무가 ESG 성과와 어떻게 연결되는지 이해하게 되고, 더 책임감 있는 업무 수행으로 이어진다.

　글로벌 기준의 적용은 궁극적으로 기업의 장기적 가치 창출로 이어진다. GRI 스탠다드는 단순한 보고 기준을 제시하는 것을 넘어, 기업이 지속가능한 방식으로 성장하고 발전하기 위한 나침반 역할을 한다. ESG 경영이 더 이상 선택이 아닌 필수가 된 시대에, GRI 스탠다드의 적용은 기업이 글로벌 리더로 도약하기 위한 중요한 발판이 되고 있다.

　GRI 스탠다드를 통한 보고서 작성과 정보 공개는 기업의 현재 모습을 진단하고, 미래의 발전 방향을 제시하는 종합적인 경영 혁신 도구로서의 역할을 하고 있다. 기업과 사회가 함께 지속가능한 미래를 만들어가는 여정에서 중요한 이정표가 되고 있다.

제4장

지속가능경영보고서로 기업 읽기

1. 보고서를 통한 기업 전략 이해

　지속가능경영보고서는 기업의 현재와 미래를 보여주는 전략적 문서다. 재무제표가 기업의 재무적 성과와 건전성을 보여준다면, 지속가능경영보고서는 기업의 비재무적 가치와 장기적 생존 전략을 파악할 수 있게 해준다. 특히 기후변화, 사회적 불평등, 기업 투명성 등 글로벌 과제들이 기업 경영의 핵심 이슈로 부상한 현재, 이 보고서는 기업이 도전과제들을 어떻게 기회로 전환하고 새로운 가치를 창출할 것인지를 보여주는 중요한 나침반이 된다.

❶ 환경 전략의 해석

지속가능경영보고서는 기업의 환경 전략을 읽는 가장 강력한 도구다. 이 보고서는 단순한 환경 성과 보고를 넘어, 기업이 미래 환경 변화를 어떻게 인식하고 있으며, 어떤 기회와 위험을 예측하는지, 그리고 이에 대응하기 위해 어떤 자원과 역량을 투입할 계획인지를 종합적으로 보여준다.

▶ 기후변화 대응 전략- 기업의 미래 가치를 결정하는 핵심 지표

기업의 기후변화 대응 수준은 이제 재무성과만큼 중요한 기업가치 평가 기준이 되었다. 지속가능경영보고서에서 제시된 탄소감축 목표와 전략은 해당 기업이 기후변화라는 거대한 경제 패러다임 전환을 얼마나 준비하고 있는지 보여준다. 예를 들어, 동일 업종 기업들의 보고서를 비교해 보면, 어떤 기업이 더 혁신적이고 실현 가능한 감축 계획을 가지고 있는지, 누가 더 적극적인 투자를 계획하고 있는지를 파악할 수 있다. 이는 곧 해당 기업의 미래 경쟁력을 가늠하는 핵심 지표가 된다.

▶ 환경리스크 관리 체계- 위기를 기회로 전환하는 능력

환경리스크 관리 부분은 기업의 위기 대응 능력과 전략적 유연성을 평가할 수 있는 중요한 섹션이다. 보고서에 나타난 리스크 분석의 깊이와 대응 체계의 구체성은 해당 기업이 얼마나 미래를 철저히 준비하고 있는지를 보여준다. 특히 환경 규제 강화나 시장 변화와 같은 전환 리스크에 대한 대응 전략을 살펴보면, 기업이 변화를 위협으로만 보는지, 아니면 새로운 사업 기회로 인식하고 있는지를 파악할 수 있다.

▶ 자원순환과 생태계 보호- 새로운 비즈니스 모델의 청사진

자원순환 전략은 기업의 비즈니스 모델 혁신 의지를 읽을 수 있는 부분이다. 보고서에서 제시된 자원순환 계획과 생태계 보호 전략은 해당 기업이 얼마나 장기적인 관점에서 비즈니스를 구상하고 있는지 보여준다. 특히 제품 설계부터 폐기물 관리까지 전 과정에 걸친 순환경제 전략은 기업의 미래 수익원이 어디서 창출될 것인지에 대한 단서를 제공한다. '네이처 포지티브' 전략 역시 기업이 새로운 시장 기회를 어떻게 포착하고 있는지를 보여주는 중요한 지표다.

이처럼 지속가능경영보고서는 단순한 환경 성과 보고서가 아닌, 기업의 미래 전략과 경쟁력을 예측할 수 있는 전략적 문서로서의 가치를 지닌다. 이를 통해 우리는 기업이 그리는 미래의 청사진과 그것을 실현하기 위한 구체적인 계획을 파악할 수 있다.

❷ 사회 책임 전략의 이해

지속가능경영보고서의 사회 부문은 기업이 인적 자본과 사회적 관계를 어떻게 관리하고 발전시키는지를 보여주는 핵심 지표다. 이를 통해 기업의 장기적 성장 동력과 리스크 관리 능력, 그리고 사회적 영향력을 종합적으로 평가할 수 있다.

▶ 인적 자본 관리와 DEI 전략- 미래 경쟁력의 기반

인적 자본 관리 전략은 기업의 혁신 역량과 조직문화를 가늠할 수 있는 척도다. 보고서에 제시된 인재 확보와 육성 전략은 해당 기업이 미래 변화에 대해 얼마나 준비하고 있는지를 보여준다. 예를 들어, 디지털 전환 시대에 필요한 핵심 인재 확보 계획, 임직원 재교육 프로그램의 구체성, 투자 규모 등을 통해 기업의 미래 적응력을 예측할 수 있다. 특히 다양성, 형평성, 포용성(DEI) 전략은 글로벌 시장에서의 경쟁력을 보여주는 지표가 된다. 성별, 연령, 문화적 다양성을 어떻게 조직 혁신의 동력으로 활용하는지가 기업의 미래 성장 잠재력을 결정짓는다.

▶ 산업안전과 임직원 웰빙- 지속가능한 성장의 토대

산업안전 전략은 기업의 리스크 관리 능력과 직결된다. 보고서에 나타난 안전보건 관리 체계의 구체성과 실행력은 해당 기업의 운영 안정성을 평가하는 기준이 된다. 중대재해처벌법 등 규제 강화 시대에 안전 투자와 시스템 구축 현황은 기업의 생존과 직결되는 문제다. 더불어 임직원 웰빙 전략은 인재 유지와 생산성 향상의 핵심 요소로, 기업의 장기적 성과를 좌우한다. 스트레스 관리, 일-생활 균형 지원 등 통합적 웰빙 프로그램의 수준을 통해 기업의 인재 경영 철학과 실행력을 파악할 수 있다.

▶ 공급망 관리와 인권경영 - 기업 평판의 새로운 기준

공급망 ESG 관리는 기업의 사회적 영향력과 리스크 관리 능력을 보여주는 핵심 지표다. EU 공급망 실사법 등 규제 강화로 선택이 아닌 필수가 되었다. 보고서에 나타난 협력사 관리 체계의 범위와 깊이는 해당 기업의 글로벌 경쟁력을 가늠하는 척도가 된다. 특히 협력사 인권, 노동조건 개선을 위한 구체적 프로그램과 투자 계획은 기업의 지속가능한 공급망 구축 능력을 보여준다. 미래의 잠재적 리스크를 얼마나 효과적으로 관리할 수 있는지를 판단하는 근거가 된다.

▶ 지역사회 가치창출 - 사회적 혁신의 플랫폼

지역사회 가치창출 전략은 기업의 사회적 혁신 능력을 평가할 수 있는 부분이다. 단순한 기부나 봉사를 넘어, 기업의 핵심 역량을 활용한 사회문제 해결 노력이 두드러지는 기업일수록 미래 성장 가능성이 높다. 보고서를 통해 기업이 비즈니스 모델을 얼마나 사회적 가치와 연계시키고 있는지, 새로운 시장 기회를 어떻게 발굴하고 있는지를 파악할 수 있다. 기업의 장기적 성장 전략과 사회적 혁신 역량을 종합적으로 보여주는 지표가 된다.

이처럼 지속가능경영보고서의 사회 부문은 기업의 현재 사회적 책임 이행 수준뿐만 아니라, 미래의 성장 동력과 리스크 관리 능력을 평가할 수 있는 전략적 문서로서의 가치를 지닌다.

❸ 지배구조와 윤리경영 전략

지속가능경영보고서의 지배구조 부문은 기업이 ESG 경영을 어떤 체계로 실천하고, 이를 기업 문화로 정착시키는지 보여주는 핵심 지표다. 이를 통해 기업의 ESG 경영 실행력과 지속가능성을 평가할 수 있다.

▶ ESG 거버넌스 체계- 실행력의 기반

ESG 거버넌스는 기업이 지속가능경영을 얼마나 체계적이고 진정성 있게 추진하는지를 보여주는 척도다. 이사회 내 ESG 위원회의 구성과 활동, ESG 전담 조직의 위상과 권한은 기업의 ESG 추진 의지를 직접적으로 반영한다. 특히 ESG 성과와 경영진 평가·보상의 연계는 매우 중요한 지표다. 예를 들어, 탄소감축 목표 달성률이나 산업재해 발생률이 임원 성과급에 반영되는 비중을 통해 해당 기업의 ESG 실천 의지를 가늠할 수 있다.

▶ 이사회 독립성과 전문성- 전략적 의사결정의 토대

이사회는 기업의 장기 전략과 리스크를 감독하는 최고 의사결정기구다. ESG 시대에 이사회의 역할은 더욱 중요해졌다. 독립이사의 실질적 독립성, 이사회 내 성별·연령·전문분야의 다양성, ESG 전문가 포함 여부 등은 기업이 얼마나 균형 잡힌 의사결정을 할 수 있는지 보여준다. 특히 이사회의 ESG 안건 심의 비중과 주요 결정사항은 해당 기업이 ESG를 얼마나 전략적으로 다루는지 평가할 수 있는 중요한 지표가 된다.

▶ 윤리경영과 준법감시- 신뢰의 기반

윤리경영은 기업의 지속가능성을 담보하는 기본 토대다. 보고서를 통해 기업의 윤리경영이 실제로 어떻게 작동하는지 확인할 수 있다. 윤리강령의 구체성, 임직원 교육의 실효성, 내부신고제도의 운영 성과 등이 핵심 평가 요소다. 특히 윤리경영 위반 사례와 그에 대한 조치, 재발방지 대책 등은 기업의 윤리경영 실천 의지를 보여주는 중요한 척도다. 최근에는 협력사와 해외 사업장으로의 윤리경영 확산 노력도 주목받고 있다.

▶ 정보공개와 이해관계자 소통- 투명성의 척도

정보공개의 투명성과 이해관계자 소통은 ESG 경영의 신뢰성을 보여주는 핵심 요소다. ESG 데이터의 범위와 정확성, 외부 검증 수준, 부정적 정보 공개의 충실성 등을 통해 기업의 투명성을 평가할 수 있다. 또한 이해관계자 의견 수렴 채널의 다양성과 실제 경영 반영 사례를 통해 기업의 소통 의지를 파악할 수 있다.

❹ 혁신 전략과 미래 성장 동력

지속가능경영보고서의 혁신 전략 부문은 기업이 ESG를 어떻게 새로운 성장 기회로 전환하는지 보여주는 핵심 섹션이다. 이를 통해 기업의 미래 성장 잠재력과 시장 경쟁력을 예측할 수 있다.

▶ ESG 기반 비즈니스 혁신- 새로운 가치 창출의 엔진

ESG는 이제 단순한 리스크 관리를 넘어 혁신의 원동력이 되고 있다. 보고서에 나타난 친환경 제품 개발 현황, 저탄소 기술 투자 계획, 사회문제 해결형 비즈니스 모델 등을 통해 기업의 혁신 방향을 파악할 수 있다. 예를 들어, 전기차 배터리 기업이 배터리 재활용 사업에 진출하거나, 화학기업이 생분해성 소재를 개발하는 등의 사례는 ESG가 어떻게 새로운 사업 기회로 이어지는지 보여준다. 특히 이러한 혁신을 위한 R&D 투자 규모와 구체적인 상용화 계획은 기업의 실행력을 가늠하는 중요한 지표가 된다.

▶ 디지털 전환과 ESG 통합- 혁신의 가속화

디지털 기술과 ESG의 결합은 기업 혁신을 가속화하는 핵심 동력이다. 보고서를 통해 기업이 디지털 기술을 ESG 혁신에 어떻게 활용하는지 확인할 수 있다. AI를 활용한 공장 에너지 효율화, 블록체인 기반의 공급망 추적 시스템, 빅데이터를 활용한 ESG 리스크 예측 모델 등이 대표적인 사례다. 디지털 ESG 전략은 단순한 프로세스 개선을 넘어 새로운 비즈니스 모델 창출로 이어질 수 있다. 예를 들어, AI 기반의 탄소배출권 거래 플랫폼이나 순환자원 거래 시스템 등은 디지털과

ESG의 결합이 만들어내는 새로운 사업 기회를 보여준다.

▶ 오픈 이노베이션과 스타트업 협력- 혁신 생태계 구축

ESG 혁신을 위한 외부와의 협력 전략도 주목해야 할 부분이다. 복잡한 환경·사회 문제를 해결하기 위해서는 다양한 주체들과의 협력이 필수적이기 때문이다. 보고서에는 기업이 어떤 방식으로 외부 혁신 역량을 활용하는지가 담겨있다. ESG 스타트업 육성 프로그램, 대학·연구 기관과의 공동 연구 현황, 시민사회와의 협력 사례 등을 통해 기업의 개방형 혁신 전략을 평가할 수 있다. 특히 협력의 구체성과 지속성, 실제 성과는 기업의 혁신 생태계 구축 능력을 보여주는 중요한 지표가 되고 있다.

▶ 미래 시장 선점 전략- 새로운 기회의 포착

ESG 트렌드 변화는 새로운 시장 기회를 창출한다. 보고서는 기업이 변화를 어떻게 기회로 활용하는지 보여준다. 예를 들어, 탄소중립 정책 강화에 따른 저탄소 제품 시장 진출 계획, 생물다양성 보호에 따른 친환경 대체재 개발, 순환경제 활성화에 따른 재제조(Remanufacturing) 사업 확대 등이 이에 해당한다. 특히 시장 기회 분석의 구체성과 선점을 위한 투자 계획, 역량 확보 전략 등은 기업의 미래 준비 수준을 가늠하는 중요한 척도가 된다.

▶ 가치사슬 통합 전략- ESG 혁신의 완성

ESG 혁신은 가치사슬 전반에 걸쳐 통합적으로 이루어져야 한다. 보고서는 기업이 연구개발, 원료 조달, 생산, 물류, 마케팅 등 각 단계에서 ESG를 어떻게 혁신의 동력으로 활용하는지 보여준다. 예를 들어, 친환경 원료 개발부터 재생 원료 활용, 공정 효율화, 저탄소 물류, 친환경 포장재 적용까지 전 과정의 혁신 전략을 확인할 수 있다. 통합적 접근은 ESG 혁신이 일회성 프로젝트가 아닌, 기업의 핵심 경쟁력으로 자리잡고 있음을 보여주는 증거가 된다.

이처럼 지속가능경영보고서의 혁신 전략 부문은 기업이 ESG를 통해 어떻게 새로운 가치를 창출하고 미래 경쟁력을 확보하는지를 보여주는 중요한 지표가 된다. 이를 통해 기업의 장기적 성장 잠재력과 지속가능성을 예측할 수 있다.

2. 기업의 현재와 미래에 대한 분석

기업의 현재와 미래를 가장 잘 들여다볼 수 있는 창(窓)이 바로 지속가능경영보고서라 할 수 있다. 점차 많은 기업들이 발간하고 있는 이 보고서에는 단순한 재무성과를 넘어, 기업이 직면한 도전과제와 이를 해결하기 위한 노력, 그리고 미래 성장을 위한 청사진이 담겨있다. 특히 최근의 지속가능경영보고서는 디지털 전환, 기후변화 대응, 사회적 가치 창출, 이해관계자와의 소통 등 기업 경영의 핵심 요소들을 포괄적으로 다루고 있어, 기업의 현재와 미래를 이해하는 중요한 나침반이 되고 있다.

　지속가능경영보고서를 통해 우리는 선도 기업들이 어떻게 변화하고 있는지 명확히 파악할 수 있다. 기업들은 보고서를 통해 환경 분야에서의 탄소중립 전략과 순환경제 추진 현황을, 사회 분야에서의 다양성 확대와 인권 존중 노력을, 지배구조 측면에서의 투명성 강화와 윤리경영 실천 사례를 상세히 공개하고 있다. 단순한 정보 공개를 넘어, 기업이 지향하는 미래 가치와 혁신의 방향성을 보여주는 것이다.

　지속가능경영보고서에 담긴 기업의 현재 모습과 미래 변화 방향을 환경, 사회, 지배구조의 관점에서 상세히 살펴보고자 한다. 보고서에 나타난 주요 기업들의 ESG 전략과 실천 사례를 분석함으로써 기업들이 당면한 도전과제는 무엇이며, 이를 어떻게 해결해 나가고 있는지, 그리고 앞으로 어떤 방향으로 진화해 갈 것인지를 파악할 수 있을 것이다. 기업의 지속가능한 미래를 준비하는 데 필요한 중요한 통찰을 제공할 것이다.

❶ 환경 분야의 현재와 미래

　지속가능경영보고서는 기업의 환경 분야 현재 수준과 미래 방향성을 구체적인 데이터와 계획을 통해 보여준다. 특히 최근 들어 기후변화 대응과 탄소중립이 환경 분야의 핵심 과제로 부상하면서, 기업들의 환경 관리는 더욱 전략적이고 체계화되고 있다. 또한 순환경제로의 전환, 생물다양성 보호, 수자원 관리 등 새로운 환경 이슈들이 부각되면서 기업의 환경 책임 범위도 지속적으로 확대되고 있다. 변화 속에서 기업들의 환경 분야 대응 현황을 주요 영역별로 살펴보면 다음과 같다.

▶ 에너지와 기후변화 대응- 탄소중립의 구체화

글로벌 탄소중립 압박이 가시화되면서, 기업들의 에너지 전환은 선택이 아닌 필수가 되었다. 보고서에는 현재의 에너지원별 사용 비중(전력, LNG, 석탄 등)과 온실가스 배출 현황이 Scope 1, 2, 3로 구분되어 상세히 공개된다. RE100 참여 기업의 경우, 재생에너지 전환 로드맵과 구체적인 이행 방안(PPA 계약 현황, 자가발전 설비 투자 등)이 제시된다. SBTi 기반의 감축목표 수립 여부, TCFD 권고안에 따른 기후리스크 분석 결과도 주목해야 할 부분이다. 특히 탄소배출권 거래제 대응 현황과 내부 탄소가격 설정 등 경제적 리스크 관리 방안도 구체적으로 확인할 수 있다.

▶ 자원순환과 폐기물 관리- 순환경제의 실천

EU 순환경제 행동계획, K-순환경제 로드맵 등 각국의 정책 강화로 자원순환은 기업의 핵심 과제가 되었다. 보고서에는 원재료 사용량, 재생원료 활용 비율, 용수 사용량, 폐기물 발생량과 처리 방법 등이 세부적으로 공개된다. 특히 플라스틱 사용 저감 계획, 재활용 플라스틱 사용 확대 목표, 포장재 경량화 현황 등 구체적인 실천 사례를 확인할 수 있다. 제품 설계 단계부터 재활용성을 고려한 에코디자인 적용 사례, 폐제품의 회수·재활용 체계 구축 현황도 중요한 평가 요소다.

▶ 생물다양성과 생태계 보호- 네이처 포지티브로의 전환

TNFD 프레임워크 도입과 함께 생물다양성이 새로운 환경 리스크로 부상했다. 보고서에는 기업의 사업장이 생태계에 미치는 영향 평가 결과와 이를 최소화하기 위한 관리 체계가 담겨있다. 특히 생물다양성 영향 평가 방법론, 보호종 모니터링 체계, 서식지 복원 프로그램 등이 구체적으로 제시된다. 공급망에서의 산림파괴 방지 정책, 생물다양성 리스크 평가 체계, No Net Loss 또는 Net Gain 달성을 위한 로드맵도 확인할 수 있다.

▶ 화학물질과 유해물질 관리- 안전성 강화

EU REACH(Registration, Evaluation, Authorization and Restriction of Chemical), K-REACH 등 화학물질 규제가 강화되면서 기업의 화학물질 관리는 더욱 고도화되고 있다. 보고서에는 사용 화학물질의 종류와 양, 유해물질 대체 현황, 화학물질 관리 시스템이 상세히 기술된다. 특히 ZDHC(Zero Discharge of Hazardous Chemicals) 이행 현황, 유해물질 저감 목표, 그린케미스트리 적용 사례 등을 통해 기업의 안전관리 수준을 평가할 수 있다. IoT 센서, AI 기반 모니터링 등 첨단 기술을 활용한 관리체계 고도화 계획도 주목할 부분이다.

▶ 대기오염과 미세먼지 관리 - 지역사회와의 상생

　최근 미세먼지에 대한 사회적 관심이 높아지면서 기업의 대기오염 물질 관리는 더욱 엄격해졌다. 보고서에는 질소산화물, 황산화물, 먼지 등 주요 대기오염 물질의 배출량과 저감 설비 운영 현황이 구체적으로 공개된다. 법적 기준 대비 자체 배출 기준 설정 현황, TMS(Tele-Metering Systam, 원격 모니터링 시스템) 운영 데이터, 긴급 저감 조치 이행 사례 등을 통해 기업의 관리 수준을 평가할 수 있다. 특히 최근에는 사업장 주변 지역의 대기질 모니터링 결과와 지역사회 소통 채널 운영 현황도 중요한 평가 요소로 떠오르고 있다.

▶ 수자원 관리와 해양생태계 보호 - 물 스트레스 대응

　기후변화로 인한 물 부족 심화로 수자원 관리의 중요성이 커지고 있다. 보고서에는 용수 취수량, 재이용률, 폐수 처리 현황 등 기본 지표와 함께 CDP Water 대응 현황, 물 스트레스 평가 결과가 포함된다. 특히 주목할 부분은 스마트 물관리 시스템 도입 현황, 폐수 무방류 공정 전환 계획, 우수 활용 체계 구축 등이다. 최근에는 해양 플라스틱 이슈가 부각되면서 해양생태계 보호를 위한 미세플라스틱 저감 계획, 해양 정화활동 추진 현황도 상세히 공개되고 있다.

▶ 친환경 제품과 서비스 개발- 그린 포트폴리오 확대

EU 택소노미, K-택소노미 등 친환경 경제활동 분류체계가 도입되면서 기업의 친환경 제품 개발은 더욱 가속화되고 있다. 보고서에는 친환경 인증 제품 비중, 환경성적표지 획득 현황, 친환경 R&D 투자 규모 등이 구체적으로 제시된다. 특히 전과정 평가(LCA) 결과 재생소재 적용 현황, 에너지 효율 개선 사례 등을 통해 제품의 환경성과를 확인할 수 있다. 최근에는 저탄소 제품 인증, 순환경제 제품 개발, 생물다양성 친화 제품 등 새로운 친환경 카테고리도 등장하고 있다.

▶ 산림보호와 생태계 복원- 자연기반해법의 실천

탄소흡수원 확보가 중요해지면서 기업의 산림보호 활동도 전략적으로 변화하고 있다. 보고서에는 조림 사업 실적, 산림 복원 프로그램 운영 현황, 목재 조달 정책 등이 포함된다. 특히 산림 탄소상쇄 사업 추진 현황, REDD+ 프로젝트 참여 실적, 산림 인증(FSC/PEFC) 획득 현황 등을 통해 기업의 산림보호 노력을 평가할 수 있다. 최근에는 맹그로브 숲 복원, 이탄지 보호 등 다양한 자연기반해법(Nature-based Solutions) 프로젝트도 증가하는 추세다.

이처럼 지속가능경영보고서를 통해 우리는 기업의 환경 분야 현주소를 정확히 파악하고, 미래 환경 전략의 실현 가능성을 평가할 수 있다. 특히 글로벌 환경 규제 강화와 이해관계자의 요구 증가로 기업의 환경 정보 공개는 더욱 구체화, 정교화되는 추세다. 기업의 환경경영이 단순한 선언에서 벗어나 실질적인 성과와 구체적인 실행 계획을 바탕으로 진행되고 있음을 보여준다.

❷ 사회 분야의 현재와 미래

지속가능경영보고서는 기업의 사회적 가치 창출 현황과 미래 계획을 구체적인 성과와 전략을 통해 보여준다. 최근 들어 인적자본 관리와 공급망 ESG가 사회 분야의 핵심 이슈로 대두되었으며, 특히 MZ세대의 부상과 디지털 전환 가속화로 인해 기업의 사회적 책임은 더욱 다각화되고 있다. 또한 다양성과 포용성, 직원 웰빙, 인권경영 등이 새로운 경영 과제로 부상하면서 기업의 사회적 가치 창출 방식도 진화하고 있다. 이에 따라 주요 사회 분야별로 기업들의 대응 현황과 혁신 사례들을 주제별로 정리해 보았다.

[그림 13] 사회분야의 중요 이슈 DEI (출처:tuck.dartmouth.edu)

▶ 인적 자본 관리와 DEI- 포용적 조직문화 구축

MZ세대의 부상과 글로벌 인재 경쟁이 심화되면서 인적 자본 관리는 기업의 핵심 경쟁력이 되었다. 보고서에는 임직원 현황(성별, 연령별, 직급별 구성), 채용 및 이직률, 교육훈련 투자 등 기본 지표와 함께 DEI(다양성, 형평성, 포용성) 추진 현황이 상세히 공개된다. 특히 여성 관리자 비율, 장애인 고용률, 세대 간 협력 프로그램 등을 통해 조직의 다양성 수준을 평가할 수 있다. 최근에는 세대별 맞춤형 인재 육성 체계, 글로벌 인재 확보 전략, 디지털 역량 강화 프로그램 등도 주요하게 다뤄진다.

▶ 산업안전과 임직원 웰빙- 통합적 건강관리

중대재해처벌법 시행과 코로나19를 겪으면서 임직원 안전보건은 최우선 과제가 되었다. 보고서에는 산업재해율, 중대재해 발생 현황, 안전보건 투자 규모가 구체적으로 제시된다. 특히 주목할 부분은 안전보건경영시스템 운영 현황, 위험성 평가 체계, 협력사 안전관리 프로그램이다. 최근에는 임직원 정신건강 관리, 유연근무제 운영, 일-가정 양립 지원 등 통합적 웰빙 프로그램도 중요한 평가 요소로 부상했다. 디지털 기술을 활용한 스마트 안전관리 시스템 구축 현황도 확인할 수 있다.

▶ 공급망 관리와 인권경영- 책임있는 가치사슬 구축

EU 공급망 실사법 등 글로벌 규제 강화로 공급망 ESG 관리는 더욱 중요해졌다. 보고서에는 협력사 ESG 평가 체계, 고위험 협력사 식별 및 개선 지원 현황, 분쟁광물 관리 정책 등이 포함된다. 인권영향평가 실시 결과, 인권 리스크 모니터링 체계, 고충처리 메커니즘 운영 현황도 상세히 공개된다. 특히 협력사 ESG 역량 강화 프로그램, 공정거래 이행 실적, 상생협력 펀드 운영 등을 통해 기업의 책임있는 조달 정책을 평가할 수 있다.

▶ 품질과 고객만족- 디지털 기반의 고객경험 혁신

디지털 전환과 소비자 니즈 다양화로 품질·고객만족 관리도 진화하고 있다. 보고서에는 제품 품질관리 체계, 고객만족도 조사 결과, VOC 처리 현황 등 기본 지표와 함께 디지털 기술을 활용한 품질관리 혁신 사례가 제시된다. AI 기반 품질예측 시스템, IoT 센서를 활용한 실시간 모니터링, 빅데이터 기반 고객패턴 분석 등 스마트 품질관리 현황을 확인할 수 있다. 최근에는 메타버스 고객 서비스, 초개인화 마케팅, 옴니채널 전략 등 새로운 고객 접점 확대 노력도 중요한 평가 요소가 되고 있다.

▶ 정보보안과 데이터 프라이버시- 신뢰 기반 구축

디지털 전환 가속화로 정보보안과 개인정보 보호의 중요성이 커지고 있다. 보고서에는 정보보호 관리체계 인증 현황, 보안 투자 규모, 개인정보 유출 사고 대응 체계가 상세히 공개된다. 특히 주목할 부분은 제로트러스트 보안 체계 구축 현황, 랜섬웨어 대응 시스템, 클라우드

보안 정책이다. 임직원 보안 교육 프로그램, 협력사 보안관리 체계, 글로벌 개인정보 보호 규제(GDPR 등) 대응 현황도 중요한 평가 지표다. 최근에는 AI 윤리, 데이터 거버넌스 체계 구축 등 새로운 이슈도 부각되고 있다.

▶ 지역사회 가치창출- 임팩트 중심의 사회공헌

단순 기부를 넘어 사회문제 해결형 사회공헌으로 진화하고 있다. 보고서에는 사회공헌 투자 규모, 임직원 봉사활동 실적과 함께 주요 프로그램의 사회적 임팩트 측정 결과가 제시된다. 특히 기업의 핵심 역량을 활용한 전략적 사회공헌 사례, 소셜벤처 육성 프로그램, 임팩트 투자 현황 등을 통해 기업의 사회적 가치 창출 노력을 평가할 수 있다. SDGs(Sustainable Development Goals) 연계 사회공헌 전략, 지역사회 문제 해결을 위한 파트너십 구축 현황도 주목할 부분이다.

▶ 미래세대 육성- 지속가능한 인재 양성

저출산·고령화 시대에 미래세대 육성은 기업의 사회적 책임이자 투자가 되고 있다. 보고서에는 청년 일자리 창출 프로그램, 직업훈련 지원 사업, 교육격차 해소 프로젝트 등이 포함된다. 특히 디지털 역량 강화 교육, 그린잡 전환 지원, 스타트업 인큐베이팅 등 미래 산업 대비 인재 육성 프로그램을 확인할 수 있다. ESG 교육, 기후변화 교육 등 지속가능성 관련 교육 프로그램도 증가하는 추세다.

▶ 다양성과 포용성 확대- 사회통합 기여

사회적 격차 해소와 취약계층 지원이 중요한 과제로 부상했다. 보고서에는 취약계층 고용 현황, 장애인 근무환경 개선, 시니어 일자리 창출 등 포용적 고용 정책이 공개된다. 성별·세대·문화적 다양성 증진 프로그램, 사회적 기업 구매 확대, 취약계층 창업 지원 등을 통해 기업의 사회통합 노력을 평가할 수 있다. 최근에는 다문화 가정 지원, 농어촌 상생 프로그램 등 다양한 사회적 가치 창출 활동도 확대되고 있다.

이처럼 지속가능경영보고서의 사회 분야는 기업이 다양한 이해관계자들과 어떻게 상생하고 사회적 가치를 창출하는지 보여준다. 특히 디지털 전환, 인구구조 변화, 사회적 격차 심화 등 메가트렌드에 대응하는 기업의 노력과 성과를 구체적으로 확인할 수 있다. 기업의 사회적 책임이 단순한 의무가 아닌, 지속가능한 성장을 위한 전략적 투자로 진화하고 있음을 보여준다.

❸ 지배구조 분야의 현재와 미래

지속가능경영보고서는 기업의 의사결정 체계와 경영 투명성을 평가할 수 있는 중요한 지표를 제공한다. ESG 경영이 본격화되면서 이사회의 ESG 감독 기능 강화와 경영진 평가의 ESG 연계가 지배구조의 새로운 핵심 요소로 자리잡았다. 특히 주주들의 적극적인 ESG 관여가 증가하면서 기업 지배구조는 더욱 투명하고 책임있는 형태로 진화하고 있다. 이런 변화의 흐름 속에서 기업 지배구조의 핵심 요소들이 어떻게 변화하고 있는지, 주요 테마별로 알아보기로 한다.

▶ 이사회 구성과 운영의 진화

이사회는 주주를 대신해 경영진을 감독하는 최고 의사결정기구로서, 그 독립성과 전문성이 기업 경영의 건전성을 좌우한다. 보고서에는 이사회의 실질적 운영 현황이 상세히 공개된다. 예를 들어, 사외이사 비율이 높더라도 이사 선임 과정의 독립성과 이사회 내 전문위원회의 실질적 활동이 더 중요한 평가 기준이 된다. 특히 ESG 시대에는 이사회 구성의 다양성이 핵심 지표로 부상했다. 성별과 연령대별 구성뿐 아니라, 금융·법률·산업·ESG 등 각 분야 전문가의 균형있는 참여가 중요하게 평가된다. 최근에는 이사회의 ESG 감독 기능이 강화되면서, ESG위원회 운영 현황과 ESG 안건 심의 비중도 주목받는 지표가 되었다.

▶ 경영진 평가와 보상의 ESG 연계

경영진 평가·보상 체계는 기업의 장기적 가치 창출을 위한 동기부여 시스템이다. 최근 보고서에서는 재무성과 중심의 전통적 보상체계가 ESG 성과와 연계된 통합적 평가체계로 진화하는 모습을 확인할 수 있다. 탄소감축 목표 달성도, 산업안전 실적, 직원만족도 등 비재무적 성과가 임원 평가에 구체적인 비중으로 반영되고 있다. 장기 인센티브 제도도 주목할 부분이다. 단기 실적보다는 지속가능한 성장을 추구하도록 3년 이상의 장기 성과급이나 주식 기반 보상이 확대되는 추세다.

▶ 윤리경영과 준법감시 체계의 고도화

윤리경영은 기업의 지속가능성을 담보하는 기본 토대다. 보고서에는 내부통제와 준법감시 시스템이 얼마나 실효성 있게 운영되는지 확인할 수 있다. 특히 공정거래 자율준수 프로그램 운영, 부패 리스크 평가, 내부 신고제도 활성화 등을 통해 기업의 윤리경영 수준을 평가할 수 있다. 최근에는 AI 기반의 모니터링 시스템 도입, 글로벌 컴플라이언스 체계 구축 등 디지털 기술을 활용한 윤리경영 고도화 노력도 중요한 평가 요소가 되고 있다.

▶ 주주 소통과 권리 보호의 강화

건설적인 주주와의 대화는 건전한 지배구조의 핵심이다. 보고서에는 주주권리 보호를 위한 구체적인 제도와 실천 현황이 담겨있다. 전자투표제 도입, 주주제안 처리 절차, 배당정책의 투명성 등이 대표적이다. 특히 최근에는 기관투자자의 스튜어드십 코드 도입으로 ESG 관련 주주관여가 증가하면서, ESG 정보공개 확대와 주주 소통 채널 다양화가 중요한 평가 기준이 되고 있다. 정기적인 ESG 투자자 미팅, ESG 평가기관 대응, 주주 피드백의 경영 반영 등을 통해 기업의 소통 의지를 확인할 수 있다.

이처럼 지속가능경영보고서의 지배구조 부문은 기업의 의사결정과 경영 투명성이 어떻게 발전하고 있는지 보여준다. 특히 ESG 경영 시대에 맞춰 이사회의 역할 강화, 경영진 평가의 다각화, 윤리경영의 고도화, 주주 소통의 확대 등 지배구조의 질적 성장을 확인할 수 있다.

❹ 지속가능경영보고서로 읽는 기업의 현재와 미래

지속가능경영보고서는 단순한 ESG 활동 보고서가 아닌, 기업의 현재 모습과 미래 전략을 종합적으로 보여주는 전략적 문서다. 환경 분야에서는 기업이 기후변화와 자원순환이라는 시대적 과제에 어떻게 대응하고 있는지, 탄소중립과 순환경제로의 전환을 위해 어떤 혁신을 추진하는지 확인할 수 있다. 온실가스 배출량, 재생에너지 사용 비중, 폐기물 재활용률 등 구체적 데이터를 통해 기업의 현재 수준을 파악하고, 중장기 목표와 투자 계획을 통해 미래 전환 의지를 평가할 수 있다.

사회 분야는 기업이 다양한 이해관계자들과 어떻게 상생하는지 보여준다. 임직원의 안전과 성장, 협력사와의 동반성장, 고객 만족, 지역사회 기여 등 각 영역에서 기업의 책임 이행 수준을 확인할 수 있다. 특히 디지털 전환과 인구구조 변화 등 사회적 메가트렌드에 대응하는 기업의 혁신 노력도 구체적으로 파악할 수 있다.

지배구조 분야는 기업이 ESG 경영을 얼마나 체계적이고 투명하게 추진하는지 보여준다. 이사회의 ESG 감독 기능, 경영진의 ESG 성과 연계 보상, 이해관계자와의 소통 등을 통해 기업의 ESG 경영 실행력을 평가할 수 있다. 특히 최근에는 ESG 리스크 관리와 정보공개의 고도화가 강조되면서, 기업의 ESG 거버넌스가 더욱 체계화되는 모습을 확인할 수 있다.

이처럼 지속가능경영보고서는 기업의 ESG 경영 수준과 발전 방향을 종합적으로 보여준다. 구체적인 성과 지표와 미래 전략을 통해 해당 기업이 지속가능한 미래를 위해 얼마나 진정성 있게 노력하는지, 그리고 이를 실현할 수 있는 역량을 갖추고 있는지 판단할 수 있다. 지속가능경영보고서가 단순한 활동 보고가 아닌, 기업의 미래 가치를 가늠할 수 있는 중요한 평가 도구로 진화하고 있음을 보여준다.

3. 글로벌 선진기업 사례 분석

기후변화가 전 지구적 위기로 대두되면서 기업의 환경경영은 더 이상 선택이 아닌 필수가 되었다. 특히 파리기후협약 이후 세계 각국이 2050년까지의 탄소중립을 선언하면서, 기업들의 환경경영은 더욱 체계화되고 있다. 글로벌 선도기업들의 환경경영 사례를 통해 우리 기업들이 나아가야 할 방향을 살펴보고자 한다.

❶ 환경(E) 분야 선도 기업 사례

▶ 애플(Apple): 공급망 전체의 재생에너지 전환 선도

재생에너지 전환과 탄소중립은 기업 환경경영의 핵심 과제다. 많은 기업들이 RE100(Renewable Energy 100%, 기업 사용 전력의 100%를 재생

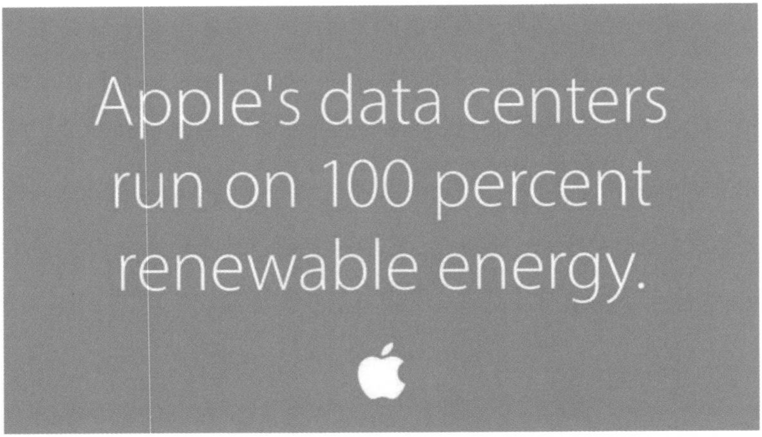

Apple's data centers run on 100 percent renewable energy.

[그림 14] 애플 데이터센터의 RE100 달성(출처:apple.com/newsroom)

에너지로 충당하겠다는 자발적 캠페인)에 참여하고 있으며, 더 나아가 제품 생산부터 폐기까지 전 과정에서 발생하는 온실가스를 제로화하는 넷 제로(Net-zero) 달성을 약속하고 있다. 주목할 점은 기업들이 자사 사업장의 환경영향 저감을 넘어 공급망 전체로 환경경영의 범위를 확대하고 있다는 것이다.

공급망 재생에너지의 흐름을 가장 잘 보여주는 기업이 바로 애플이다. 애플은 2020년에 전 세계 자사 시설의 재생에너지 전환을 완료한 후, 더 큰 도전으로 글로벌 공급망 전체의 재생에너지 전환을 추진하고 있다. '협력사 청정에너지 프로그램(Supplier Clean Energy Program)'을 통해 2023년까지 200개가 넘는 주요 협력사들이 애플 제품 생산에 100% 재생에너지를 사용하기로 약속했다.

표 30. 애플의 Supplier Clean Energy Program 주요 내용

구분	주요 내용	성과 및 목표
현재 성과	- 자사 시설 RE100 달성 - 200개 이상 공급업체 참여 - 10GW 이상 재생에너지 설비 확보	공급망 배출량 35% 감축
2030 목표	- 제품 전과정 탄소중립 - 공급망 100% 재생에너지 전환 - 순환경제 체계 구축	Scope 3 배출량 75% 감축

애플의 프로그램이 특별한 점은 단순한 선언이나 요구가 아닌, 실질적인 지원을 제공한다는 것이다. 특히 중국의 협력업체들을 위해 3억 달러 규모의 재생에너지 기금을 조성했으며, 기술 자문부터 재생에너지 구매 협상까지 종합적인 지원을 제공한다. 개발도상국의 중소 협력사들도 재생에너지로 전환할 수 있도록 맞춤형 컨설팅과 규제 대응 지원도 실시하고 있다.

이런 노력의 결과, 애플 공급망의 탄소배출량은 2021년과 비교해 35%나 감소했으며, 협력사들이 확보한 재생에너지 설비용량은 중견기업 수준의 발전소 10개에 해당하는 10기가와트를 넘어섰다. 애플은 여기서 멈추지 않고 2030년까지 제품의 설계, 생산, 유통, 사용, 폐기에 이르는 전 과정에서 탄소중립을 달성하겠다는 목표를 세우고 있다.

애플의 행보는 국내 산업계에도 직접적인 영향을 미치고 있다. 삼성전자, LG전자와 같은 대기업들은 이미 RE100에 가입했으며, 자사 시설의 재생에너지 전환을 진행하고 있다. 특히 애플의 협력사로 참여하

고 있는 국내 중소·중견기업들은 더욱 직접적인 변화의 압박을 받고 있다. 분명 도전이지만 동시에 새로운 기회가 될 수 있다. 정부도 한국형 RE100(K-RE100) 제도를 도입하고 다양한 지원책을 마련하고 있어, 우리 기업들의 재생에너지 전환은 더욱 가속화될 전망이다.

▶ **구글**(Google): 24/7 탄소제로 에너지로의 혁신적 도전

글로벌 기업의 재생에너지 전환에서 또 하나 주목할 만한 혁신 사례는 구글이다. 구글은 2017년에 이미 RE100을 달성했지만, 여기서 한 걸음 더 나아가 '24/7 탄소제로 에너지' 라는 새로운 도전을 시작했다. 단순히 1년 동안 사용한 전력량만큼 재생에너지를 구매하는 것이 아니라, 1년 365일 24시간 내내 실제로 청정에너지만을 사용하겠다는 혁신적인 접근이라 할 수 있다.

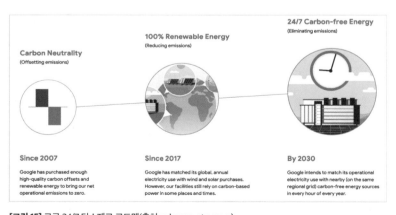

[그림 15] 구글 24/7 탄소제로 로드맵(출처: adamnovotny.com)

표 31. 구글의 '24/7 탄소제로 에너지' 주요 내용

구분	주요 내용	성과 및 목표
현재 성과	- 데이터센터 63% 무탄소 전력 사용 - AI 기반 에너지 최적화 - 5.5GW 규모의 청정에너지 구매계약	에너지 효율성 15배 향상
2030 목표	- 24/7 탄소제로 에너지 달성 - 지역사회 청정에너지 전환 지원 - 공급망 탈탄소화	전 사업장 무탄소 운영

이런 도전이 필요한 이유는 재생에너지의 근본적인 특성 때문이다. 태양광은 밤에는 발전할 수 없고, 풍력은 바람이 불지 않으면 가동이 어렵다. 따라서 연간 총량으로는 100% 재생에너지를 달성했다 하더라도, 실제 시간대별로 보면 여전히 화석연료 발전에 의존하는 시간대가 존재한다. 구글은 한계를 극복하고자 다양한 혁신을 시도하고 있다.

먼저 구글은 전력 구매계약(PPA, Power Purchase Agreement) 포트폴리오를 다각화했다. 태양광, 풍력은 물론 지열, 대규모 배터리 저장 시스템까지 다양한 에너지원을 조합하여 24시간 끊김 없는 청정에너지 공급을 실현하고자 한다. 더불어 인공지능 기술을 활용한 '탄소 인텔리전트 컴퓨팅 플랫폼(Carbon-Intelligent Computing Platform)'을 개발했다. 이 시스템은 데이터센터의 컴퓨팅 작업을 청정에너지 가용성이 높은 시간대로 자동 조정함으로써 재생에너지 사용을 최적화한다.

노력의 결과로, 2022년 기준 구글의 데이터센터는 매 시간대별로 평균 63%의 무탄소 전력을 사용하고 있다. 구글은 2030년까지 모든 시간대에 100% 무탄소 전력 사용 달성을 목표로 하고 있으며, 이를 위해 에너지 저장 기술과 인공지능 기반 수요관리 시스템을 지속적으로 발전시키고 있다.

구글의 혁신은 우리나라의 데이터센터 산업과 제조업 분야에 중요한 시사점을 제공한다. 네이버와 카카오 같은 국내 IT 기업들도 데이터센터의 에너지 효율화와 재생에너지 전환을 적극적으로 추진하고 있다. 특히 정부가 2023년부터 시행하고 있는 그린데이터센터 인증제도는 기업의 움직임을 더욱 가속화할 것으로 예상된다. 또한 구글의 인공지능 기반 에너지 관리 시스템은 국내 제조업체들의 스마트팩토리 구축에도 응용될 수 있는 혁신적인 모델이다.

더욱 주목할 점은 우리나라가 추진하고 있는 재생에너지 확대 정책과 맞물려, 24시간 청정에너지 공급이라는 과제가 곧 국내 기업들에게도 중요한 도전과제가 될 것이라는 점이다. 특히 2030년까지 재생에너지 발전 비중을 30%까지 확대한다는 정부의 목표 달성을 위해서는 구글과 같은 수요관리 혁신이 반드시 필요할 것이다.

순환경제와 자원관리 혁신 사례

기업의 환경경영에서 주목해야 할 핵심 과제 중 하나가 바로 순환경제(Circular Economy)의 실현이다. 순환경제란 자원을 한 번 사용하고 버리는 기존의 '생산-소비-폐기'라는 선형 경제 방식에서 벗어나, 자원을 최대한 오래 사용하고 재활용하는 경제 시스템을 말한다.

재생에너지와 탄소중립이 기업 활동에서 발생하는 온실가스를 줄이는 데 초점을 맞춘다면, 순환경제는 자원 사용 자체를 근본적으로 변화시키는 데 중점을 둔다. 예를 들어, 플라스틱 사용을 줄이고 재활용하는 것은 단순히 탄소배출 감축 차원을 넘어, 해양오염 방지와 자원 고갈 문제 해결에도 기여한다. 또한 제품을 오래 사용하고 수리해서 쓰는 문화를 만듦으로써 쓰레기 발생을 줄이고 자원 효율성을 높일 수 있다.

▶ 유니레버(Unilever): 플라스틱 포장재 혁신과 순환경제 선도

순환경제의 대표적인 혁신 사례로 유니레버를 들 수 있다. 유니레

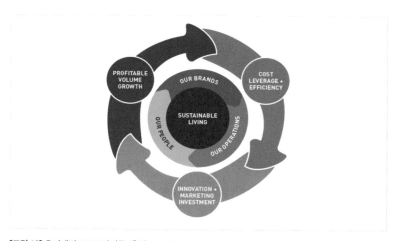

[그림 16] 유니레버 UNLP 사이클 (출처: transformationalcompany.ca)

표 32. 유니레버 지속가능한 생활 계획(USLP) 주요 내용

전략 영역	주요 성과 (2022)	2025 목표
재활용 가능성	52% 달성	100%
재생 플라스틱 사용	연간 85,000톤	연간 150,000톤
절대 감축량	2017년 대비 15% 감축	2017년 대비 50% 감축

버는 2010년부터 '유니레버 지속가능한 생활 계획(USLP)'을 시작으로, 2025년까지 모든 플라스틱 포장재를 100% 재사용, 재활용 또는 퇴비화가 가능하도록 전환하겠다는 야심찬 목표를 추진하고 있다.

특히 주목할 만한 것은 'Less Plastic(플라스틱 줄이기), Better Plastic(더 나은 플라스틱), No Plastic(플라스틱 제로)' 전략이다. 단순히 재활용을 넘어 근본적인 해결책을 찾는 접근방식이다. 예를 들어, 샴푸나 세제를 농축액으로 만들어 더 작은 용기에 담거나(Less Plastic), 재생 플라스틱을 사용하고, 단일 소재로 만들어 재활용이 쉽게 하거나(Better Plastic), 아예 종이나 알루미늄 같은 다른 소재로 대체하는(No Plastic) 방식이다.

2022년 기준으로 유니레버는 전체 플라스틱 포장재의 52%를 재활용이 가능한 형태로 전환했으며, 재생 플라스틱 사용량은 2017년과 비교해 3배나 증가했다. 특히 동남아시아에서는 폐기물 수거인들과 협력하여 플라스틱을 수거하고 재활용하는 프로그램을 운영함으로써 환경보호와 함께 지역사회의 일자리 창출이라는 사회적 가치도 만들어내고 있다.

이러한 유니레버의 혁신은 국내 소비재 기업들에게도 큰 영향을 미치고 있다. 특히 정부가 자원순환경제로의 전환을 위해 플라스틱 폐기물 감축과 재활용률 제고를 주요 정책 목표로 제시하면서, 국내 기업들의 포장재 혁신은 더욱 가속화될 전망이다. 이미 아모레퍼시픽, LG생활건강 등 주요 기업들이 리필 스테이션을 도입하고 재생 플라스틱 사용을 확대하는 등 변화를 시작했다.

▶ 이케아(IKEA): 제품 수명주기 전체의 순환경제 구현

순환경제의 또 다른 혁신 사례는 글로벌 가구 기업 이케아다. 이케아는 2030년까지 모든 제품을 순환경제 원칙에 따라 디자인하고, 재생가능하거나 재활용된 소재만을 사용하겠다는 목표를 세웠다. 특히 주목할 점은 이케아가 '민주적 디자인' 철학에 순환성을 핵심 요소로 추가했다는 것이다. 제품을 설계하는 단계부터 수리와 재활용이 쉽도록 만든

[그림 17] 이케아의 Buy Back & Resell (출처: thebigad.com)

다는 의미다.

이케아의 순환경제 전략 중 가장 혁신적인 것은 'Buy Back & Resell(매입 후 재판매)' 서비스다. 고객이 더 이상 사용하지 않는 이케아 가구를 매입해 수리하고 다시 판매하는 이 프로그램은 가구의 수명을 연장하고 폐기물을 줄이는 새로운 비즈니스 모델을 제시했다. 2022년 한 해에만 전 세계적으로 4,700만 개의 가구가 이 프로그램을 통해 새로운 주인을 찾았다.

이케아는 원자재 사용에서도 획기적인 변화를 만들어내고 있다. 2022년 기준으로 이케아가 사용하는 목재의 99.5%는 산림관리협의회(FSC) 인증을 받았거나 재활용된 목재다. 섬유제품의 80%는 재활용되거나 재생가능한 소재를 사용하고 있으며, 2025년까지는 모든 플라스틱 제품을 재생 또는 재활용 소재로 만들 계획이다.

더 나아가 이케아는 제품 수리 서비스와 부품 판매도 확대하고 있다. 소비자들이 가구를 오래 사용할 수 있도록 수리 설명서와 부품을 제공하며, 수리 워크숍도 정기적으로 개최한다. 즉, '버리고 새로 사는' 소비 문화를 '고치며 오래 쓰는' 문화로 바꾸는 데 기여하고 있다.

이케아의 혁신은 국내 가구 및 리테일 산업에 중요한 시사점을 제공한다. 특히 2021년부터 시행된 '자원순환기본법'에 따라 대형 유통업체들의 순환경제 참여가 의무화되면서, 국내 기업들도 유사한 변화를 시도하고 있다. 한샘, 현대리바트 등 주요 가구 기업들이 가구 수거 및 재활용 프로그램을 도입했으며 이마트, 롯데마트 같은 대형 유통업체들도 중고 거래 플랫폼을 확대하고 있다.

더욱 주목할 점은 순환경제로의 전환이 새로운 비즈니스 기회를 창출한다는 것이다. 중고 가구 리퍼비시(수리·개조), 가구 대여 서비스, 친환경 소재 개발 등 다양한 분야에서 새로운 시장이 형성되고 있다. 특히 MZ세대를 중심으로 확산되고 있는 친환경 소비 트렌드는 변화를 더욱 가속화할 것으로 전망된다.

이처럼 유니레버와 이케아의 사례는 순환경제가 단순한 환경보호를 넘어 새로운 비즈니스 모델과 가치를 창출할 수 있음을 보여준다. 이제 순환경제로의 전환은 선택이 아닌 필수가 되었으며, 우리 기업들에게도 피할 수 없는 도전이자 기회가 될 것이다.

❷ 사회(S) 분야

글로벌 기업의 ESG 경영에서 사회(Social) 분야는 기업이 사회에 미치는 영향과 책임을 다루는 영역이다. 특히 최근에는 다양성·형평성·포용성(DEI: Diversity, Equity, and Inclusion), 산업안전보건, 공급망 인권 등이 핵심 이슈로 부상하고 있다. 기업이 단순히 경제적 가치를 창출하는 것을 넘어, 사회 구성원으로서 어떻게 지속가능한 성장을 이끌어갈 것인지에 대한 고민을 담고 있다.

그중에서도 DEI는 현대 기업경영의 가장 중요한 화두로 자리잡았다. 다양성은 성별, 인종, 연령, 문화적 배경 등 다양한 특성을 가진 인재들을 포용하는 것을 의미한다. 형평성은 모든 구성원에게 공정한 기회와 대우를 제공하는 것이며, 포용성은 다양한 구성원들이 자신의 목소리를 내고 잠재력을 발휘할 수 있는 문화를 만드는 것이다.

DEI가 최근 더욱 주목받는 이유는 단순한 사회적 책임 차원을 넘어서기 때문이다. 다양한 배경과 관점을 가진 인재들이 모여 있을 때 더 창의적인 아이디어가 나오고, 다양한 시장과 고객의 니즈를 더 잘 이해할 수 있다는 것이 여러 연구를 통해 입증되었다. 특히 글로벌 시장에서 경쟁해야 하는 기업들에게 DEI는 이제 선택이 아닌 필수가 되었다.

▶ SAP: 포용적 기업문화와 세대 다양성 혁신

SAP는 글로벌 소프트웨어 기업으로서, 특히 DEI 분야에서 혁신적인 접근과 체계적인 프로그램으로 주목받고 있다. 'Diversity &

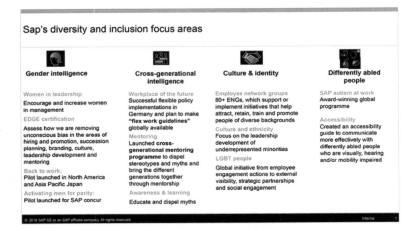

[그림 18] SAP의 D&I(Diversity & Inclusion) 전략 (출처: journalofsalestransformation.com)

표 33. SAP의 'Diversity & Inclusion Strategy 2023' 주요 내용

구분	2022년 성과	2025년 목표	주요 프로그램
성별 다양성	- 관리자급 여성 34.3% - 이사회 여성 33.3% - 신규 채용 여성 비율 41.2%	- 관리자급 여성 40% - 이사회 여성 40% - 신규 채용 여성 45%	- Women in Tech - Female Talent Program - Leadership Excellence Acceleration Program
세대 다양성	- 5개 세대 공존 - 역멘토링 참여율 89% - 세대 협업 만족도 92%	- 전 부서 세대 균형 달성 - 역멘토링 참여율 95% - 세대 협업 만족도 95%	- 세대 지능 프로그램 - 역멘토링 시스템 - 세대간 지식 공유 플랫폼

Inclusion Strategy 2023'을 통해 성별, 세대, 문화, LGBTQ+, 장애인 등 다차원적 다양성을 추구하며, 이를 기업 혁신의 핵심 동력으로 활용하고 있다.

SAP의 DEI 전략에서 특히 주목할 만한 것은 '세대 지능(Generational Intelligence)' 프로그램이다. 5개 세대가 공존하는 직장 환경에서 각 세대의 특성을 이해하고 강점을 활용하는 방식으로, 역멘토링(Reverse Mentoring)을 통해 디지털 네이티브 세대와 경험 많은 세대 간의 지식과 경험을 공유한다. 2022년 기준으로 전체 임직원의 89%가 이 프로그램에 참여했으며, 세대 간 협업 만족도는 92%에 달한다.

성별 다양성 측면에서도 SAP는 괄목할 만한 성과를 보여주고 있다. 'Women in Tech' 프로그램을 통해 여성 기술 인재 육성에 투자하며, 2022년 기준으로 관리자 직급의 여성 비율은 34.3%까지 상승했다. 특히 STEM(Science, Technology, Engineering, Mathmatics) 분야 여성 인

재 채용을 위한 'Female Talent Program'은 업계의 모범 사례로 평가받고 있다.

SAP의 DEI 혁신은 국내 기업들에게 중요한 시사점을 제공한다. 특히 우리나라는 급격한 고령화와 함께 세대 간 갈등이 사회적 문제로 대두되고 있는데, 기업 현장에서도 예외가 아니다. MZ세대의 새로운 업무 방식과 기존 세대의 경험이 충돌하는 경우가 많은데, SAP의 세대 지능 프로그램은 갈등을 해소하고 시너지를 창출하는 좋은 모델이 될 수 있다. 또한 IT 업계의 낮은 여성 참여율 문제를 해결하는 데도 SAP의 여성 인재 육성 프로그램은 유용한 참고가 될 것이다.

▶ P&G(Procter & Gamble): 글로벌 포용성과 문화 다양성 선도

DEI 혁신의 또 다른 주목할 만한 사례는 P&G(Procter & Gamble)

[그림 19] P&G의 비전(출처: anz.pg.com)

다. 160개국 이상에서 사업을 영위하는 글로벌 생활용품 기업 P&G 는 문화적 다양성과 포용성을 핵심 경쟁력으로 삼고 있다. 'Everyone Valued, Everyone Included, Everyone Performing at Their Peak™(모두가 가치 있고, 모두가 포용되며, 모두가 최고의 성과를 내는 조직)' 이라는 비전 아래 체계적인 DEI 프로그램을 운영하고 있다.

P&G의 DEI 전략에서 가장 특징적인 것은 '포용적 문화와 리더십 (Inclusive Culture & Leadership)' 프로그램이다. 단순히 다양한 인재를 채용하는 것을 넘어, 이들이 자신의 잠재력을 최대한 발휘할 수 있는 조직문화를 만드는 데 초점을 맞춘다. 예를 들어, 전 세계 임원진을 대 상으로 '무의식적 편견' 교육을 실시하고, 문화적 민감성을 높이기 위한 워크숍을 정기적으로 진행한다.

표 34. P&G의 '포용적 문화와 리더십(Inclusive Culture & Leadership)' 프로그램 주요 내용

구분	2022년 성과	2025년 목표	주요 프로그램
글로벌 다양성	- 40개국 이상 국적 구성 - R&D 여성 비율 45% - 관리자급 현지 인재 82%	- 50개국 이상 국적 확대 - R&D 여성 비율 50% - 관리자급 현지 인재 90%	- Global Diversity Program - Cultural Intelligence Training - Local Talent Development
포용성 지표	- 포용성 지수 85% - 리더십 다양성 교육 100% - 직원 참여도 88%	- 포용성 지수 90% - 전사적 DEI 문화 정착 - 직원 참여도 92%	- Inclusive Leadership Program - Unconscious Bias Training - Employee Resource Groups

P&G의 또 다른 혁신은 DEI를 비즈니스 전략과 긴밀히 연계했다는 점이다. 다양한 문화권의 소비자 니즈를 더 잘 이해하고 혁신적인 제품을 개발하기 위해, 연구개발팀의 다양성을 적극적으로 확대하고 있다. 2022년 기준으로 P&G의 R&D 인력은 40개 이상의 국적을 가진 인재들로 구성되어 있으며, 그중 45%가 여성이다. 다양성은 각 지역 시장에 맞는 혁신적인 제품 개발로 이어지고 있다.

P&G의 사례는 글로벌 시장에서 경쟁해야 하는 한국 기업들에게 중요한 교훈을 준다. 특히 최근 K-뷰티, K-푸드 등 한국 소비재의 글로벌 진출이 확대되면서, 다양한 문화권의 소비자를 이해하고 맞춤형 제품을 개발하는 능력이 더욱 중요해졌다. 이미 아모레퍼시픽, LG생활건강 등 주요 기업들이 글로벌 R&D 센터를 설립하고 현지 인재 채용을 확대하는 등 변화를 시도하고 있다.

더불어 '직장 내 괴롭힘 금지법' 강화와 '중대재해처벌법' 등 법적 규제가 강화되면서, 포용적 조직문화 구축은 이제 한국 기업들에게도 선택이 아닌 필수가 되었다. P&G의 포용적 리더십 프로그램은 변화에 대응하는 좋은 모델이 될 수 있을 것이다.

산업안전보건 우수 사례

기업의 사회적 책임 중에서 산업안전보건은 가장 기본적이면서도 핵심적인 영역이다. 근로자의 안전과 건강을 지키는 것은 기업의 기본적인 의무이자, 지속가능한 성장을 위한 필수 조건이기 때문이다. 특히 2022년 한국에서 중대재해처벌법이 시행된 이후, 산업안전보건은 기업 경영의 최우선 과제로 부상했다.

전통적으로 산업안전보건은 사고 예방과 대응에 초점을 맞추어 왔다. 하지만 최근에는 그 범위가 크게 확대되고 있다. 신체적 안전을 넘어 정신건강 관리까지, 정규직 근로자를 넘어 협력업체 직원의 안전까지, 사후 대응을 넘어 예방적 안전관리까지 포괄하는 통합적인 접근이 요구되고 있다. 더욱이 코로나19 팬데믹을 겪으면서, 감염병 예방과 같은 새로운 형태의 건강 위험에 대한 대비도 중요한 과제로 떠올랐다.

또한 산업안전보건은 단순한 비용이나 규제 준수의 차원을 넘어, 기업의 경쟁력과 직결되는 문제가 되었다. 안전한 작업환경은 근로자의 생산성과 직무만족도를 높이고, 숙련 인력의 이탈을 방지하며, 기업의 평판을 높이는 데 기여한다. 반대로 안전사고는 직접적인 손실은 물론, 기업 이미지 훼손과 법적 책임 등 막대한 간접 손실을 초래할 수 있다.

특히 글로벌 공급망에서 산업안전보건 기준은 거래 조건으로 자리 잡고 있다. 애플, 나이키와 같은 글로벌 기업들은 협력사 선정 시 산업안전보건 수준을 핵심 평가 요소로 삼고 있다. 따라서 국내 기업들도 글로벌 수준의 안전보건 관리 체계를 갖추지 않으면 글로벌 시장에서 경쟁력을 잃을 수 있다.

▶ 3M: 첨단 기술 기반의 통합 안전보건 관리

이러한 맥락에서 글로벌 제조기업 3M의 혁신적인 산업안전보건 관

[그림 20] 3M Connected safety (출처: 3mcanada.ca)

리 사례를 주목할 필요가 있다.

3M은 제조업 분야에서 가장 선진화된 안전보건 관리 시스템을 운영하는 기업으로 평가받고 있다. 전 세계 200개 이상의 생산시설을 운영하는 3M은 '안전보건경영시스템(SHMS: Safety and Health Management System)'이라는 글로벌 통합 플랫폼을 통해 모든 사업장에서 동일한 수준의 안전기준을 적용하고 있다.

3M의 안전보건 혁신에서 가장 주목할 만한 것은 디지털 기술을 활용한 선제적 위험 관리다. '커넥티드 세이프티(Connected Safety)' 프로그램을 통해 사물인터넷(IoT) 센서와 인공지능(AI) 분석을 결합한 실시간 모니터링 시스템을 구축했다. 예를 들어, 작업자가 착용하는 안전장비에 센서를 부착하여 생체 신호를 모니터링하고, 작업장 곳곳에 설치된 센서로 유해물질 농도와 설비 상태를 실시간으로 감지한다. 이를 통해 위험 상황을 사전에 예측하고 즉각적인 대응이 가능해졌다.

표 35. 3M의 '안전보건경영시스템(SHMS: Safety and Health Management System)' 주요내용

구분	2022년 성과	2025년 목표	주요 프로그램
사업장 안전	- 재해율 0.23% - 중대재해 Zero - 안전관찰 10만 건/월	- 재해율 0.15% 이하 - 중대재해 Zero 유지 - 선제적 위험관리 고도화	- Connected Safety - AI 기반 위험예측 - 실시간 모니터링
협력사 안전	- 협력사 참여율 95% - 협력사 재해율 0.31% - 안전투자 지원 1.2억 달러	- 협력사 참여율 100% - 협력사 재해율 0.2% - 안전투자 지원 확대	- Supplier Safety Partnership - 안전기술 이전 - 공동 안전진단

더욱 혁신적인 것은 협력사 안전관리 프로그램이다. 3M은 '협력사 안전 파트너십(Supplier Safety Partnership Program)'을 통해 협력업체들과 안전관리 노하우를 공유하고, 안전 인프라 구축을 지원한다. 단순히 기준을 제시하고 준수를 요구하는 것이 아니라, 실질적인 기술과 자원을 제공하여 협력사의 안전역량을 제고시키는 것이다. 2022년 기준으로 3M의 핵심 협력사 95%가 이 프로그램에 참여하고 있으며, 그 결과 협력사의 산업재해율도 지속적으로 감소하고 있다.

3M의 혁신은 한국의 제조업계에 중요한 시사점을 제공한다. 특히 중대재해처벌법 시행 이후, 많은 기업들이 실효성 있는 안전관리 시스템 구축에 어려움을 겪고 있다. 3M의 디지털 기반 안전관리 시스템은 좋은 벤치마킹 모델이 될 수 있다. 실제로 포스코, 현대제철과 같은 국내 대기업들은 이미 스마트 세이프티(Smart Safety) 시스템 구축을 시작했으며, 협력사 안전관리 프로그램도 확대하고 있다.

더욱 주목할 점은 3M의 사례가 보여주는 '안전경영의 디지털 전환' 이다. 한국은 세계적인 IT 인프라와 디지털 기술을 보유하고 있다. 이러한 강점을 산업안전 분야에 접목한다면, 더 효과적이고 선진화된 안전관리 체계를 구축할 수 있을 것이다. 정부도 2025년까지 스마트 산업안전 보조금 지원을 확대하겠다고 발표했는데, 국내 기업들의 안전 혁신을 더욱 가속화시킬 것으로 예상된다.

▶ 듀폰(DuPont): 글로벌 안전문화 혁신 선도

200년이 넘는 역사를 가진 화학기업 듀폰은 산업안전분야에서 독특한 위치를 차지하고 있다. 위험한 화학물질을 다루는 기업이기에 안전관리가 생존의 필수 조건이었던 듀폰은 오랜 기간 축적한 안전관리 노하우를 바탕으로 글로벌 산업안전의 표준을 제시하는 기업이 되었다

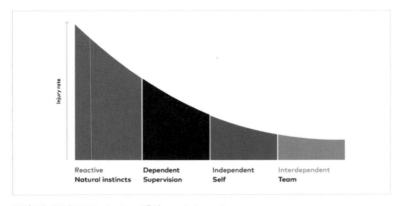

[그림 21] 듀폰의 DSS/Bradley Curve(출처: consultdss.com)

듀폰은 안전을 최우선 가치로 삼는 기업문화를 구축하고 있다. 단순히 규정을 만들고 준수하도록 강제하는 것이 아니라, 모든 구성원이 안전을 핵심 가치로 내재화하도록 하는 문화 혁신에 중점을 두고 있다. 듀폰은 회의 시 안전 관련 주제를 다루며, 경영진부터 현장 작업자까지 일상적인 안전관찰 활동을 실천하고 있다. 이처럼 사고 예방을 위한 안전 문화가 조직 전체에 정착되어 있다.

특히 듀폰이 개발한 '브래들리 커브(Bradley Curve™)'는 전 세계 기업들의 안전문화 발전 모델로 자리잡았다. 이 모델은 조직의 안전문화가 '반응적(Reactive) → 의존적(Dependent) → 독립적(Independent) → 상호의존적(Interdependent)' 단계로 발전한다고 설명한다. 가장 성숙한 단계인 '상호의존적' 문화에서는 구성원들이 서로의 안전을 자발적으로 살피고 돕는다.

듀폰의 또 다른 특징은 자사의 안전관리 시스템인 'DSS(DuPont Safety Solutions)'를 외부 기업들과 공유한다는 점이다. 매년 100개 이상의 기업이 듀폰의 컨설팅을 통해 안전문화를 혁신하고 있다. 안전이 경쟁의 대상이 아닌, 함께 발전시켜야 할 가치라는 듀폰의 철학을 보여준다.

듀폰은 안전문화 내재화를 정기적으로 측정하고 관리하고 있으며, 많은 수의 안전개선 제안이 직원들로부터 자발적으로 제출되고 있다. 조직 내 안전문화가 얼마나 깊이 뿌리내렸는지를 보여주는 중요한 지표로 평가받고 있다.

표 36. 듀폰의 'DSS(DuPont Safety Solutions)' 주요내용

구분	2022년 성과	2025년 목표	주요 프로그램
안전 문화	- 안전문화 지수 92% - 안전개선 제안 12만 건 - 경영진 현장점검 100%	- 안전문화 지수 95% - 전원 참여형 안전활동 - 선제적 안전관리 정착	- Zero Harm Culture - 리더십 안전점검 - 안전혁신 포상제도
글로벌 영향	- 100개 기업 컨설팅 - 안전교육 1.5만 명 - 산업안전 표준 개발	- 150개 기업 컨설팅 - 안전교육 확대 - 글로벌 표준 선도	- DSS 컨설팅 - 안전리더 양성 - 글로벌 벤치마킹

　듀폰의 사례는 한국 기업들에게 특히 중요한 시사점을 제공한다. 현재 한국의 산업안전 문화는 대체로 '의존적' 단계에 머물러 있다. 즉, 규정과 감독에 의존하여 안전을 관리하는 수준이다. 하지만 중대재해처벌법 시행 이후, 많은 기업들이 단순한 규정 준수를 넘어 진정한 안전문화 구축의 필요성을 느끼고 있다.

　실제로 SK이노베이션, LG화학과 같은 국내 화학기업들은 이미 듀폰의 안전문화 모델을 벤치마킹하여 자체적인 안전문화 프로그램을 개발하고 있다. 향후 정부에서도 '안전문화 우수기업 인증제도'를 시행할 예정이어서, 듀폰과 같은 선진 안전문화 구축은 더욱 가속화될 전망이다.

　특히 국내 기업문화의 조직문화가 가진 강점인 '우리' 의식과 집단적 책임감은,= 듀폰이 추구하는 '상호의존적' 안전문화와 잘 맞닿아 있다. 문화적 자산을 잘 활용한다면, 한국 기업들도 세계적 수준의 안전문화를 구축할 수 있을 것이다.

공급망 인권과 노동권 보호 사례

기업의 사회적 책임에서 공급망 인권과 노동권 보호는 점차 중요성이 커지고 있는 영역이다. 과거에는 기업의 직접적인 사업장 내 근로 조건과 인권 보호에만 초점을 맞췄다면, 이제는 원자재 조달부터 생산, 유통에 이르는 전체 공급망에서의 인권 보호로 책임 범위가 확대되고 있다.

이러한 변화가 일어난 배경에는 몇 가지 중요한 요인이 있다. 첫째, 글로벌화로 인해 공급망이 전 세계로 확대되면서 개발도상국의 열악한 노동환경, 아동노동, 강제노동 등의 문제가 드러났다. 둘째, 소비자들의 윤리적 소비 의식이 높아지면서 제품이 어떻게 만들어지는지에 대한 관심이 커졌다. 셋째, EU 공급망 실사법과 같은 규제들이 도입되면서 기업들의 공급망 인권 관리가 법적 의무가 되고 있다.

특히 의류나 식품과 같은 소비재 산업에서는 공급망 인권 문제가 기업의 평판과 직결되는 핵심 이슈가 되었다. 2013년 방글라데시 라나 플라자 봉제공장 붕괴 사고는 글로벌 패션 브랜드들의 공급망 관리 방식에 큰 경각심을 불러일으켰고, 이후 많은 기업들이 공급망 인권 보호를 위한 혁신적인 프로그램들을 도입하기 시작했다.

▶ 파타고니아(Patagonia): 공급망 투명성과 공정무역 선도

의류 브랜드 파타고니아(Patagonia)의 공급망 인권 보호 프로그램은 주목할 만한 혁신 사례다.

[그림 22] 파타고니아의 발자국 추적(출처: driftsurfing.eu)

파타고니아는 의류 산업에서 가장 진보적인 공급망 인권 정책을 실천하는 기업으로 평가받고 있다. '발자국 추적(Footprint Chronicles)'이라는 혁신적인 프로그램을 통해 원재료 조달부터 제품 생산까지 전체 공급망의 투명성을 확보하고, 이를 소비자들과 공유하고 있다. 소비자들은 파타고니아 웹사이트에서 각 제품이 어디서, 어떻게 만들어졌는지, 그 과정에서 어떤 환경적·사회적 영향이 있었는지를 상세히 확인할 수 있다.

파타고니아의 가장 혁신적인 프로그램은 '공정노동(Fair Labor)' 프로그램이다. 단순한 근로기준 준수나 모니터링을 넘어, 노동자들의 실질적인 삶의 질 향상을 목표로 한다. 예를 들어, 법정 최저임금이 아닌 '생활임금' 보장을 원칙으로 하며 주거비, 교육비, 의료비 등 실제 생활에 필요한 비용을 고려해 책정된다. 2022년 기준으로 파타고니아의 협력 업체 근로자 89%가 생활임금을 받고 있으며, 노동조합 가입률도 75%에 달한다.

위 사항 외에도 주목할 만한 것은 '재생 유기농 인증(Regenerative Organic Certified)' 프로그램이다. 환경보호와 노동권을 통합적으로 접근하는 혁신적인 인증 제도다. 면화 농장에서 일하는 농부들의 권리 보호부터 토양 건강, 동물 복지까지 포괄적인 기준을 제시한다. 2022년 기준으로 파타고니아가 사용하는 면화의 82%가 이 인증을 획득했다.

파타고니아는 또한 공급망 내 여성 노동자들의 권익 향상에도 특별한 관심을 기울이고 있다. '여성 공정노동 프로그램'을 통해 육아 지원, 직업 교육, 성희롱 예방 등 여성이 특화된 지원을 제공한다. 의류 산업 공급망에서 여성이 차지하는 비중이 높다는 점을 고려한 것이다.

파타고니아의 혁신은 한국 기업들에게 중요한 시사점을 제공한다. 특히 K-패션이 글로벌 시장에서 주목받으면서, 국내 의류 기업들도 공

표 37. 파타고니아의 공급망 인권 보호 프로그램 주요내용

구분	2022년 성과	2025년 목표	주요 프로그램
공급망 인권	- 생활임금 수혜율 89% - 노조 가입률 75% - 아동노동 zero	- 생활임금 수혜율 100% - 노조 가입률 85% - 인권보호 선도기업 달성	- Fair Labor Program - 노동권 교육 - 고충처리 시스템
공급망 투명성	- 협력사 정보 100% 공개 - 원산지 추적률 95% - ROC 인증 82%	- 실시간 공급망 추적 - 원산지 추적률 100% - ROC 인증 100%	- Footprint Chronicles - 블록체인 추적 - 인증제도 확대

급망 인권 관리의 중요성을 인식하기 시작했다. 더욱이 '중대재해처벌법'이 하청업체 근로자의 안전까지 포함하고, EU 공급망 실사법 등 국제 규제가 강화되면서, 공급망 인권 관리는 더 이상 선택이 아닌 필수가 되고 있다.

특히 ESG 경영의 확산과 그 맥을 함께하게 되면서, 공급망 인권 관리는 기업의 장기적 경쟁력과 직결되는 문제로 인식되고 있다. 파타고니아의 사례는 투명성과 책임성에 기반한 공급망 관리가 어떻게 브랜드 가치를 높이고 소비자 신뢰를 구축할 수 있는지를 보여주는 좋은 모델이 될 것이다.

▶ 네슬레(Nestlé): 글로벌 공급망의 인권 보호 혁신

글로벌 식품기업 네슬레의 사례는 복잡한 농산물 공급망에서의 인권 보호가 어떻게 가능한지를 보여준다. 특히 카카오, 커피, 팜유와 같은 원재료는 대부분 개발도상국의 소규모 농가에서 생산되기 때문에, 인권 문제가 발생하기 쉽고 관리도 어렵다. 네슬레는 도전과제를 혁신

[그림 23] 네슬레 Income Accelerator program (출처: nestle.com)

적인 프로그램으로 해결하고 있다.

네슬레의 대표적인 프로그램은 '소득 가속화 프로그램(Income Accelerator Program)'이다. 카카오 농가의 소득을 2030년까지 두 배로 늘리는 것을 목표로 한다. 단순한 지원금 제공이 아닌, 현금 인센티브와 교육 지원을 결합한 혁신적인 접근법을 사용한다. 예를 들어, 아동을 학교에 보내고 지속가능한 농법을 실천하는 농가에 추가 수입을 제공함으로써 인권 보호와 경제적 자립을 동시에 달성하고 있다.

또한 네슬레는 '인권 실사(Human Rights Due Diligence)' 프로그램을 통해 체계적인 인권 영향 평가와 개선 활동을 수행한다. 2022년 기준으로 11개 주요 원재료 공급망에 대한 인권 실사를 완료했으며, 98%의 협력사가 네슬레의 인권 기준을 준수하고 있다. 특히 주목할 만한 것은 모바일 앱을 활용한 실시간 모니터링 시스템이다. 농부들은 앱을 통해 작업 조건과 임금 지급 관련 문제를 직접 보고할 수 있다.

네슬레의 사례는 한국의 산업 현장에 중요한 시사점을 제공한다. 특

표 38. 네슬레의 공급망 인권 보호 프로그램의 주요내용

구분	2022년 성과	2025년 목표	주요 프로그램
소득 개선	- 농가소득 28% 증가 - 160,000 농가 지원 - 교육 지원 24만 명	- 농가소득 50% 증가 - 250,000 농가 지원 - 교육 확대	- Income Accelerator - 농업기술 교육 - 금융 지원
인권 보호	- 인권실사 11개 분야 - 준수율 98% - 아동노동 72% 감소	- 인권실사 전체 확대 - 준수율 100% - 아동노동 근절	- Due Diligence - 모니터링 시스템 - 지역사회 협력

히 중소 제조업체와 농어업 분야에서 외국인 근로자 인권 문제가 지속적으로 제기되고 있는 현실에서, 체계적인 인권 보호 시스템 구축은 시급한 과제다. 국내 외국인 근로자 수는 지속적으로 증가하고 있으며, 이들 중 상당수가 중소기업에서 근무하고 있다.

대기업들은 이미 변화를 시작했다. CJ제일제당과 농심 등 글로벌 공급망을 가진 기업들은 해외 협력업체 및 농가와의 상생 프로그램을 운영하고, 공급망에 대한 인권 관리를 강화하고 있다. 하지만 더 중요한 것은 중소기업들의 변화다.

국내에서도 '직장 내 괴롭힘 금지법'을 외국인 근로자에게도 확대 적용하고, 외국인 근로자 권익보호 지원센터를 확대하고 있다. 하지만 중소기업들이 자체적으로 인권 보호 시스템을 구축하기는 현실적으로 어렵다. 이를 위해서는 네슬레의 사례처럼 디지털 기술을 활용한 효율적인 모니터링 시스템과 경제적 인센티브를 결합한 실질적인 지원 프로그램이 필요하다.

특히 산업단지나 농어촌 지역 단위로 공동의 인권 보호 프로그램을 운영하는 방안을 고려할 수 있다. 예를 들어, 지역 상공회의소나 산업단지공단이 중심이 되어 통합 모니터링 시스템을 구축하고, 교육과 상담을 제공하는 것이다. 개별 기업의 부담을 줄이면서도 효과적인 인권 보호를 가능하게 할 것이다.

더불어 소비자들의 인식도 변화하고 있다. MZ세대를 중심으로 윤리적 소비에 대한 관심이 높아지면서, 공급망 인권 보호는 기업의 평판과 직결되는 문제가 되고 있다. 따라서 중소기업들도 인권 보호를 비용이 아닌 투자로 인식하고, 장기적인 관점에서 접근할 필요가 있다.

❸ 지배구조(G) 분야 - ESG 거버넌스 혁신 사례

기업의 ESG 경영에서 지배구조(Governance)는 환경과 사회적 책임을 실질적으로 이행할 수 있게 하는 토대다. 최근 지배구조는 단순한 법적 준수나 주주 이익 보호를 넘어, 다양한 이해관계자의 권익을 균형 있게 고려하는 '이해관계자 자본주의'로 진화하고 있다. 특히 ESG 경영이 기업의 핵심 전략으로 부상하면서 ESG 거버넌스, 즉 ESG 관련 의사결정과 실행을 위한 체계적인 지배구조의 중요성이 커지고 있다.

ESG 거버넌스가 주목받는 이유는 크게 세 가지다. 첫째, ESG는 단기적 성과보다 장기적 가치 창출에 초점을 맞추기 때문에, 이를 일관되게 추진할 수 있는 의사결정 체계가 필요하다. 둘째, ESG는 기업의 모든 부문과 연관되어 있어, 통합적인 관리와 조정이 필수적이다. 셋째, ESG 성과에 대한 투자자와 이해관계자들의 요구가 늘어나면서, 투명하고 책임 있는 ESG 관리 체계가 필요해졌다.

▶ 블랙록(BlackRock): 세계 최대 자산운용사의 ESG 거버넌스 혁신

이러한 맥락에서 세계 최대 자산운용사인 블랙록(BlackRock)의 ESG 거버넌스 혁신은 주목할 만하다. 약 8.5조 달러(약 11,000조 원)의 자산을 운용하는 블랙록은 매년 CEO 래리 핑크(Larry Fink)의 서한을 통해

[그림 24] 블랙록의 투자 스튜어드십 (출처: x.com/BlackRock)

글로벌 ESG 투자 트렌드를 선도하며, 기업 지배구조의 새로운 기준을 제시하고 있다.

블랙록의 ESG 거버넌스는 '투자 스튜어드십(Investment Stewardship)'이라는 혁신적인 개념을 중심으로 구축되어 있다. 단순한 투자자가 아닌, 기업의 장기적 가치 창출을 위한 적극적인 참여자로서의 역할을 의미한다. 블랙록은 전 세계 50여 명의 ESG 전문가로 구성된 '투자 스튜어드십 팀'을 운영하며, 투자 대상 기업들과의 적극적인 대화(Engagement)를 통해 ESG 경영을 촉진하고 있다.

2022년 블랙록은 'ESG 통합 프레임워크(ESG Integration Framework)'를 도입하여 모든 투자 의사결정 과정에 ESG 요소를 체계적으로 반영하기 시작했다. 이 프레임워크는 투자 분석, 포트폴리오 구성, 리스크

표 39. 블랙록의 거버넌스 혁신의 주요내용

구분	2022년 성과	2025년 목표	주요 프로그램
ESG 통합	- 3,400개 기업 대화 - 기후 관련 의결권 행사 85% - ESG 데이터 coverage 95%	- 전 포트폴리오 ESG 통합 - 기후 관련 의결권 100% - ESG 데이터 고도화	- Investment Stewardship - ESG Integration Framework - Climate Risk Assessment
투명성 강화	- 의결권 행사 100% 공개 - 분기별 ESG 보고서 발간 - 스튜어드십 코드 준수	- 실시간 의결권 정보 공개 - ESG 영향 평가 강화 - 글로벌 기준 선도	- Voting Disclosure - Impact Assessment - Stewardship Report

관리 등 전 과정에 ESG 관점을 통합하며, 특히 기후변화 리스크에 대한 체계적인 평가를 포함한다.

블랙록의 혁신적인 접근은 의결권 행사에서도 나타난다. 2022년 기준으로 3,400개 기업과의 대화를 진행했으며, 기후 관련 의결권 행사에서 85%의 참여율을 기록했다. 특히 주목할 만한 점은 의결권 행사 결과를 실시간으로 공개하고, 매 분기마다 상세한 ESG 보고서를 발간하는 등 투명성을 극대화하고 있다는 것이다.

블랙록의 ESG 거버넌스 혁신은 한국 기업들에게 직접적인 영향을 미치고 있다. 특히 한국 기업들의 주요 주주로서 블랙록의 영향력이 커지면서, 국내 기업들도 ESG 거버넌스 체계 구축에 더욱 적극적으로 나서고 있다. 예를 들어, KB금융그룹은 이사회 내 'ESG 위원회'를 신설했으며, SK그룹은 그룹 차원의 'ESG 추진 협의체'를 운영하고 있다.

더욱 중요한 것은 이러한 변화가 대기업을 넘어 중견·중소기업으로 확산되고 있다는 점이다. 2025년부터 자산 2조 원 이상 코스피 상장사의 ESG 공시가 의무화되고, 2030년까지 단계적으로 모든 코스피 상장사로 확대될 예정이다. 한국 기업들의 ESG 거버넌스 혁신을 더욱 가속화시킬 것으로 예상된다.

특히 주목할 점은 한국의 중소·중견기업들이 글로벌 공급망에 참여하기 위해서는 ESG 거버넌스 체계 구축이 필수적이라는 것이다. 애플, 테슬라와 같은 글로벌 기업들이 협력사 선정 시 ESG 평가를 강화하고 있어, 체계적인 ESG 거버넌스는 이제 생존의 문제가 되고 있다.

정부도 이러한 변화를 지원하기 위해 'K-ESG 가이드라인'을 발표하고, 중소기업 ESG 경영 확산을 위한 지원책을 마련하고 있다. 하지만 더 중요한 것은 기업들이 ESG를 단순한 규제 준수나 평가 대응이 아닌, 장기적 성장을 위한 필수 요소로 인식하는 것이다. 블랙록의 사례는 인식 전환의 좋은 이정표가 될 것이다.

▶ 다논(Danone): 이해관계자 자본주의의 실천

프랑스의 대표적인 식품기업 다논은 이해관계자 자본주의를 가장 적극적으로 실천하는 기업으로 평가받고 있다. 특히 2020년 프랑스 최초로 '사명기업(Entreprise à Mission)'으로 전환하며, 주주 가치 극대화를 넘어 모든 이해관계자의 이익을 추구하는 새로운 기업 지배구조 모델을 제시했다.

[그림 25] 다논의 Regenerative Agriculture (출처: innovation.danone.com)

다논의 혁신적인 지배구조는 'One Planet, One Health(하나의 지구, 하나의 건강)' 비전을 중심으로 구축되어 있다. 인류의 건강과 지구의 건강이 불가분의 관계라는 철학을 담고 있다. 가장 특징적인 것은 '미션 위원회(Mission Committee)' 운영이다. 이 위원회는 이사회와 동일한 수준의 권한을 가지고 있으며 외부 전문가, 직원 대표, 소비자 대표 등 다양한 이해관계자로 구성되어 기업의 사회적 미션 이행을 감독한다.

다논의 또 다른 혁신은 'FaR(Farming for Regeneration)' 프로그램을 통한 지배구조의 확장이다. 농부들을 단순한 공급자가 아닌 비즈니스 파트너로 인정하고, 의사결정 과정에 참여시키는 모델이다. 예를 들어, 유제품 가격 결정 시 농가의 생산비용과 적정 수익을 보장하는 '비용 기반 가격 모델'을 도입했으며, 농가 대표가 참여하는 '파머 카운슬(Farmer Council)'을 통해 주요 정책을 협의한다.

표 40. 다논의 이해관계자 자본주의 실천과 관련된 주요내용

구분	2022년 성과	2025년 목표	주요 프로그램
사명기업 운영	- 미션 달성도 85% - 이해관계자 참여 92% - ESG 연계 보상 45%	- 미션 달성도 100% - 이해관계자 참여 확대 - ESG 연계 보상 60%	- Mission Committee - Stakeholder Board - ESG Compensation
공급망 거버넌스	- 농가 파트너십 58,000개 - 재생농업 전환 43% - 공동의사결정 체계 구축	- 농가 파트너십 80,000개 - 재생농업 전환 100% - 참여형 거버넌스 확대	- FaR Program - Regenerative Agriculture - Farmer Council

특히 주목할 만한 것은 ESG 성과와 경영진 보상을 연계한 시스템이다. 2022년 기준으로 다논 경영진 보상의 45%가 ESG 목표 달성과 연동되어 있으며, 2025년까지 이를 60%로 확대할 계획이다. 평가 지표에는 탄소배출 감축, 재생농업 전환, 포용적 성장 등 다양한 ESG 요소가 포함된다.

다논의 혁신은 한국 기업들에게 중요한 시사점을 제공한다. 특히 최근 한국에서도 '이해관계자 자본주의'에 대한 논의가 활발해지고 있다. 2021년 개정된 '공정거래법'은 대기업집단 지배구조 개선을 강조하고 있으며, '스튜어드십 코드' 도입으로 기관투자자들의 책임있는 주주권 행사도 확대되고 있다.

이는 농식품 분야에서도 주목할 만한 시사점을 제공한다. 한국의 농식품 기업들도 점차 계약재배 농가와의 상생 모델을 발전시키고 있다. 농심, 풀무원 등 주요 기업들은 계약재배 농가와의 안정적인 협력 관계

구축을 위한 다양한 지원 프로그램을 운영하고 있다.

중소기업 분야에서도 변화의 움직임이 있다. 2023년부터 시행된 '중소기업 상생협력 촉진법' 개정안은 대기업과 중소기업 간의 공정한 협력을 강조하고 있다. 다논의 이해관계자 참여 모델은 이러한 제도적 변화를 실천하는 좋은 참고가 될 수 있다.

특히 ESG 경영이 확산되면서, 이해관계자들의 참여를 보장하는 거버넌스 체계 구축은 더욱 중요해질 전망이다. 다논의 사례는 이해관계자 참여가 단순한 비용이나 부담이 아닌, 기업의 장기적 성장과 지속가능성을 위한 핵심 요소가 될 수 있음을 보여준다.

ESG 경영과 지속가능경영보고서의 전략적 가치

앞에서 살펴본 글로벌 선진기업들의 ESG 경영 사례는 단순한 우수 사례를 넘어 기업의 지속가능한 성장을 위한 중요한 통찰을 제공한다. 이들 기업의 공통점은 ESG를 단순한 리스크 관리나 규제 대응 차원이 아닌, 새로운 가치 창출의 기회로 인식하고 있다는 점이다.

애플과 구글의 재생에너지 전환 사례는 환경 전략이 어떻게 공급망 혁신과 새로운 비즈니스 기회 창출로 이어질 수 있는지를 보여주었고, 유니레버와 이케아의 순환경제 도입은 자원 효율성 향상이 비용 절감을 넘어 새로운 비즈니스 모델 창출로 이어질 수 있음을 증명해 주고 있다. 또한 SAP와 P&G의 다양성·포용성 정책은 인재 확보와 혁신 역량 강화의 핵심 요소가 될 수 있음을 확인시켜 주고 있으며, 3M과 듀폰의 산업안전 프로그램은 근로자 보호를 넘어 기업의 운영 효율성과 평판 향상으로 연결됨을 입증해 주고 있다.

글로벌 기업들의 대표 사례들을 볼 수 있는 지속가능경영보고서는 단순한 ESG 성과 보고서가 아닌, 기업의 현재 모습과 미래 방향성을 종합적으로 보여주는 전략 문서이다. 재무제표가 기업의 현재 경제적 가치를 보여준다면, 지속가능경영보고서는 기업의 비재무적 가치와 미래 성장 동력을 파악할 수 있게 해준다.

특히 GRI 스탠다드와 같은 국제 기준에 따라 작성되는 보고서는 글로벌 관점에서 기업의 수준을 객관적으로 평가할 수 있는 도구가 된다. 각 산업별 선도기업들의 지속가능경영보고서는 해당 산업에서 주목해야 할 ESG 이슈가 무엇이며, 이를 어떻게 기회 요인으로 전환할 수 있는지를 구체적으로 보여준다.

더욱이 보고서에는 각 기업의 ESG 목표와 성과가 정량적 지표로 제시되어 있어, 벤치마킹을 위한 실질적인 가이드라인이 된다. 예를 들어, 애플의 공급망 탄소감축 목표나 3M의 산업안전 지표는 국내 기업들이 글로벌 수준의 ESG 경영을 실현하기 위한 구체적인 로드맵을 제시한다.

지속가능경영보고서는 글로벌 시장의 변화와 경쟁사들의 움직임을 파악하고, 자사의 ESG 전략을 수립하는 데 있어 핵심적인 전략 도구가 된다. 특히 ESG가 기업의 필수 경쟁력으로 자리잡은 현재, 이를 효과적으로 활용하는 기업만이 미래 시장에서 지속가능한 성장을 이룰 수 있을 것이다.

Part 3

ESG
실무 적용과
성과 창출

THE
GREEN
BOOK

제5장

ESG
관점으로 업무 혁신하기

"ESG는 추가 업무일 뿐이다.", "ESG는 우리 회사와는 거리가 멀다." 많은 직장인들이 ESG를 부가적인 업무로 인식하고 있다. 그러나 ESG는 새로운 업무가 아니다. 단지 기존에 해오던 업무를 다른 관점으로 바라보는 것이다. 마치 안경을 쓰고 세상을 보면 더 선명하게 보이듯, ESG 관점으로 업무를 바라보면 새로운 가치와 기회가 보인다.

플라스틱 사용을 줄이고, 에너지를 절약하며, 윤리적인 거래를 하는 것. 결국 비용 절감과 리스크 관리로 이어진다. 2023년 글로벌 기업들의 ESG 경영 성과를 분석한 결과, ESG 관점의 업무 혁신을 통해 평균 12%의 운영비용 절감 효과를 거둔 것으로 나타났다. 이는 ESG가 단순한 사회적 책임이 아닌, 실질적인 비즈니스 가치를 창출하는 도구임을 보여준다.

이번에는 기존 업무에 ESG 관점을 더하는 방법을 살펴본다. 일상적인 업무 속에서 ESG 요소를 발견하고, 이를 자연스럽게 업무 프로세스에 통합하는 방안을 제시한다. 또한 지속가능경영보고서의 기준을 활용해 업무를 체계화하는 방법과 글로벌 수준의 ESG 실무 역량을 개발하는 방안을 다룬다.

ESG는 특별한 무언가가 아니다. 평소 하던 업무에 지속가능성이라는 렌즈를 더하는 것이다. 이런 관점의 전환은 개인과 조직의 성장을 동시에 이끌어내는 강력한 도구가 된다.

1. 기존 업무의 ESG 관점 재해석

❶ 변화하는 시장, 새로운 관점의 필요성

글로벌 시장의 변화는 우리에게 새로운 관점을 요구하고 있다. 더 이상 제품의 품질과 가격만으로는 경쟁력을 유지할 수 없게 된 것이다. 이러한 변화는 세계 최대 유통기업들의 정책에서 뚜렷하게 나타난다. 월마트(Wal-Mart)는 2023년부터 'Project Gigaton'이라는 프로그램을 통해 모든 거래업체에 탄소배출 감축 계획 수립을 의무화했다. 단순한 요청이 아니다. 이 프로그램에 참여하지 않는 기업은 월마트의 공급망에서 제외될 수 있다는 것을 의미한다.

아마존(Amazon)의 변화는 월마트 사례보다 더욱 강력하다. 2025년까지 모든 협력사에 과학기반감축목표(SBTi) 수립을 요구하고 있는데, 2023년 한 해 동안 환경 기준을 충족하지 못한 200개 이상의 거래처와 계약을 종료했다. 글로벌 기업의 사례들은 ESG가 더 이상 선택이 아닌 필수가 되었음을 보여준다. 특히 글로벌 기업들과 거래하는 기업들에게는 이미 현실이 된 것이다.

▶ 기회로 바라보는 ESG

이러한 변화는 얼핏 부담스럽게 느껴질 수 있다. 특히 인력과 자원이 부족한 중소기업들에게는 더욱 그렇다. 하지만 ESG는 새로운 관점을 통해 기존 업무의 가치를 높이는 기회가 될 수 있다. 애플의 공급망 혁신 사례에서 잘 드러난다. 애플은 2030년까지 전체 공급망의 탄소중립을 달성하겠다는 목표를 세웠다. 이를 위해 2023년 한 해 동안 147개의 협력사들이 100% 재생에너지 사용을 약속했다.

여기서 주목할 점은 애플이 단순히 목표 달성을 요구하는 데 그치지 않았다는 것이다. 협력사들에게 기술 지원과 교육을 제공하고, 재생에너지 조달을 위한 공동 구매 프로그램을 운영했다. 결과적으로 많은 협력사들이 에너지 비용을 절감하고 생산 효율성을 높이는 성과를 거두었다. ESG가 단순한 규제 대응이 아닌, 기업 경쟁력 강화의 기회가 될 수 있음을 보여주는 좋은 예시다.

❷ 일상 업무에서 시작하는 ESG 혁신

ESG 관점의 도입은 거창한 것에서 시작할 필요가 없다. 오히려 일상적인 업무에서 시작하는 것이 더 효과적이다. 예를 들어, 생산팀에서는 이미 에너지 사용량을 관리하고 있다. 여기에 ESG 관점을 더하면 단순한 비용 절감을 넘어 환경 영향까지 고려한 의사결정이 가능해진다. 실제로 2023년 글로벌 제조기업들의 분석 결과, ESG 관점의 에너지 관리를 통해 평균 12%의 운영비용 절감과 함께 탄소배출도 크게 줄이는 성과를 거둔 것으로 나타났다. 예를 들어, 생산팀에서 에너지 사용량을 관리하는 것은 이미 하고 있는 일이다. ESG 관점에서는 단순히 비용 절감을 위한 에너지 관리가 아닌, 탄소배출 감축이라는 환경적 가치도 함께 고려한다. 결과적으로 비용 절감과 환경 보호라는 두 마리 토끼를 모두 잡을 수 있는 방법이다.

▶ 디지털 전환과 만나는 ESG

기업의 디지털 전환(Digital Transformation)은 ESG 혁신의 중요한 기회가 되고 있다. 독일의 지멘스는 디지털 전환으로 인한 시너지를 잘 보여주는 사례다. 지멘스는 기존의 디지털 전환 계획에 ESG 관점을 접목했다. 종이 문서를 전자문서로 전환하는 과정에서 단순히 업무 효율성만을 고려하지 않았다. 문서 보관에 필요한 공간과 에너지 사용량까지 함께 검토했다. 화상회의 시스템 도입 역시 출장 비용 절감이라는 경제적 관점을 넘어, 이동으로 인한 탄소배출 감소라는 환경적 가치까지 창출했다. 2023년 한 해 동안 지멘스는 통합적 접근을 통해 사무실 운영 비용의 15% 절감과 탄소배출량 20% 감축이라는 두 가지 성과를 동시에 달성할 수 있었다.

❸ 소비자의 변화가 이끄는 새로운 기회

ESG는 비용 절감을 넘어 새로운 수익 창출의 기회도 제공한다. 특히 MZ세대 소비자들의 변화가 주목할 만하다. MZ세대 소비자의 77%가 친환경 제품에 더 높은 가격을 지불할 의향이 있다고 답한 리서치 결과를 통해, ESG가 프리미엄 가치를 창출할 수 있음을 의미한다.

패션 의류 브랜드 H&M은 소비자 변화를 놓치지 않았다. 전 세계 매장에 의류 수거 프로그램을 도입하고, 재활용 섬유를 활용한 'Conscious Collection' 라인을 확대했다. 주목할 점은 이 과정에서 의류 수거와 재활용이라는 환경적 가치를 넘어, 브랜드 가치 제고와 신규 고객층 확보라는 비즈니스 성과까지 달성했다는 것이다. 전년 대비 매출이 12% 증가했으며, 특히 MZ세대 고객층에서 큰 호응을 얻었다. H&M의 사례는 ESG를 통한 업무 혁신이 어떻게 새로운 비즈니스 기회로 이어질 수 있는지를 보여준다.

❹ 인재 확보의 새로운 기준

ESG는 우수 인재 확보에도 중요한 역할을 한다. MZ세대 구직자의 82%가 기업 선택 시 ESG 성과를 중요하게 고려한다고 하는 결과만 보아도, ESG가 단순한 사회적 책임을 넘어 인재 확보를 위한 핵심 경쟁력이 되었음을 의미한다.

실제로 유니레버는 2023년 신입사원 채용에서 지원자가 전년 대비 35% 증가했는데, 이들 중 상당수가 유니레버의 적극적인 ESG 경영을 지원 동기로 꼽을 정도였다. 특히 유니레버의 '재생농업(Regenerative Agriculture)' 프로젝트는 젊은 인재들에게 큰 관심을 받았다. 이 프로젝트는 2030년까지 주요 농산물 원료의 100%를 재생농업으로 전환하는 것을 목표로 하는데, 단순한 환경 보호를 넘어 농업의 미래를 혁신하는 도전적인 과제라는 점에서 MZ세대의 공감을 얻은 것이다.

2. 지속가능경영보고서 기준으로 업무 표준화

지속가능경영보고서는 단순한 보고서가 아니다. 글로벌 시장이 요구하는 ESG 경영의 표준이자, 기업의 지속가능한 성장을 위한 로드맵이다. 세계적으로 ESG 공시와 관리에 대한 규제가 강화되는 가운데, 지속가능경영보고서의 표준 지표들은 기업 경영의 새로운 기준이 되고 있다. 유럽연합의 기업 실사제도(CSDDD), 독일의 공급망 실사법 등이 요구하는 ESG 관리 항목들은 모두 지속가능경영보고서의 주요 지표들과 맥을 같이한다.

공시제도가 더욱 확대되는 흐름 속에서 지속가능경영보고서의 기준을 업무에 적용하는 것은 선택이 아닌 필수가 되고 있다. 더 중요한 것은 글로벌 기준의 적용이 단순한 규제 대응을 넘어 업무의 질적 향상과 새로운 가치 창출로 이어진다는 점이다. 환경 영향 평가, 사회적 가치 측정, 리스크 관리 등 보고서의 핵심 지표들은 업무 프로세스를 체계화하고 의사결정의 질을 높이는 도구가 된다.

EU를 중심으로 한 글로벌 규제의 강화는 기업들의 발빠른 대응을 요구하고 있다. 특히 공급망 전반에 걸친 ESG 관리 의무화는 직접적인 규제 대상이 아닌 기업들에게도 큰 영향을 미치고 있다. 글로벌 기업들과 거래하는 중소기업들은 이제 ESG 성과 관리가 필수가 된 것이다. 변화 속에서 지속가능경영보고서의 표준 지표들은 명확한 가이드라인이 되어주고 있다.

❶ 기업 혁신을 이끄는 새로운 기준

아디다스는 이러한 변화가 어떻게 혁신의 기회가 될 수 있는지 잘 보여준다. 아디다스는 지속가능경영보고서의 환경 항목을 제품 개발 프로세스에 적극 반영했다. 재활용 플라스틱을 활용한 신발과 의류를 개발하는 과정에서 새로운 소재 개발 기술을 확보했고, 곧 제품 혁신으로 이어졌다. 주목할 점은 이런 변화가 단순한 환경 성과를 넘어 기업의 핵심 경쟁력 강화로 이어졌다는 것이다. 재활용 소재를 활용한 제품들은 프리미엄 가격에도 불구하고 높은 성장세를 보였으며, 지속가능성이 새로운 가치 창출의 원천이 될 수 있음을 증명했다.

유니레버는 혁신적 목표의 도입이 공급사슬 내에서 전사적인 변화로 이어질 수 있는지를 보여주고 있다. '지속가능한 농업' 지표를 원재료 조달의 핵심 기준으로 도입한 유니레버는 처음에는 비용 상승을 우려했다. 그러나 그 결과는 달랐다. 지속가능한 농업 기준을 충족하는 원재료를 사용한 제품의 매출 성장률이 일반 제품보다 30% 높게 나타난 것이다. 더 중요한 것은 기준의 도입이 안정적인 원재료 공급망 확보로 이어졌다는 점이다. 지속가능경영보고서의 기준이 리스크 관리와 사업 안정성 확보에도 크게 기여할 수 있음을 보여준다.

❷ 업무 프로세스의 체계적 혁신

지속가능경영보고서의 표준을 실제 업무에 적용하는 것은 생각보다 복잡하지 않다. 각 부서에서 이미 수행하고 있는 업무들의 상당 부분이 보고서의 주요 지표들과 자연스럽게 연결되기 때문이다. 중요한 것은 연결고리를 명확히 인식하고, 이를 업무 혁신의 기회로 활용하는 것이다.

연구개발팀의 경우, 제품 개발 단계에서부터 지속가능경영보고서의 환경 영향 평가 항목들을 검토 기준으로 삼을 수 있다. 네슬레의 사례는 이러한 접근이 어떤 성과로 이어질 수 있는지 잘 보여준다. 네슬레는 지속가능경영보고서의 '순환경제' 항목을 제품 개발의 핵심 기준으로 삼았다. 특히 네스프레소 부문에서 기준을 적극적으로 적용했다. 커피 캡슐의 재활용 가능성을 높이기 위해 제품 설계 단계부터 소재 선택, 생산 공정, 회수 시스템까지 전 과정을 혁신했다. 단순한 환경 성과를 넘어 프리미엄 커피 시장에서의 차별화된 경쟁력이 되었다. 더 중요한 것은 이 방식의 접근이 연구개발팀의 혁신 문화 조성으로 이어졌다는 점이다. 환경과 사회적 가치를 고려한 제품 개발은 이제 네슬레 연구진들의 기본적인 사고방식이 되었다.

현대자동차그룹의 사례는 표준화가 어떻게 전체 공급망의 혁신으로 이어질 수 있는지를 보여준다. 2040년 탄소중립이라는 목표 아래, 지속가능경영보고서의 '기후변화 대응' 지표를 전사적 혁신의 동력으로 삼았다. 특히 주목할 만한 점은 기준을 협력사들과 공유하고, 이를 달성하기 위한 구체적인 지원 체계를 구축했다는 것이다. '협력사 파트너십'을 통해 기술 지원과 금융 지원을 제공하며, 단순한 환경 정책을 넘어 자동차 산업 생태계 전반의 경쟁력 강화로 이어지고 있다.

❸ 글로벌 공급망에서의 새로운 기회

지속가능경영보고서의 기준은 글로벌 공급망 참여를 위한 필수 조건이 되어가고 있다. 글로벌 유통기업 테스코(Tesco)는 2025년부터 모든 주요 공급업체에 대해 과학기반감축목표(SBTi) 수립을 의무화할 계획이다. 테스코와 거래하기 위해서는 체계적인 탄소 관리 시스템을 구축해야 함을 의미한다. 월마트, 아마존 등 글로벌 유통 기업들도 비슷한 정책을 도입하고 있다.

이러한 변화는 중소기업들에게 부담이 될 수 있다. 하지만 지속가능경영보고서의 기준은 오히려 도전을 체계적으로 해결할 수 있는 길잡이가 된다. 보고서의 표준 지표들은 글로벌 기업들이 요구하는 ESG 성과 관리의 구체적인 방법을 제시하기 때문이다. 예를 들어, 탄소배출량 측정과 감축 계획 수립에 있어 보고서의 기준을 따르면, 글로벌 기업들이 요구하는 수준의 관리 체계를 자연스럽게 갖출 수 있게 되기 때문이다.

❹ 업무 혁신을 통한 경쟁력 강화

지속가능경영보고서의 기준을 업무에 적용하는 것은 단기적으로는 변화와 적응이 필요한 과제일 수 있다. 그러나 장기적 관점에서 보면, 기업의 지속가능한 성장을 위한 필수적인 혁신 과정이며, 글로벌 시장에서의 경쟁력을 확보하기 위한 전략적 투자가 된다.

앞서 예로 들었던 H&M 역시 혁신적 접근의 좋은 예다. 지속가능경영보고서의 '순환경제' 지표를 의류 생산과 판매의 새로운 기준으로 삼았다. 매장에서 중고 의류를 수거하고, 이를 재활용하여 새로운 제품을 만드는 순환 구조를 구축했다. 이 과정에서 의류 수거 시스템 구축, 재활용 기술 개발, 친환경 소재 연구 등 다양한 혁신이 일어났다. 더 중요한 것은 변화가 비용 증가 요인이 아닌, 새로운 수익 창출의 기회가 되었다는 점이다. 재활용 의류 라인은 MZ세대 소비자들로부터 큰 호응을 얻으며 새로운 성장 동력이 되었다.

이처럼 지속가능경영보고서 기준의 도입은 기업 전반의 혁신을 이끈다. 각 부서의 업무가 환경과 사회에 미치는 영향을 체계적으로 관리하게 되면서, 자연스럽게 더 효율적이고 지속가능한 방식으로 업무가 개선된다. 예를 들어, 생산 공정에서의 에너지 효율화는 비용 절감과 환경 영향 감소라는 두 가지 목표를 동시에 달성하게 한다. 공급망 관리에서의 ESG 기준 도입은 리스크를 줄이고 안정적인 거래 관계를 구축하는 데 도움이 된다.

결과적으로 지속가능경영보고서의 기준으로 업무를 표준화하는 것은 기업이 글로벌 시장에서 경쟁력을 확보하는 핵심 전략이 된다. ESG는 더 이상 부가적인 과제가 아닌, 기업 경영의 새로운 표준이 되어가고 있다. 변화에 선제적으로 대응하는 기업들은 시장에서 새로운 기회를 포착하고, 지속가능한 성장의 기반을 마련할 수 있다.

3. 글로벌 수준의 업무 역량 개발

ESG는 이제 국제적 비즈니스 언어가 되어가고 있다. 기업들은 국가와 지역의 경계를 넘어 동일한 기준과 방법으로 ESG 성과를 측정하고 관리하고 있다. 변화는 기업과 구성원들에게 글로벌 수준의 업무 역량을 요구한다. 특히 주목할 점은 ESG 관점으로 업무를 바라보면 자연스럽게 국제적 기준과 방법론을 접하게 되고, 곧 글로벌 역량 향상으로 이어진다는 것이다. ESG는 단순한 규제 준수나 보고를 위한 기준이 아닌, 구성원들의 전문성을 글로벌 수준으로 끌어올리는 성장의 기회가 되고 있다.

❶ 글로벌 스탠다드로 수렴되는 ESG

국제지속가능성기준위원회(ISSB)의 등장은 ESG 업무의 글로벌 표준화를 잘 보여준다. ISSB는 2024년부터 적용되는 글로벌 ESG 공시 기준을 마련했으며, 전 세계 기업들의 ESG 관련 업무 수행 방식을 근본적으로 변화시키고 있다. 과거에는 국가별로 상이한 기준이 적용되었지만, 이제는 온실가스 프로토콜(GHG Protocol)과 같은 국제 표준이 사실상의 기준이 되었다.

이러한 변화는 실무자들의 역량 개발에도 새로운 방향을 제시한다. 예를 들어, 탄소배출량을 측정하고 감축 목표를 수립할 때는 전 세계가 동일한 기준과 방법론을 사용한다. 한국의 중소기업 담당자도 글로벌 기업의 담당자와 동일한 언어로 소통하고, 같은 기준으로 업무를 수행하게 된다. 곧 자연스럽게 국제적 수준의 전문성 개발로 이어지게 된다.

▶ 업무 영역의 확장과 전문성 강화

ESG 업무는 본질적으로 통합적 사고를 요구한다. 제품 설계자는 더 이상 제품의 기능성과 원가만을 고려할 수 없다. 제품의 환경 영향, 공급망의 인권 리스크, 자원 순환성 등을 종합적으로 고려해야 한다. 복합적 사고는 자연스럽게 업무 영역의 확장으로 이어진다.

독일의 BMW는 변화를 잘 보여준다. BMW의 전기차 배터리 개발 팀은 단순한 기술 개발을 넘어 글로벌 수준의 통합적 접근을 시도했다. 배터리의 성능과 원가뿐만 아니라, 원재료의 윤리적 조달, 생산 과정의 환경 영향, 재활용 가능성까지 종합적으로 고려했다. 이 과정에서 엔지니어들은 자연스럽게 국제 조달 기준, 환경 규제, 사회적 영향 평가 등 다양한 글로벌 표준을 습득하게 되었다. 한 분야의 전문가를 넘어 다양한 이해관계자들과 소통하고 협업할 수 있는 통합적 전문가로 성장한 것이다.

▶ 비전과 전략을 아우르는 글로벌 시각

지속가능경영보고서의 핵심 주제들은 대부분 글로벌 메가트렌드와 연결되어 있다. 기후변화, 생물다양성, 순환경제, 인권 등의 이슈는 국경을 초월한 협력과 대응을 필요로 한다. 글로벌 식음료 기업 다논의 'One Planet. One Health' 비전은 이러한 접근을 잘 보여준다. 다논의 지역 농산물 조달 담당자들은 현지 농부들과의 협력뿐만 아니라, 글로벌 식량 안보와 지속가능한 농업이라는 큰 그림을 고려하며 업무를 수행한다. 이 과정에서 자연스럽게 글로벌 비전과 전략적 사고가 발달한다.

특히 주목할 점은 이러한 경험이 개인의 경력 개발에도 큰 자산이 된다는 것이다. 글로벌 시장에서 ESG 역량을 갖춘 전문가들의 연봉이 일반 직무 대비 평균 15-20% 더 높게 형성되고 있다. 특히 금융, 제조, 에너지 등 탄소 집약적 산업에서 통합적 전문성을 갖춘 인재에 대한 수요가 급증하고 있다.

▶ 운영 시스템의 글로벌 스탠다드화

ESG 경영은 기업의 운영 시스템을 글로벌 수준으로 끌어올리는 계기가 된다. 국제 표준화기구(ISO)가 제시하는 다양한 경영시스템 표준들은 이미 글로벌 스탠다드로 자리잡았다. 환경경영시스템(ISO 14001)은 기업의 환경영향을 체계적으로 관리하기 위한 국제 표준으로, 환경목표 수립부터 성과 모니터링까지 전 과정에 대한 글로벌 기준을 제시한다. 관련된 다양한 국제 표준들을 도입하는 과정에서 기업과 구성원들은 자연스럽게 국제적 수준의 업무 역량을 갖추게 된다.

글로벌 화장품 기업 에스티 로더(Estée Lauder)의 사례는 이러한 변화의 효과를 잘 보여준다. 에스티 로더는 모든 생산시설에 에너지경영시스템(ISO 50001)을 도입했다. 처음에는 단순히 에너지 효율을 높이기 위한 시도였지만, 실제 적용 과정에서 더 큰 변화가 일어났다. 생산직 직원들은 에너지 사용량을 측정하고 분석하는 과정에서 데이터 기반의 의사결정 능력을 키웠다. 설비 엔지니어들은 글로벌 에너지 효율기준을 학습하며 국제적 수준의 전문성을 확보했다. 단순한 시스템 도입을 넘어 조직 전체의 역량 향상으로 이어진 것이다.

더 나아가 표준화된 시스템의 도입은 글로벌 협업의 기회를 넓힌다. 지멘스는 '지속가능 스마트 팩토리' 시스템을 구축했는데, 여러 ISO 표준들을 디지털 기술과 결합한 혁신적인 사례다. 이 시스템은 전 세계 200개 이상의 생산시설에서 공통된 운영 기준이 되었다. 그 결과 독일 본사의 엔지니어나, 중국 공장의 생산 담당자나 동일한 기준과 언어로 소통하게 되었다. 문제가 발생했을 때도 글로벌 차원의 신속한 대응이 가능해졌다. 한 공장에서 개발한 에너지 절감 방안을 다른 지역의 공장에서도 즉시 적용할 수 있게 된 것이다.

❷ 미래를 위한 핵심 역량의 개발

세계경제포럼(WEF)은 2024년 보고서에서 "미래의 모든 직무는 지속가능성 전문성을 요구할 것"이라 예측했다. 이미 현실이 되어가고 있다. ESG 관점의 업무 수행은 자연스럽게 미래 핵심 역량 개발로 이어지고 있다. 덴마크의 제약회사 노보 노디스크(Novo Nordisk)의 사례는 이러한 변화를 잘 보여준다. 이 회사의 연구원들은 의약품 개발 과정에서 치료 효과성뿐만 아니라 환경 영향까지 고려한다. 당뇨병 치료제 개발 시 약효는 물론이고 생산 과정의 환경 부하, 포장재의 지속가능성까지 연구 범위에 포함한다. 처음에는 부담스러운 변화였지만, 결과적으로 더 혁신적인 해결방안을 도출하는 원동력이 되었다.

글로벌 투자은행 모건스탠리(Morgan Stanley)는 이러한 변화를 금융 분야에서 선도하고 있다. 전통적인 재무분석가들의 업무가 크게 확장된 것이다. 이제 기업 분석 시 재무제표 검토만으로는 충분하지 않다. 탄소배출량, 물 사용량, 폐기물 관리, 인권 정책 등 ESG 요소들을 종합적으로 평가해야 한다. 이런 업무의 변화는 분석가들의 전문성을 한 단계 높이는 계기가 되었다. 특히 기후변화나 생물다양성과 같은 글로벌 이슈가 기업 가치에 미치는 영향을 분석하는 능력은 국제 금융시장에서 높은 가치를 인정받고 있다.

이런 변화들은 개인의 경력 개발에도 새로운 기회가 되고 있다. 특히 탄소자산 관리자(Carbon Asset Manager), 순환경제 전략가(Circular Economy Strategist)와 같은 새로운 직무들이 등장하면서, ESG 전문성은 글로벌 노동시장에서 핵심 경쟁력이 되고 있다.

▶ ESG 시대의 새로운 전문가상

ESG는 전통적인 '전문가'의 개념을 바꾸고 있다. 과거에는 각 분야의 전문성을 깊이 있게 발전시키는 'I자형 인재'가 중요했다면, ESG 시대에는 여러 분야를 넘나들며 통합적 해결책을 제시할 수 있는 'T자형 인재'가 필요하다. 예를 들어, 품질관리 담당자는 제품의 품질뿐만 아니라 원재료의 환경 영향, 생산 과정의 안전성, 폐기물 관리까지 고려해야 한다. 통합적 시각은 더 혁신적인 문제 해결 능력을 요구한다.

유니레버는 새로운 전문가상을 실현하고 있는 기업이다. '지속가능한 생활 계획(Sustainable Living Plan)'이라는 전략 아래, 모든 직원들이 자신의 전문 분야를 ESG 관점에서 재해석하도록 장려한다. 마케팅 담당자들은 단순히 제품 판매를 넘어 소비자의 지속가능한 생활방식 변화까지 고민한다. 연구개발팀은 제품 혁신과 환경 영향 저감을 동시에 추구한다. 이런 접근은 직원들의 전문성을 확장하는 동시에, 기업의 혁신 역량도 높이고 있다.

더욱 주목할 점은 통합적 전문성이 글로벌 시장에서 높은 가치를 인정받고 있다는 것이다. 채용시장에서는 ESG 관련 직무 공고가 2020년 대비 2024년에는 3배 이상 증가했으며, 전 산업에 걸쳐 나타나는 현상이다. 특히 금융, 제조, 에너지 등 탄소 집약적 산업에서 ESG 전문성을 갖춘 인재에 대한 수요가 급증하고 있다.

이러한 변화는 글로벌 경력 개발의 새로운 기회를 제공한다. ESG는 본질적으로 국제적인 이슈다. 기후변화, 생물다양성, 인권 등 ESG의 핵심 주제들은 국경을 초월한 대응을 필요로 한다. 따라서 ESG 전문성을 갖춘 인재들은 자연스럽게 글로벌 무대에서 활동할 기회를 얻게 된다. 세계 최대 자산운용사 블랙록(BlackRock)은 전 세계 모든 지역 사무소에 ESG 전문가를 배치하고 있으며, 이들은 지역별 특성을 고려하면서도 글로벌 스탠다드에 부합하는 투자 전략을 수립하고 있다.

▶ 변화하는 ESG 환경과 미래 준비

ESG 시대의 전문성은 지속적인 학습과 적응을 요구한다. 국제지속가능성기준위원회(ISSB)의 공시 기준은 매년 업데이트되고, 새로운 환경 규제와 사회적 요구사항들이 계속해서 등장하고 있다. 마이크로소프트는 이런 변화에 대응하기 위해 'ESG Academy'를 운영한다. 모든 직원들이 자신의 업무 영역에서 ESG 역량을 개발할 수 있도록 지원하는 것이다. 특히 주목할 만한 점은 교육이 단순한 지식 전달을 넘어 실제 업무 혁신으로 이어진다는 것이다.

글로벌 기업들과의 협력은 ESG 역량 개발의 또 다른 기회가 되고 있다. 예를 들어, 애플의 협력사들은 탄소중립 달성을 위한 기술 지원과 교육을 받으면서 자연스럽게 글로벌 수준의 환경 관리 역량을 갖추게 된다. 단순한 거래관계를 넘어 상호 성장의 기회가 되는 것이다. 실제로 많은 협력사들이 이런 경험을 바탕으로 다른 글로벌 기업들과의 거래도 확대하고 있다.

결국 ESG는 개인과 조직의 성장을 위한 새로운 기회다. ESG 관점으로 업무를 바라보고 글로벌 기준에 맞춰 일하는 과정에서 우리는 자연스럽게 국제적 수준의 전문성을 갖추게 된다. 단순한 규제 대응이나 보고서 작성을 위한 것이 아닌, 지속가능한 미래를 위한 필수적인 진화의 과정이다. ESG는 더 이상 특별한 무언가가 아니다. 글로벌 시장에서 경쟁력을 갖추고 새로운 기회를 창출하기 위한 기본적인 업무 역량이 되어가고 있다.

이처럼 ESG 관점의 업무 혁신은 개인과 조직 모두에게 글로벌 수준의 성장 기회를 제공한다. 단기적인 변화가 아닌, 미래의 지속가능한 성장을 위한 필수적인 여정이 되고 있다.

제6장

직무별 ESG 성과 창출하기

ESG는 모든 부서의 일상적인 업무 속에서 자연스럽게 만들어지는 성과다. 특별한 과제도, 전담 부서만의 업무도 아니다. 우리가 평소 하던 업무를 ESG 관점에서 바라보고 약간의 변화를 더하면, 의미 있는 성과를 창출할 수 있다.

1. 다양한 직무에서의 ESG 적용방안

기업의 ESG 경영은 특정 부서만의 책임이 아닌, 전사적 차원의 참여와 혁신이 필요한 영역이다. 각 부서가 자신의 고유 업무 영역에서 ESG 관점을 접목할 때, 기업은 진정한 의미의 지속가능경영을 실현할 수 있다. ESG는 더 이상 선택이 아닌 필수가 된 시대에서, 부서별 ESG 역량 강화는 곧 기업의 미래 경쟁력과 직결되기 때문이다.

특히 글로벌 선도 기업들의 사례를 보면, ESG 성과를 창출하는 부서들의 역할이 더욱 뚜렷하게 드러난다. 이들 기업은 각 부서의 고유 기능을 ESG와 효과적으로 연계하여 혁신을 이끌어내고 있다. 구매팀은 지속가능한 공급망을, 인사팀은 다양성과 포용성을, 생산팀은 환경 혁신을, 마케팅팀은 고객과의 ESG 소통을, 재무팀은 ESG 기반 가치 창출을 주도하며 각자의 영역에서 성과를 만들어내고 있다.

이에 본 장에서는 ESG 경영을 선도하는 대표적인 부서들의 구체적인 활동과 성과를 살펴보고자 한다. 글로벌 기업들의 실제 사례를 통해, 각 부서가 어떻게 ESG를 실천하고 있으며, 이를 통해 어떤 가치를 창출하고 있는지 상세히 알아보도록 하겠다. ESG 경영을 시작하거나 강화하고자 하는 기업들에게 실질적인 벤치마킹 포인트를 제공할 것이다.

❶ 공급망 혁신을 주도하는 구매팀

구매팀은 ESG 성과 창출의 핵심 부서 중 하나다. 물품을 구매하고 협력업체를 관리하는 과정에서 지속가능한 공급망을 구축할 수 있기 때문이다. 이케아는 구매팀이 주도한 '지속가능한 구매 프로그램'을 통해 의미 있는 변화를 이끌어냈다. 모든 목재 공급업체에 산림관리협의회(Forest Stewardship Council, FSC) 인증을 요구하고, 정기적인 ESG

평가를 실시했다. 이 프로그램의 노력으로 2023년 기준 이케아가 사용하는 목재의 98%가 지속가능한 방식으로 조달되고 있으며, 공급망에서 발생하는 탄소배출도 2018년 대비 15% 감소했다.

특히 구매팀의 역할은 중소 협력업체의 ESG 역량 강화에도 큰 영향을 미친다. 이케아는 협력업체들에게 단순히 기준 충족만을 요구하지 않았다. ESG 관련 교육과 기술 지원을 제공하고, 때로는 필요한 설비 투자 비용을 지원하기도 했다. 상생 협력은 전체 공급망의 지속가능성을 높이는 동시에, 협력업체들의 경쟁력 강화로도 이어졌다.

이케아의 '지속가능한 구매 프로그램'이 보여주듯, 공급망 ESG 관리는 명확한 기준 설정과 실질적 지원이 핵심이다. FSC 인증과 같은 객관적 기준을 단계적으로 도입하되, 협력사의 ESG 역량 강화를 위한 교육과 기술 지원이 병행되어야 한다. 특히 이케아가 설비 투자 비용을 지원한 것처럼, 상생의 관점에서 접근할 때 공급망 전반의 지속가능성이 효과적으로 향상될 수 있다.

❷ 다양성과 포용성을 선도하는 인사팀

인사팀의 ESG 성과는 주로 사회(S) 부문에서 두드러진다. 직원들의 다양성과 포용성을 높이고, 공정한 평가와 보상 체계를 구축하는 것이 핵심이다. 글로벌 소비재 기업 유니레버는 인사팀이 주도하여 '포용적 리더십 프로그램'을 운영하고 있다. 모든 관리자급 직원들이 무의식적 편견을 극복하고 다양한 인재를 포용하는 방법을 배우게 된다.

인사분야의 노력은 단순한 교육 프로그램 운영을 넘어선다. 채용 과정에서 블라인드 심사를 도입하고, 승진과 보상에서 성별과 나이 등에 따른 차별이 없도록 시스템을 개선했다. 또한 유연근무제와 육아휴직 제도를 강화하여 일과 삶의 균형을 지원했다. 그 결과 2023년 기준 유니레버의 여성 관리자 비율은 50%를 넘어섰고, 직원 만족도도 크게 향상됐다.

유니레버의 '포용적 리더십 프로그램'은 다양성과 포용성이 단순한 구호가 아닌 구체적인 실천으로 이어져야 함을 보여준다. 블라인드 심사 도입, 성별/나이 차별 없는 승진 시스템 구축 등 제도적 기반을 마련하고, 이를 뒷받침하는 교육 프로그램을 운영해야 한다. 유니레버가 달성한 50% 이상의 여성 관리자 비율은 목표 설정과 체계적인 육성의 중요성을 잘 보여주는 사례다.

❸ 환경 혁신을 이끄는 생산팀

생산팀은 기업의 환경(E) 성과를 이끄는 핵심 주체다. 에너지 사용을 줄이고, 폐기물을 감소시키며, 자원을 효율적으로 사용하는 것이 주요 과제다. 독일의 화학기업 바스프(BASF)는 생산팀의 '순환경제 프로젝트'를 통해 큰 성과를 거뒀다. 생산 공정에서 발생하는 부산물을 다른 제품의 원료로 재활용하고, 에너지 효율을 높이기 위해 공정을 개선했다. 이를 통해 2023년 한 해 동안 운영비용을 12% 절감했고, 탄소배출량도 20만 톤 이상 감축했다.

생산팀의 ESG 혁신은 제품 설계 단계부터 시작된다. 바스프는 '켐사이클링(ChemCycling: Chemical + Recycling의 합성어)' 기술을 도입하여 플라스틱 폐기물을 화학적으로 분해해 새로운 원료로 재활용하는 시스템을 구축했다. 단순한 환경 보호를 넘어 새로운 비즈니스 기회가 됐다. 재활용 원료로 만든 제품에 대한 수요가 증가하면서 새로운 수익원이 창출된 것이다.

바스프의 '순환경제 프로젝트'와 '켐사이클링' 기술은 환경 혁신이 비용 절감을 넘어 새로운 사업 기회가 될 수 있음을 보여준다. 생산 공정의 부산물을 재활용하고 에너지 효율을 개선하는 것부터 시작해, 점진적으로 혁신적인 친환경 기술 개발로 나아가는 것이 바람직하다. 운영 비용 절감과 탄소배출 감축이라는 이중 효과를 가져올 수 있다.

❹ 고객과 소통하는 마케팅팀의 역할

마케팅팀은 기업의 ESG 활동을 고객들과 소통하는 창구다. 필립스는 마케팅팀이 주도하여 '지속가능한 소비' 캠페인을 전개했다. 에너지 효율이 높은 제품의 장점을 알리고, 제품의 수리와 재활용 방법을 고객들에게 안내했다. 또한 과대 포장을 줄이고 재활용 가능한 포장재를 사용하는 등 제품 패키징도 개선했다.

특히 주목할 만한 것은 필립스의 '제품 서비스화' 전략이다. 마케팅팀은 단순히 제품을 판매하는 것이 아니라, 제품의 사용권을 대여하는 서비스 모델을 개발했다. 예를 들어, 조명을 판매하는 대신 '조명 서비스'

를 제공하는 것이다. 고객은 초기 비용 부담 없이 에너지 효율적인 조명을 사용할 수 있고, 필립스는 제품의 수명주기 전반에 걸쳐 지속적인 관리와 최적화를 제공한다. 자원 효율성을 높이는 동시에 안정적인 수익 모델이 됐다.

필립스의 '지속가능한 소비' 캠페인이 성공할 수 있었던 것은 제품의 환경성과 경제성을 효과적으로 연결했기 때문이다. 에너지 효율이 높은 제품의 경제적 이점을 구체적으로 제시하고, '제품 서비스화' 전략으로 고객의 부담을 줄이면서 지속가능한 소비를 촉진했다. 이처럼 ESG 커뮤니케이션은 환경적 가치와 고객 가치를 동시에 전달할 때 더욱 효과적이다.

❺ 재무적 가치를 창출하는 재무팀

재무팀의 ESG 역할은 점점 더 중요해지고 있다. 글로벌 금융시장에서 ESG 요소가 투자 결정의 핵심 기준이 되면서, 재무팀은 ESG 성과와 재무적 가치를 연결하는 역할을 한다. 다논은 재무팀이 주도하여 'ESG 연계 금융'을 적극 활용하고 있다. ESG 성과에 따라 이자율이 변동하는 대출을 도입하고, 탄소배출 감축 목표와 연계된 채권을 발행했다.

혁신적인 금융 전략은 실질적인 비용 절감으로 이어졌다. 2023년 다논이 발행한 ESG 연계 채권의 금리는 일반 회사채보다 0.3%p 낮았다. 또한 재무팀은 탄소배출권 거래제도를 활용하여 추가적인 수익도 창출했다. 생산 공정의 탄소배출 저감으로 확보한 배출권을 거래하여 연간 500만 유로의 수익을 올린 것이다.

다논의 ESG 연계 금융 전략은 ESG 성과가 실질적인 재무적 이익으로 이어질 수 있음을 보여준다. ESG 연계 대출과 채권 발행을 통해 자금조달 비용을 낮추고, 탄소배출권 거래로 추가 수익을 창출한 사례는 주목할 만하다. ESG 성과를 재무적 가치로 연결하는 체계를 구축하고, 이를 바탕으로 다양한 ESG 금융상품을 전략적으로 활용하는 것이 필요하다.

2. ESG 성과 측정과 관리

ESG 성과를 효과적으로 관리하기 위해서는 체계적인 측정과 모니터링이 필수적이다. 하지만 많은 기업들이 새로운 성과관리 체계를 구축하는 것에 부담을 느낀다. 실제로는 기존의 성과관리 프레임워크에 ESG 요소를 통합하는 것만으로도 충분히 효과적인 관리가 가능하다.

성과 관리와 관련되어 기업들이 널리 활용하는 성과관리 프레임워크인 BSC(Balanced Scorecard), MBO(Management by Objectives), OKR(Objectives and Key Results)에 ESG 요소를 어떻게 통합할 수 있는지 살펴볼 것이다. 또한 부서별 KPI에 ESG 지표를 반영하는 방법과 이를 통해 조직의 ESG 목표를 달성한 기업들의 사례도 함께 살펴보고자 한다. 또한 ESG 성과 데이터를 수집하고 분석하는 효율적인 방법과 이를 의사결정에 활용하는 방안도 제시한다.

❶ 기존 성과관리 체계에 ESG 통합하기

균형성과표(Balanced Scorecard Sheet, BSC)는 하버드 비즈니스 스쿨의 로버트 캐플런과 데이비드 노턴이 개발한 성과관리 도구로써 그동안 단순히 재무적 성과만을 측정하던 기존 방식의 한계를 극복하고자 재무, 고객, 내부프로세스, 학습과 성장이라는 네 가지 관점에서 조직의 성과를 종합적으로 관리하는 방법을 제시했다. 이후 전 세계 60% 이상의 기업들이 BSC를 활용할 만큼 검증된 성과관리 도구라 할 수 있다.

BSC의 강점은 바로 이 균형적인 시각에 있는데, 재무적 성과는 과거의 결과를 보여주지만, 고객 만족도나 직원 역량 같은 비재무적 지표들은 미래의 성과를 예측하게 해준다. 특히 ESG 성과 관리와 자연스럽게 연결될 수 있어 사용이 용이하다. 예를 들어, '내부 프로세스' 관점에 탄소배출량이나 용수 사용량 같은 환경 지표를, '고객' 관점에 제품의 친환경성이나 사회적 영향을, '학습과 성장' 관점에 ESG 관련 직원 교육이나 혁신 활동을 포함할 수 있다.

네슬레는 2020년부터 BSC에 ESG 요소를 적극적으로 통합했다. 기존의 4가지 관점을 유지하면서도, 각 관점에 ESG 지표들을 추가했다. 재무 관점에는 ESG 연계 투자 수익률을, 고객 관점에는 지속가능한 제품 비중을, 내부 프로세스 관점에는 재생에너지 사용률과 용수 재활용률을, 학습과 성장 관점에는 ESG 역량 교육 이수율을 포함시켰다. 이를 통해 ESG 성과 관리가 기존 경영 프로세스에 자연스럽게 통합됐다.

❷ 목표관리제(MBO)로 ESG 성과 달성하기

MBO(MBO: Management by Objectives)는 피터 드러커가 제시한 성과관리 방식으로, 조직의 목표를 구성원들의 개별 목표로 구체화하고 그 달성 여부를 평가하는 시스템이다. 상사와 부하가 함께 목표를 설정하고 주기적으로 진행 상황을 점검하며, 결과에 따라 보상이 결정된다. 구성원들의 자발적 참여를 끌어내고 목표 달성에 대한 책임감을 높일 수 있다는 것이 장점이다.

MBO를 ESG 성과 관리에 활용하면 전사적인 참여를 이끌어낼 수 있다. 예를 들어, '2030년까지 탄소배출 50% 감축'이라는 조직의 목표는 생산팀의 '에너지 효율 20% 개선', 구매팀의 '친환경 원자재 조달 비중 30% 확대' 등 부서별 목표로 구체화된다. 각 구성원은 목표 달성에 기여할 수 있는 개인별 목표를 설정하게 된다.

유니레버는 MBO를 통해 ESG 목표를 전사적으로 확산시켰다. 모든 관리자의 성과 목표에 ESG 요소를 필수적으로 포함시키고, 이를 연간 성과 평가와 보상에 반영했다. 특히 주목할 만한 점은 ESG 목표의 달성 여부가 단순히 수치로만 평가되지 않는다는 것이다. 목표 달성을 위한 혁신적인 아이디어 제안이나 부서 간 협력 노력도 중요한 평가 요소가 된다.

❸ OKR로 ESG 혁신 가속화하기

OKR(Objectives and Key Results)은 구글이 도입해 성공을 거둔 이후 전 세계 혁신 기업들이 채택한 성과관리 방식이다. 목표(Objectives)는 도전적이고 영감을 주는 정성적 목표를, 핵심결과(Key Results)는 이를 측정할 수 있는 구체적인 지표를 의미한다. MBO가 100% 달성을 전제로 한다면, OKR은 60-70%의 달성도를 이상적으로 보는 것이 특징이다. 구성원들이 더 도전적인 목표에 도전하도록 장려하기 위함이다.

OKR의 특성은 ESG 혁신을 추진하는 데 매우 효과적이다. ESG는 기존의 방식으로는 해결하기 어려운 도전적인 과제들을 포함하고 있기 때문이다. 예를 들어, '2025년까지 모든 제품 패키지를 생분해성 소재로 전환'이라는 목표(O)는 '신규 생분해성 소재 3종 개발', '생분해성 패키지 비중 60% 달성', '패키지 생산 비용 20% 절감' 등의 핵심결과 (KR)로 구체화될 수 있다.

마이크로소프트는 2030년까지 탄소 네거티브를 달성하겠다는 도전적인 목표를 OKR을 통해 관리하고 있다. 각 부서는 분기별로 탄소 감축과 관련된 OKR을 설정하고, 이를 달성하기 위한 혁신적인 방안을 모색한다. 실패를 두려워하지 않는 OKR의 특성 덕분에 태양광 발전, AI 기반 에너지 최적화, 탄소 포집 기술 등 혁신적인 시도들이 계속되고 있다.

❹ KPI에 ESG 지표 통합하기

핵심성과지표(KPI: Key Performance Indicator)는 조직과 개인의 성과를 측정하는 가장 기본적인 도구로 활용되고 있다. 기업들은 이미 매출액, 영업이익률, 고객만족도 등 다양한 KPI를 통해 성과를 관리하고 있다. 여기에 ESG 지표를 추가하는 것은 ESG 성과 관리의 가장 실용적인 방법이라 할 수 있다.

하지만 중요한 것은 각 부서의 특성에 맞는 ESG KPI를 선정하는 것이다.

표 41. 부서별 주요 ESG 관련 KPI

부서	ESG KPI
생산팀	• 에너지 사용량 • 용수 사용량 • 폐기물 발생량 • 재활용률
구매팀	• ESG 평가 완료 협력사 비율 • 친환경 인증 원자재 구매 비중
인사팀	• 여성 관리자 비율 • 산업재해율 • 직원 교육시간 • 이직률
마케팅팀	• 친환경 제품 매출 비중 • 패키지 재활용률 • 고객 ESG 만족도
재무팀	• ESG 투자 수익률 • 탄소배출권 거래 수익 • 지속가능채권 발행액

메르세데스-벤츠는 ESG 성과를 경영 평가에 반영하며 전사적 ESG 경영을 추진하고 있다. 경영진과 임직원의 성과 평가에 ESG 관련 지표를 포함시켜 책임감을 강화하고 있다.

❺ 애자일(Agile) 방식으로 ESG 혁신 가속화하기

애자일은 소프트웨어 개발 분야에서 시작된 프로젝트 관리 방식이다. 긴 계획을 세우고 한 번에 큰 결과물을 만드는 대신, 2-4주 단위의 짧은 주기로 작은 성과를 만들어가는 것이 특징이다. '실패해도 빨리 실패하자(Fail Fast)'라는 철학을 바탕으로, 빠른 시도와 학습을 통해 혁신을 이끌어내는 방식이다.

애자일 방식은 ESG 과제 해결에도 매우 효과적이다. ESG는 전례 없는 도전 과제들을 다루기 때문에, 완벽한 계획을 세우고 실행하기보다는 작은 시도들을 통해 점진적으로 해결책을 찾아가는 것이 현실적이다. 네덜란드의 글로벌 전자기업 필립스(Philips)는 애자일 방식을 활용해 '순환경제' 전환을 추진하고 있다. 2주 단위의 '스프린트'로 나누어 구체적인 과제들을 해결해 나가는데, 예를 들어 한 스프린트에서는 특정 제품의 재활용 가능한 패키지를 개발하고, 다음 스프린트에서는 이를 생산 공정에 적용하는 식이다.

특히 디지털 기술과 ESG를 접목하는 프로젝트에서 애자일 방식이 주목받고 있다. 세계 최대 클라우드 서비스 기업인 미국의 아마존웹서비스(AWS, Amazon Web Services)는 데이터센터의 에너지 효율화를 위해 애자일 방식의 'Green Innovation Sprint'를 운영한다. 2주마다 새로운 에너지 절감 아이디어를 테스트하고, 효과가 검증된 방안은 즉시 다른 데이터센터에도 적용한다. 빠른 실행과 확산이 가능한 것은 애자일 방식의 강점 덕분이다.

이렇게 기존 성과관리 방식들을 ESG에 적용할 때는 각 방식의 장단점을 고려해 기업의 상황에 맞게 선택하거나 조합하는 것이 중요하다. BSC는 종합적인 관리에, MBO는 책임감 있는 실행에, OKR은 혁신적인 도전에, 애자일은 빠른 학습과 적용에 특히 효과적이다. 많은 선진 기업들이 애자일 방식들을 상호 보완적으로 활용하고 있다.

❻ OKRLI로 ESG 성과의 실행력 높이기

OKRLI(Objectives, Key Results, Lead measures, Initiatives)는 기존 OKR의 한계를 보완하기 위해 최근 등장한 성과관리 방식이다. OKR이 목표 설정에는 효과적이지만, 실행 단계에서 구체성이 부족하다는 한계가 있었다. OKRLI는 여기에 선행지표(Lead measures)와 실행계획(Initiatives)을 추가해 실행력을 강화했다.

예를 들어, '2025년까지 탄소배출 30% 감축'이라는 목표(O)와 이를 측정하는 핵심결과(KR)가 있다면, OKRLI에서는 여기에 이 목표 달성에 영향을 미치는 선행지표(L)로 '재생에너지 설비 설치율', '에너지 효율화 시설 투자액' 등을 설정한다. 그리고 이런 선행지표를 개선하기 위한 구체적인 실행계획(I)으로 '태양광 패널 설치', '노후 설비 교체' 등을 수립한다.

네슬레(Nestlé)는 2022년부터 OKRLI 방식을 도입해 ESG 목표 관리를 고도화했다. 특히 공급망의 지속가능성 향상을 위해 이 방식을 활용했다.

- 목표(O): 2025년까지 주요 원재료의 100% 추적가능성 확보
- 핵심결과(KR): 원산지 추적 가능 원재료 비중 95% 달성
- 선행지표(L): 블록체인 기반 추적 시스템 도입률, 협력사 데이터 연동률
- 실행계획(I): 협력사 대상 시스템 교육, 인센티브 제도 도입

OKRLI 방식의 도입으로 네슬레는 ESG 목표의 실행 관리가 더욱 체계화되었고, 목표 달성 가능성도 높아졌다.

3. ESG 성과관리의 단계별 진화 모델

ESG 성과관리를 시작하는 기업들이 가장 많이 하는 고민이 있다. "어디서부터, 어떻게 시작해야 할까?" ESG는 너무 범위가 넓고, 글로벌 기업들의 사례는 우리 기업과는 거리가 멀어 보인다. 하지만 모든 기업이 처음부터 완벽한 시스템을 갖춘 것은 아니다. 글로벌 선도 기업들도 처음에는 작은 변화부터 시작해 단계적으로 발전해 왔다.

❶ 시작 단계: 작은 실천으로 시작하는 ESG

"천리 길도 한 걸음부터"라는 말처럼, ESG 성과관리도 작은 것부터 시작하면 된다. 글로벌 기업들의 화려한 시스템을 모방하려 하기보다는 우리 기업의 현실에 맞는 작은 변화부터 시도해 보자.

가장 먼저 할 일은 현재 상황을 파악하는 것이다. 우리 회사가 이미하고 있는 ESG 활동은 무엇일까? 생각보다 많은 기업들이 이미 ESG 활동을 하고 있다. 에너지 절약, 폐기물 분리수거, 직원 안전 관리, 협력사와의 상생은 모두 ESG 활동이다. 다만 이를 ESG라는 관점에서 바라보지 않았을 뿐이다.

두 번째는 측정이 쉬운 것부터 시작하는 것이다. 전기 사용량, 용수 사용량, 폐기물 발생량 같은 기본적인 환경 지표들은 이미 데이터가 있다. 매월 나오는 고지서만 모아도 시작할 수 있다. 산업안전 관련 지표나 직원 교육 시간 같은 사회 지표들도 인사팀이나 총무팀에 자료가 있을 것이다. 이런 기존 데이터들을 모아서 엑셀로 정리하는 것부터 시작하자.

글로벌 기업의 성공 사례를 우리 기업에 맞게 축소하여 적용하는 것도 좋은 방법이다. 유니레버가 사용하는 애자일 방식을 단순화해서 적용할 수 있다. 매월 하나씩 ESG 개선 과제를 선정하고, 2주 단위로 작은 실험을 해보는 것이다. 생산팀에서는 "이번 달은 전기 사용량을 줄여보자"는 목표를 세우고, 2주 동안 간단한 실천을 해보는 것이다. 성공과 실패 경험을 기록하고, 효과가 있는 방법은 계속 이어가면 된다.

시작 단계에서 성공하기 위한 핵심 포인트들을 요약하면 다음과 같다.

▶ 쉽고 명확한 목표 설정

너무 큰 목표는 오히려 실천 의지를 떨어뜨린다. "2030년까지 탄소 배출 50% 감축" 같은 거창한 목표보다는 "이번 달 전기 사용량 5% 줄이기"처럼 구체적이고 달성 가능한 목표를 세우자. 목표는 반드시 숫자로 측정 가능해야 한다. "친환경 경영 실천"이라는 추상적인 목표보다는 "이면지 사용률 30% 달성"과 같이 명확한 목표가 효과적이다.

▶ 직원 참여 유도

ESG는 특정 부서나 담당자만의 책임이 아니다. 모든 직원이 참여할 수 있는 작은 실천거리를 만들자. 분리수거 도우미, 에너지 지킴이 같은 역할을 돌아가면서 맡게 하거나, 부서별 ESG 실천 아이디어 공모전을 여는 것도 좋은 방법이다. 특히 MZ세대 직원들은 ESG에 대한 관심과 실천 의지가 높다. 이들의 아이디어와 열정을 적극 활용하자.

▶ 즉각적인 피드백

성과는 바로바로 공유되어야 한다. 매주 또는 매월 실천 결과를 게시판에 공지하고, 우수 사례는 적극적으로 칭찬하자. 에너지 사용량이 줄어들면 절감된 비용을 직원 복지에 환원하는 것도 동기부여가 된다. 실패한 시도도 숨기지 말고 공유하여 모두가 함께 배울 수 있게 하자.

▶ 기존 시스템 활용

처음부터 새로운 시스템을 구축할 필요는 없다. 그룹웨어의 게시판을 활용해 성과를 공유하고, 사내 메신저로 ESG 실천 팁을 공유하면 된다. 품질관리나 안전관리 점검 항목에 ESG 항목을 추가하는 것도 좋은 방법이다. 기존 회의체에서 ESG 성과를 5분만 리뷰하는 것만으로도 충분하다.

▶ 비용 절감 효과 강조

ESG는 비용이 아닌 투자라는 인식을 심어주자. 에너지 절약, 폐기물 감소, 자원 재활용은 모두 비용 절감으로 이어진다. 실제 절감된 비용을 계산해서 공유하면 경영진의 지지도 얻을 수 있다. ESG 실천이 재무성과로 이어진다는 것을 구체적 숫자로 보여주는 것이 중요하다.

작은 시작들이 모여 ESG 성과관리의 기반이 된다. 완벽하지 않아도 괜찮다. 실천하면서 배우고, 배우면서 발전하면 된다. 중요한 것은 지금 당장 시작하는 것이다.

❷ 성장 단계: 전사적 확산과 체계화

시작 단계에서 작은 성공을 경험한 기업은 이제 ESG 성과관리를 보다 체계적으로 발전시킬 준비가 되었다. 성장 단계에서는 개별 부서의 실천을 전사적으로 확산하고, 성과관리 체계를 보다 정교화하는 것이 핵심이다.

▶ 부서별 ESG 성과관리 체계 구축

각 부서의 특성에 맞는 ESG 성과관리 방식을 도입한다. 생산팀은 OKRLI 방식을 단순화하여 적용할 수 있다.

- 목표(O): 생산공정의 환경영향 최소화
- 핵심결과(KR): 에너지 사용량 10% 감축
- 선행지표(L): 노후설비 교체율, 에너지 효율 진단 완료율
- 실행계획(I): 월별 설비 점검, 작업자 교육

구매팀은 협력사 ESG 평가 체계를 단계적으로 도입해 나간다. 처음에는 핵심 협력사를 대상으로 간단한 체크리스트를 시작하고, 점차 평가 항목과 대상을 확대한다. 평가 결과는 협력사 선정과 관리에 반영하되, 갑작스러운 변화로 협력사들이 부담을 느끼지 않도록 충분한 준비 기간을 준다.

▶ 데이터 관리 체계 고도화

엑셀로 시작했던 데이터 관리를 보다 체계화한다. 기존 ERP 시스템에 ESG 데이터 입력 항목을 추가하거나, 간단한 웹 기반 시스템을 구축할 수 있다. 중요한 것은 데이터의 정확성과 일관성이다. 데이터 입력 담당자를 지정하고, 표준화된 측정 방식과 입력 양식을 만들어야 한다.

독일의 중견 화학기업 랑세스(LANXESS)는 기존 ERP 시스템에 ESG 모듈을 추가하는 방식으로 데이터 관리를 성공적으로 고도화한 사례로 손꼽히고 있다. 각 공장의 에너지 사용량, 용수 사용량, 폐기물 발생

량이 자동으로 시스템에 입력되고, 매월 리포트가 자동 생성된다. 이를 통해 데이터 수집에 들어가는 시간과 노력을 크게 줄일 수 있었다.

▶ 성과 평가와 보상 체계 연계

ESG 성과를 기존 성과 평가 체계에 통합한다. 처음에는 가점 형태로 시작할 수 있다. ESG 개선 활동에 적극적으로 참여하거나 우수한 성과를 낸 직원과 부서에 추가 점수를 부여하는 것이다. 점차 ESG 성과의 비중을 높여가되, 평가 기준은 명확하고 공정해야 한다. ESG 성과에 대한 보상도 다음과 같이 다양한 형태가 가능하다.

- 우수 부서/직원 포상
- ESG 성과 수당 지급
- 절감된 비용의 일부를 인센티브로 환원
- ESG 교육/연수 기회 제공
- 사내 인증/배지 수여

▶ 이해관계자와의 소통 강화

ESG 성과를 내부 구성원뿐만 아니라 외부 이해관계자와도 공유한다. 고객, 협력사, 지역사회와 소통하는 것은 ESG 경영의 중요한 부분이다. 단, 과장된 홍보나 그린워싱은 피해야 한다. 실제 성과를 바탕으로 진정성 있는 소통을 해야 한다. 소통 방법은 다음과 같이 다양하다.

- 홈페이지에 ESG 성과 페이지 개설

- 협력사 간담회에서 ESG 성과 공유
- 지역사회와 환경보호 활동 공동 진행
- SNS를 통한 ESG 활동 스토리텔링
- 언론 보도자료 배포

▶ **전문성 강화와 교육 체계화**

ESG 실무자들의 전문성을 높이는 것이 중요하다. 외부 교육 참가, 전문가 초청 강연, 우수기업 벤치마킹 등을 통해 지속적인 학습이 필요하다. 전 직원 대상으로는 ESG의 기본 개념과 실천 방법에 대한 교육을 정기적으로 실시한다.

❸ 성숙 단계: ESG를 기업 문화로 정착시키기

성숙 단계는 ESG 성과관리가 특별한 과제나 활동이 아닌, 기업 문화이자 일하는 방식으로 자리잡는 단계다. 모든 의사결정과 업무 수행 과정에서 ESG가 자연스럽게 고려되며, 기업의 경쟁력 강화로 이어진다.

기업 문화로의 정착 성숙 단계에서 가장 중요한 것은 ESG를 기업의 정체성으로 받아들이는 것이다. 더 이상 ESG는 선택이 아닌 필수이며, 비용이 아닌 기회로 인식된다. 노보 노디스크(Novo Nordisk)의 'Circular for Zero' 전략은 모든 경영 활동에 순환경제 원칙을 적용하는 것으로써 신제품 개발 단계에서부터 환경 영향을 고려하고, 생산 공정의 모든 폐기물을 재활용하며, 포장재는 100% 재생 가능한 소재를 사용한다. 이렇게 시작된 노력은 비용 절감뿐만 아니라, 기업 이미지 제고와 신규 시장 개척으로 이어졌다.

데이터 기반의 의사결정 성숙 단계에서는 ESG 데이터가 경영 의사결정의 핵심 요소가 된다. 투자 결정, 신규 사업 검토, 설비 도입 등 주요 의사결정 과정에서 ESG 영향이 필수적으로 고려된다. 이케아는 'ESG Impact Calculator'를 개발하여 모든 신규 프로젝트의 환경·사회적 영향을 정량적으로 평가한다. 이를 통해 리스크를 사전에 파악하고, 더 지속가능한 방향으로 사업을 발전시켜 나가고 있다.

혁신의 원동력으로 활용 ESG는 단순한 리스크 관리 차원을 넘어 비즈니스 혁신의 동력이 된다. 환경 문제 해결을 위한 새로운 기술 개발, 사회 문제 해결을 위한 새로운 비즈니스 모델 창출 등이 가능하다. 다논은 'One Planet, One Health' 비전 아래, 건강한 식품과 지속가능한 농업을 연계한 새로운 비즈니스 모델을 만들어냈다. 유기농 원료 사용 확대, 재생농업 도입, 영양가 높은 저가 제품 개발 등을 통해 사회적 가치와 경제적 가치를 동시에 창출하고 있다.

이해관계자와의 협력 강화 성숙 단계에서는 협력사, 고객, 지역사회 등 다양한 이해관계자들과 ESG 가치를 공유하고 협력하는 수준이 한층 높아진다. 단순한 소통을 넘어 공동의 목표를 설정하고 함께 해결방안을 모색한다. 협력사의 ESG 역량 향상을 위한 기술 지원, 금융 지원도 활발히 이루어진다. 필립스는 'Supplier Sustainability Program'을 통해 협력사들의 ESG 혁신을 적극 지원한다. 교육 프로그램 제공, 우수 사례 공유, 공동 기술 개발 등 다양한 방식으로 협력이 이루어진다.

ESG 리더십 확보 성숙 단계의 기업들은 산업 내 ESG 리더십을 확보하게 된다. 모범적인 ESG 경영 사례로 인정받으며, 다른 기업들의 벤치마킹 대상이 된다. 기업의 브랜드 가치와 시장 경쟁력 향상으로 이어진다. 또한 정부 정책이나 산업 표준 수립에도 영향력을 행사할 수 있게 된다. 리더십은 단순히 규모가 크다고 얻어지는 것이 아니라, 진정성 있는 ESG 경영의 결과로 얻어진다는 점이 중요하다.

❹ ESG 성과관리의 핵심 요약과 제언

ESG 성과관리는 기업의 규모나 업종에 관계없이 모든 기업이 직면한 과제다. 하지만 반드시 거창하거나 완벽한 시스템부터 시작할 필요는 없다. 각 기업의 상황에 맞게 단계적으로 발전시켜 나가면 된다. 시작 단계에서는 측정 가능한 간단한 지표부터, 성장 단계에서는 체계적인 관리 시스템 구축을, 성숙 단계에서는 기업 문화로의 정착을 목표로 하면 된다.

성공적인 ESG 성과관리를 위한 다섯 가지 제언을 제시한다.

첫째, ESG는 특별한 무언가가 아니다. 우리가 평소 하는 업무를 ESG 관점에서 바라보고 개선하는 것이다. 에너지 절약, 안전관리, 직원 복지 등 이미 하고 있는 활동들을 ESG 관점에서 체계화하는 것부터 시작하면 된다.

둘째, 데이터에 기반한 관리가 필요하다. 측정할 수 없으면 관리할 수 없다. 처음에는 간단한 지표라도 꾸준히 측정하고 기록하는 것이 중요하다. 이러한 방식으로 데이터가 쌓이면서 보다 정교한 성과관리가 가능해진다.

셋째, 구성원들의 참여가 핵심이다. ESG는 특정 부서나 담당자만의 책임이 아니다. 모든 구성원이 일상 업무에서 ESG를 실천할 수 있도록 교육하고, 성과를 인정하고 보상하는 체계가 필요하다.

넷째, 진정성이 중요하다. ESG는 단순한 홍보나 이미지 관리 차원이 아니다. 실질적인 변화와 개선이 있어야 한다. 때로는 단기적인 비용 증가나 불편함이 있을 수 있지만, 장기적으로는 기업의 지속가능한 성장을 위한 필수 요소임을 인식해야 한다.

다섯째, 꾸준함이 성공의 열쇠다. ESG는 단기간에 성과를 낼 수 있는 과제가 아니다. 작은 것부터 시작해 꾸준히 발전시켜 나가는 것이 중요하다. 실패를 두려워하지 말고, 시행착오를 통해 배우고 성장하는 자세가 필요하다.

ESG는 이제 선택이 아닌 필수가 되었다. 하지만 부담이나 제약이 아닌, 새로운 기회이자 혁신의 동력이 될 수 있다. 체계적인 성과관리를 통해 ESG를 기업의 경쟁력으로 발전시켜 나가는 것이 앞으로의 과제다. 우리 기업의 현실에 맞는 단계부터 시작해, 점진적으로 발전시켜 나간다면 충분히 달성 가능한 목표다.

제7장

ESG
커뮤니케이션과 보고

기업의 ESG 경영이 본격화되면서 많은 기업들이 지속가능경영보고서를 발간하고 있다. 하지만 단순히 연말에 보고서 하나를 발간하는 것으로는 ESG 경영의 진정한 가치를 이해관계자들에게 전달하기 어렵다. ESG는 기업을 둘러싼 모든 이해관계자들과 밀접하게 연결되어 있으며, 각각의 이해관계자마다 기업에 바라는 기대와 관심사가 매우 다르기 때문이다.

투자자들은 ESG 활동이 기업의 재무성과에 미치는 영향에 관심이 있는 반면, 소비자들은 제품이 환경과 사회에 미치는 영향을, 직원들은 기업의 사회적 책임과 근무환경 개선에 더 주목한다. 복잡한 이해관계를 효과적으로 관리하고 소통하기 위해서는 체계적인 전략이 필요하다.

1. 이해관계자별 ESG 소통 전략

❶ 이해관계자별 맞춤형 소통의 중요성

ESG 커뮤니케이션의 핵심은 각 이해관계자의 특성과 니즈를 정확히 파악하고, 이에 맞는 맞춤형 소통 전략을 수립하는 것이다. 글로벌 자산운용사 블랙록은 2021년부터 포트폴리오 기업들에게 파리기후협약에 부합하는 탄소중립 전략과 구체적인 이행 계획을 공개할 것을 요구하고 있다. 기업의 기후변화 대응 능력이 미래 기업가치를 좌우하는 핵심 요소가 될 것이라는 판단 때문이다.

네슬레는 투자자들의 요구에 대응하여 분기별 ESG 성과 브리핑을 도입했다. 이 브리핑에서는 단순한 ESG 활동 보고를 넘어, 각 활동이 기업의 재무성과와 리스크 관리에 어떤 영향을 미치는지 구체적인 데이터와 함께 설명한다. 예를 들어 재생에너지 투자가 장기적으로 에너지 비용을 얼마나 절감할 수 있는지, 공급망의 ESG 관리가 원자재 수급 안정성에 어떤 도움이 되는지 등을 상세히 공개한다. 노력의 결과로 네슬레는 2023년 주요 ESG 평가기관들로부터 등급 상승을 이끌어냈고, 주가 상승으로 이어졌다.

▶ ESG 소통을 통한 브랜드 가치 제고

소비자들과의 ESG 소통은 또 다른 접근이 필요하다. H&M의 '클로즈 더 루프(Close the Loop)' 프로그램은 소비자 맞춤형 ESG 소통의 좋은 예시다. 이 프로그램은 단순한 의류 수거를 넘어 순환경제의 가치를 소비자들과 공유하는 플랫폼으로 발전했다. 매장에 설치된 수거함은 단순한 수거 장소가 아닌 교육의 장이 되었다. 수거함 주변에 설치된 디지털 스크린을 통해 의류 재활용 과정과 환경적 효과를 실시간으로 보여주며, 소비자들이 자신의 참여가 만드는 변화를 직접 확인할 수 있게 했다.

더 나아가 H&M은 수거된 의류로 만든 새로운 제품 라인 '컨셔스 컬렉션(Conscious Collection)'을 출시하며, 제품 태그에 QR코드를 삽입했다. 소비자들은 이 QR코드를 통해 해당 제품에 사용된 재활용 소재의 양, 절약된 물과 에너지양, 탄소배출 저감 효과 등을 확인할 수 있다. 특히 이와 관련된 정보는 일반 소비자들도 쉽게 이해할 수 있도록 인포그래픽으로 제작되었다. 예를 들어 "이 티셔츠 한 장으로 절약된 물의 양은 성인 1명이 3일 동안 사용할 수 있는 양과 같습니다"와 같은 직관적인 설명을 제공한다.

소비자 중심의 ESG 소통은 큰 성과를 거두었다. H&M의 2023년 조사에 따르면 '클로즈 더 루프' 프로그램 참여 경험이 있는 고객의 브랜드 충성도가 비참여 고객 대비 무려 40%이상 높게 나타났다. 특히 MZ세대 사이에서 H&M은 '지속가능한 패션을 선도하는 브랜드'로 인식되며, 매출 증가로 이어졌다.

▶ 협력사와의 ESG 소통: 공급망 전체의 경쟁력 강화

협력사와의 ESG 소통은 더욱 세심한 전략이 필요하다. 특히 중소 협력사들의 경우 ESG 대응 역량이나 자원이 부족한 경우가 많아, 단순히 기준을 제시하고 이행을 요구하는 것만으로는 효과적인 변화를 이끌어내기 어렵다. 애플의 'Clean Energy Program'은 이러한 현실을 고려한 협력사 ESG 소통의 모범 사례다.

애플은 2030년까지 전체 공급망의 탄소중립 달성을 목표로 하고 있는데, 수많은 협력사들의 참여 없이는 불가능한 목표다. 이에 애플은 2023년부터 협력사들과의 소통 방식을 크게 변화시켰다. 우선 분기별로 'Green Supply Chain Forum'을 개최하여 협력사들과 ESG 목표와 전략을 공유한다. 이 포럼에서는 단순한 목표 제시를 넘어, 실제 성공 사례를 상세히 공유하고 협력사들 간의 네트워킹도 지원한다.

더 중요한 것은 실질적인 지원 프로그램이다. 애플은 협력사들이 재생에너지로 전환할 때 필요한 기술 자문을 제공하고, 여러 협력사들이 공동으로 재생에너지를 구매할 수 있도록 플랫폼을 만들었다. 개별 기업이 혼자서 추진하기 어려운 재생에너지 발전소 건설 프로젝트도 애플이 중간에서 조율하며 진행을 돕는다. 2023년 한 해 동안 이 프로그램을 통해 147개의 협력사가 재생에너지 전환에 성공했으며, 이들 대부분이 에너지 비용 절감이라는 부가적인 혜택도 얻었다.

▶ 직원 참여를 통한 ESG 내재화

ESG는 특정 부서만의 업무가 아닌, 전 직원이 참여해야 하는 경영 철학이다. 많은 글로벌 기업들은 직원 참여형 ESG 프로그램을 운영하고 있다. 대표적으로 각 부서에서 'ESG 담당자' 또는 '지속가능경영 리더'를 선발하여 부서 내 ESG 활동을 주도하게 하는 방식이 있다. 담당자들은 먼저 집중적인 교육을 받는데, 여기서는 ESG의 개념과 중요성뿐만 아니라 실제 업무에 ESG를 적용하는 구체적인 방법을 배우게 된다.

가령, 구매부서의 ESG 담당자는 협력사 선정 시 ESG 기준을 어떻게 적용할 것인지, 마케팅 부서의 담당자는 ESG 스토리텔링을 어떻게 할 것인지 등 부서별 특성에 맞는 실무 교육을 받는다. 이들은 교육 이후 부서로 돌아가 동료들과 학습 내용을 공유하고, 부서의 ESG 목표를 설정하며, 실천 방안을 함께 고민한다.

기업들은 프로그램의 효과를 높이기 위해 다양한 지원책을 마련하고 있다. ESG 성과를 부서 평가와 개인 성과에 반영하고, 우수 사례는 전사적으로 공유하며 포상한다. 정기적인 ESG 소식지를 통해 각 부서의 ESG 활동 성과와 노하우를 공유하며, ESG 관련 정기 회의에서는 경영진과 직원들이 직접 소통하는 기회를 마련하는 등 직원 참여 프로그램을 확대하고 있다.

❷ 쌍방향 소통을 통한 ESG 가치의 확산

ESG 소통에서 가장 중요한 것은 일방적인 정보 전달이 아닌 쌍방향 대화라고 할 수 있다. 유니레버의 '지속가능한 생활 계획(USLP: Unilever Sustainable Living Plan)'은 쌍방향 소통의 중요성을 잘 보여준다. 유니레버는 이 계획을 수립하는 과정에서 전 세계 이해관계자들의 의견을 적극적으로 수렴했다. 특히 주목할 만한 것은 '지속가능성 자문위원회(External Sustainability Advisory Board)'의 운영이다.

이 자문위원회는 환경 전문가, 사회책임 전문가, 소비자 단체 대표, 협력사 대표 등 다양한 이해관계자들로 구성되어 있다. 분기별 회의를 통해 유니레버의 ESG 전략과 성과를 검토하고, 개선이 필요한 부분에 대해 조언한다. 예를 들어 개발도상국 농부들과의 대화를 통해 지속가능한 농업으로의 전환이 현지 상황에서 어려운 점을 파악하고, 이를 해결하기 위한 '지속가능 농업 코드'를 개발했다. 이 코드는 단계별 전환 목표와 함께 필요한 교육, 기술 지원, 금융 지원 프로그램을 포함하고 있다.

쌍방향 소통은 예상치 못한 긍정적 효과도 가져왔다. 지속가능한 농업으로 전환한 농가들의 수확량이 증가하고 소득이 늘어나면서, 이들이 자발적으로 주변 농가들에게 프로그램 참여를 권유하기 시작한 것이다. 이 프로그램에 참여하는 농가는 꾸준히 증가하고 있으며, 유니레버의 안정적인 원재료 확보에도 큰 도움이 되고 있다.

2. ESG 관점으로 바라보는 기존 업무 성과

기업의 업무 활동을 ESG 관점에서 재해석할 때는 크게 세 가지 범주로 나누어 살펴볼 수 있다. 먼저 제품이나 서비스가 기획되고 고객에게 전달되기까지의 가치사슬(Value Chain) 과정, 둘째로 가치사슬을 뒷받침하는 지원 부서들의 활동, 마지막으로 기업의 전략과 미래 방향성을 제시하는 기획/전략 부문의 활동이다. 이처럼 구분을 통해 기업의 모든 활동들이 어떻게 ESG와 연결되는지 체계적으로 파악할 수 있다.

기업의 업무 성과는 더 이상 재무적 지표만으로 평가할 수 없다. ESG 시대에는 환경적, 사회적 가치가 기업의 장기적 생존과 성장을 좌우하는 핵심 요소가 되었기 때문이다. 단순히 추가적인 보고 항목이 늘어난다는 의미가 아니다. 기존 업무 프로세스와 성과 측정 방식을 ESG 관점에서 재해석하고, 이를 통해 새로운 가치를 창출하는 것이 핵심이다. 특히 기업의 가치사슬 전반에서 ESG가 어떻게 통합되고 측정되어야 하는지를 이해하는 것이 중요하다.

❶ 생산과 품질관리: ESG 가치의 실현 단계

연구개발과 구매 단계에서 설계된 ESG 가치는 생산 현장에서 구체적으로 실현된다. 생산과 품질관리 부서는 자원과 에너지를 직접 사용하고, 작업자의 안전과 근로조건을 책임지는 만큼 ESG 성과 창출의 최전선에 있다고 할 수 있다. 특히 생산 과정에서 발생하는 환경 영향을 최소화하고, 근로자의 안전과 권리를 보장하는 것은 기업의 지속가능성을 결정짓는 핵심 요소다.

지멘스의 '지속가능 스마트 팩토리' 프로그램은 생산 현장에서의 ESG 성과 관리를 혁신적으로 변화시킨 사례다. 이들은 전통적인 생산성 지표인 가동률, 불량률과 함께 에너지 사용량, 용수 사용량, 폐기물 발생량, 작업자 안전사고 빈도 등을 실시간으로 모니터링한다. 더 중요한 것은 이러한 데이터를 통합적으로 분석하여 최적의 의사결정을 내린다는 점이다.

생산라인의 에너지 사용량이 증가하면, 시스템은 즉시 원인을 분석하고 해결방안을 제시하는 것이다. 단순히 에너지 사용량을 줄이는 것이 아니라, 품질과 생산성에 미치는 영향까지 고려하여 최적의 운영 방안을 도출하게 된다. 이 과정에서 현장 작업자들의 참여가 핵심적인 역할을 하게 되는데, 작업자들은 일상적인 업무 수행 과정에서 에너지 절감과 폐기물 저감을 위한 아이디어를 제안하고, 지속적인 개선으로 이어진다.

품질관리 측면에서도 ESG는 새로운 관점을 제시한다. 전통적인 품질관리가 제품의 물리적 특성과 내구성에 초점을 맞췄다면, ESG 시대의 품질관리는 제품의 전체 수명주기에 걸친 환경 영향까지 고려해야 한다. 예를 들어 제품의 수리 용이성, 부품의 재활용 가능성, 포장재의 환경 영향 등이 품질관리의 중요한 요소가 된다.

통합적 접근은 놀라운 성과를 만들어내고 있다. 2023년 지멘스의 스마트 팩토리는 전년 대비 생산성 15% 향상, 에너지 비용 20% 절감, 산업재해율 40% 감소라는 성과를 동시에 달성했다. 더 중요한 것은 이러한 성과가 지속가능하다는 점이다. 데이터 기반의 의사결정과 현장 중심의 개선 활동이 선순환 구조를 만들어내면서, 성과는 계속해서 개선되고 있다.

❷ 마케팅과 영업: ESG 가치의 시장 실현과 이해관계자 소통

마케팅과 영업 부서는 기업의 ESG 가치를 시장에서 실현하고 이해관계자들과 직접 소통하는 접점이다. 이들 부서의 역할은 단순히 제품을 판매하는 것을 넘어, 기업의 ESG 노력이 창출하는 가치를 고객과 시장에 효과적으로 전달하고, 이를 통해 지속가능한 경쟁우위를 확보하는 것으로 확장되고 있다.

▶ ESG 기반의 차별화된 마케팅 전략

H&M의 'Conscious Collection' 캠페인은 ESG 가치를 마케팅 차별화 요소로 활용한 대표적 사례다. 이 캠페인은 단순히 친환경 제품을 홍보하는 것을 넘어, 소비자들이 지속가능한 패션에 직접 참여할 수 있는 플랫폼을 제공한다. 매장에 설치된 의류 수거함은 단순한 재활용 수거장소가 아닌, 소비자들이 환경 보호에 참여하는 터치포인트가 된다.

더 주목할 만한 점은 이 캠페인이 전체 마케팅 전략의 핵심 축으로 자리 잡았다는 것이다. 모든 마케팅 커뮤니케이션에서 지속가능성 메시지가 일관되게 전달되며 소셜미디어, 매장 디스플레이, 제품 태그 등 모든 접점에서 통합적으로 구현된다. 예를 들어, 제품 태그의 QR코드를 통해 소비자들은 해당 제품의 원재료 출처, 생산 과정, 환경 영향 등을 상세히 확인할 수 있다.

▶ 영업 프로세스의 ESG 통합

영업 부서의 역할도 크게 변화하고 있다. 과거에는 제품의 기능과 가격을 중심으로 한 판매 활동이 주를 이뤘다면, 이제는 제품이 창출하는 환경적, 사회적 가치를 효과적으로 전달하는 것이 중요해졌다. 특히 B2B 영업에서 변화가 두드러진다.

지멘스의 산업용 장비 영업팀은 'Total Value of Ownership' 개념을 도입했다. 장비의 구매 가격뿐만 아니라, 제품 수명주기 전반에 걸친 에너지 비용, 유지보수 비용, 환경 영향 등을 종합적으로 제시하는 것이다. 모터 시스템을 제안할 때, 초기 투자비용이 더 높더라도 장기적으로 에너지 비용 절감과 탄소배출 감축을 통해 더 큰 가치를 창출할 수 있음을 구체적인 데이터로 보여준다.

이런 접근 방법은 영업 사원들의 역량 개발도 요구하게 된다. ESG 관련 지식과 함께 고객의 지속가능성 목표를 이해하고 이에 맞는 솔루션을 제안할 수 있는 컨설팅 능력이 필요하다. 지멘스는 이를 위해 영업 사원들을 대상으로 'ESG 솔루션 세일즈' 교육 프로그램을 운영하고 있다. 이 프로그램에서는 ESG 트렌드와 규제 동향, 산업별 지속가능성 과제, 솔루션 제안 방법 등을 종합적으로 교육하고 있다.

❸ 재무와 회계: ESG 가치의 정량화와 전략적 관리

재무와 회계 부서는 ESG 경영에서 두 가지 핵심적인 역할을 담당한다. 첫째는 ESG 활동이 창출하는 가치를 재무적 관점에서 정량화하고 관리하는 것이고, 둘째는 ESG 리스크와 기회 요인이 기업의 재무 건전성에 미치는 영향을 평가하고 대응하는 것이다. 전통적인 재무·회계 관리 체계의 근본적인 변화를 요구한다.

▶ ESG 투자의 가치 평가와 관리

글로벌 금융기업 EQT(이큐티)는 'ESG-링크드 밸류에이션(ESG-linked Valuation)' 모델을 개발하여 모든 투자 의사결정에 적용하고 있다. 이 모델은 전통적인 재무 지표와 함께 ESG 요소가 미래 기업 가치에 미치는 영향을 종합적으로 분석한다. 예를 들어, 재생에너지 설비 투자를 검토할 때, 초기 투자비용과 예상 수익뿐만 아니라 탄소배출권 비용 절감, 규제 리스크 감소, 평판 가치 상승 등을 모두 고려한다.

특히 주목할 만한 점은 이 모델이 ESG 리스크의 재무적 영향을 장기적 관점에서 평가한다는 것이다. 기후변화로 인한 물리적 리스크(자연재해 등)와 전환 리스크(규제 강화 등)가 향후 5년, 10년 후 기업 가치에 어떤 영향을 미칠지 시나리오 분석을 통해 예측한다. 2023년 EQT의 분석에 따르면, 효과적인 ESG 리스크 관리는 기업 가치를 평균 15-

20% 높이는 것으로 나타났다.

▶ ESG 성과의 재무제표 통합

재무제표에 ESG 요소를 어떻게 반영할 것인가는 많은 기업들이 직면한 과제다. 유니레버(Unilever)는 'ESG 통합 재무보고' 시스템을 구축하여 이 문제를 해결하고 있다. 이 시스템은 ESG 관련 비용과 수익을 기존 재무제표 항목에 체계적으로 통합한다.

탄소배출권 거래, 환경 설비 투자, ESG 인증 비용 등을 별도로 구분하여 관리하고, 이러한 지출이 미래에 창출할 가치를 재무제표 주석에 상세히 공시한다. 더 나아가 ESG 리스크로 인한 잠재적 부채(환경 복원 비용, 규제 대응 비용 등)도 추정하여 재무제표에 반영하고 있다.

▶ ESG 성과 연계 재무 전략

재무 부서의 또 다른 중요한 역할은 ESG 성과와 연계된 혁신적인 금융 상품을 활용하는 것이다. 'ESG 연계 대출(Sustainability-Linked Loan)'은 기업의 ESG 성과에 따라 금리가 변동되는 금융 상품이다. 글로벌 기업들은 탄소배출 감축, 폐기물 저감, 다양성 확대 등 주요 ESG 목표의 달성 여부에 따라 금리가 조정되는 대출 상품을 활용하고 있다.

이와 관련된 금융 상품은 ESG 성과 향상에 대한 강력한 동기를 제공한다. ESG 연계 대출을 도입한 기업들은 전사적인 ESG 목표 관리 체계를 강화하고, 각 사업부의 성과 평가에 ESG 지표를 더 비중 있게 반영하는 경향을 보이고 있다.

❹ 인사와 조직문화: ESG 가치의 내재화

인사 부서는 ESG 경영의 성공을 위한 핵심 동력을 제공한다. ESG는 단순한 정책이나 시스템이 아닌, 조직 구성원들의 인식과 행동의 변화를 통해 실현되기 때문이다. 특히 직원들의 ESG 역량 강화와 성과 관리는 기업의 지속가능한 성장을 위한 필수 요소가 되었다.

글로벌 기업들은 ESG 성과를 직원 평가에 반영하는 체계적인 시스템을 구축하고 있다. 직무별 특성을 고려한 ESG 성과 지표를 설정하고, 이를 평가와 보상에 연계하는 추세다. 예를 들어, 생산부서는 에너지 효율성과 폐기물 저감을, 구매부서는 협력사 ESG 관리를, 영업부서는 친환경 제품 판매 비중 등을 핵심 성과 지표로 관리하고 있다.

또한 ESG 전문성을 갖춘 인재 육성을 위해 체계적인 교육 프로그램을 운영하고 있다. ESG 기초 교육부터 직무별 전문 과정, 리더십 과정까지 다양한 교육을 제공하며, 관련된 내용의 학습이 실제 업무 혁신으로 이어질 수 있도록 실습과 프로젝트 기회도 함께 제공하고 있다. 특히 온라인 학습 플랫폼을 통해 시공간 제약 없이 ESG 역량을 강화할 수 있도록 지원하고, 부서 간 협업 프로젝트를 통해 ESG 시너지를 창출하고 있다.

❺ 총무와 지원부서: ESG 실행의 기반

총무와 지원부서는 일상적인 업무 환경에서 ESG를 실천하는 핵심 부서다. 많은 기업들이 사무실 운영 전반에서 환경영향을 줄이기 위한 다양한 노력을 기울이고 있다. 전자문서 시스템 도입과 화상회의 활성화 등을 통해 종이 사용량과 출장으로 인한 탄소배출을 감축하고 있으며, 에너지 효율적인 사무기기 도입, 친환경 소모품 구매, 분리수거 체계 강화 등 세세한 부분까지 ESG 원칙을 적용하고 있다.

특히 주목할 만한 것은 직원들의 자발적 참여를 이끌어내는 방식이다. 부서별 ESG 담당자를 통해 에너지 절약, 폐기물 저감, 친환경 구매 등을 관리하고, 우수 사례를 공유하며 이를 장려하고 있다. 또한 사무실 공간 설계 단계부터 친환경 인증 자재 사용, 자연 채광 활용, 실내 공기질 관리 등을 고려하여 직원들의 건강과 환경을 동시에 조성하고 있다. 이러한 활동들은 단순한 비용 절감을 넘어 조직의 ESG 문화 형성과 환경 보호에 실질적으로 기여하고 있으며, 직원들의 업무 만족도와 생산성 향상에도 긍정적인 영향을 미치고 있다.

❻ MZ세대와 ESG 경영: 새로운 패러다임의 주역

ESG 경영에서 MZ세대의 역할은 특별한 주목을 받고 있다. 여러 조사에서 MZ세대 구직자들이 기업 선택 시 ESG 성과를 주요 고려사항으로 보고 있음이 확인되고 있다. 이들은 단순히 높은 연봉이나 복리후생이 아닌, 기업의 사회적 책임과 환경적 영향을 중요한 가치 판단

기준으로 삼는 경향을 보인다.

이러한 트렌드를 반영하여 많은 글로벌 기업들은 'Next Gen ESG' 와 같은 차세대 중심의 ESG 프로그램을 도입하고 있다. 이렇게 세대 와 연관 지어진 프로그램들은 신입 직원들이 직접 ESG 프로젝트를 기획하고 실행할 수 있는 플랫폼을 제공하며, 이를 통해 새로운 비즈니스 기회를 발굴하고 있다. 젊은 세대의 참여를 통한 ESG 혁신은 실제 비즈니스 변화로 이어지는 동시에 참여 직원들의 직무 만족도 향상에도 기여하고 있다.

▶ ESG 성과관리의 미래

ESG 관점의 업무 성과 관리는 이제 선택이 아닌 필수가 되었다. 단순한 규제 대응이나 이미지 제고를 넘어, 기업의 장기적 생존과 성장을 위한 핵심 전략이다. 특히 다음과 같은 측면에서 그 중요성이 더욱 커지고 있다.

첫째, ESG 성과는 기업의 재무적 가치와 직접적으로 연결된다. 효과적인 ESG 관리는 비용 절감, 리스크 감소, 새로운 수익 창출로 이어진다.

둘째, MZ세대의 부상으로 ESG는 인재 확보와 유지의 핵심 요소가되었다. 기업의 사회적 책임과 환경적 영향은 이들의 주요 가치 판단기준이다.

셋째, ESG는 조직의 혁신을 촉진한다. 환경과 사회적 가치를 고려한의사결정은 새로운 비즈니스 모델과 기회를 창출한다.

결국 ESG 성과 관리는 기업의 지속가능한 성장을 위한 새로운 패러다임이며, 모든 부서와 구성원의 참여를 통해 실현된다. 특히 MZ세대의 가치관과 ESG 경영의 방향이 일치한다는 점은 이와 관련된 변화가 더욱 가속화될 것임을 시사한다.

3. 효과적인 ESG 정보 공시, 적극적 소통의 필요성

ESG 성과를 담은 지속가능경영보고서는 단순한 의무적 공시가 아닌, 기업의 가치 있는 노력과 성과를 알리는 핵심 커뮤니케이션 도구다. 많은 기업들이 ESG 활동에 상당한 시간과 자원을 투자하고, 임직원들의 적극적인 참여로 의미 있는 성과를 만들어내고 있다. 그러나 노력과 성과를 홈페이지 공시나 보고서 발간으로만 그치게 하는 것은 너무 소극적인 자세다.

ESG는 더 이상 '겸손해야 할' 영역이 아니다. 기업이 창출한 환경적, 사회적 가치를 적극적으로 알리고 공유하는 것은 산업 생태계 전반의 지속가능성을 높이는 데 기여할 수 있다. 이러한 관점에서 ESG 정보 공시는 다음과 같은 방향으로 확장될 필요가 있다.

❶ 기후변화 대응에 대한 전략적 소통
기후변화 대응은 이제 선택이 아닌 필수가 되었다. 하지만 많은 기업들이 탄소중립 목표 선언이나 감축 실적 보고에만 초점을 맞추고 있다. 진정한 의미의 소통은 기후변화가 가져올 위기와 기회를 기업이 어떻게 바라보고 있는지, 이에 대한 대응 과정에서 겪는 어려움과 극복 방안은 무엇인지 등 더 근본적인 내용을 다뤄야 한다.

아마존의 기후변화 대응 이니셔티브인 'The Climate Pledge'는 심층적 소통의 좋은 예시다. 분기별로 개최되는 이 프로그램은 단순한 성과 보고회가 아닌, 기후변화 대응 과정의 도전과제와 학습 내용을 투자자들과 공유하는 장이 된다. 특히 실패한 프로젝트나 예상보다 진척이 더딘 과제들에 대해서도 투명하게 공개하고, 이에 대한 투자자들의 의견을 수렴하여 전략을 보완한다.

우리나라 기업들도 아마존에서 바라본 접근이 필요하다. 많은 기업들이 연간 지속가능경영보고서를 통해 기후변화 대응 성과를 공개하고 있지만, 대부분 성공 사례와 긍정적 성과 위주의 보고에 그치고 있다. 실질적인 도전과제와 이를 극복하기 위한 노력, 그 과정에서의 시행착오 등을 공유할 때, 투자자들의 진정한 신뢰와 지지를 얻을 수 있다.

▶ 리스크 관리와 기회 요인에 대한 투명한 소통

ESG 리스크는 더 이상 환경 규제나 평판 위험 같은 단편적인 문제가 아니다. 기업의 비즈니스 모델과 가치사슬 전반에 영향을 미치는 구조적 변화를 가져올 수 있는 요인이다. 따라서 리스크 관리에 대한 소통도 단순한 위험 요소 나열이 아닌, 리스크를 어떻게 기회로 전환할 것인지에 대한 전략적 관점이 필요하다.

시스코(Cisco)는 이런 변화를 실천하는 대표적 기업이다. ESG 리스크를 비즈니스 혁신의 기회로 전환하는 접근을 보여주고 있다. 특히 기후변화와 에너지 효율성이라는 도전 과제를 네트워크 장비의 에너지 효율화 기술 개발과 친환경 데이터센터 솔루션 구축의 기회로 활용하고 있다. 시스코는 ESG 리스크 대응 전략과 성과를 이해관계자들과 정기적으로 공유하며 소통하고 있다.

▶ 협력사와의 ESG 가치 공유

협력사와의 ESG 소통은 특별한 접근이 필요하다. 대기업과 달리 중소 협력사들은 ESG 대응 역량이나 자원이 부족한 경우가 많기 때문이다. 따라서 단순한 정보 공유나 기준 제시를 넘어, 실질적인 지원과 협력이 필요하다.

애플의 '클린 에너지 프로그램(Clean Energy Program)'은 협력사와의 ESG 소통을 혁신적으로 변화시킨 사례다. 이 프로그램은 단순히 재생에너지 사용을 요구하는 것이 아니라, 다음과 같은 실질적인 지원을 제공한다.

- 온라인 플랫폼을 통한 실시간 정보 공유
- 맞춤형 기술 컨설팅 제공
- 공동 구매를 통한 비용 절감 지원
- 우수 사례 공유 워크숍 운영

특히 주목할 점은 이와 관련된 소통이 일방향이 아닌 쌍방향으로 이루어진다는 것이다. 협력사들의 현장 의견을 수렴하여 프로그램을 지속적으로 개선하고, 이를 통해 전체 공급망의 ESG 경쟁력을 높여가고 있다.

▶ 고객과의 ESG 소통: 가치 소비의 실현

소비자들의 ESG 인식이 높아지면서 기업의 ESG 활동에 대한 관심도 커지고 있다. 하지만 많은 기업들이 ESG 활동을 마케팅 수단으로만 활용하려 하거나, 너무 전문적인 용어로 소통하여 실질적인 공감을 얻지 못하고 있다. 고객과의 ESG 소통은 그들의 일상생활과 구매 결정에 실질적인 도움이 되는 정보를 제공하는 것에서 시작해야 한다.

파타고니아는 '원 웨어 카운트(Worn Wear Count)' 프로그램을 통해 차별화된 고객과의 소통을 보여준다. 제품의 환경영향을 단순 수치가 아닌, 소비자의 실제 경험과 연결시켜 전달한다.

- 제품 구매 시점에서 해당 제품의 생산 과정 스토리를 QR코드로 제공
- 제품 사용 기간에 따른 환경 보호 효과를 시각화하여 보어줌
- 소비자들이 직접 제품 수선이나 재활용에 참여할 수 있는 플랫폼 운영

특히 SNS를 통해 고객들의 지속가능한 소비 경험을 공유하게 하고, 이를 다시 제품 개발과 마케팅에 반영하는 선순환 구조를 만들었다.

▶ 임직원과의 ESG 소통: 내재화를 통한 실천

임직원들은 ESG 경영의 실질적인 실행 주체다. 따라서 ESG에 대한 깊은 이해와 공감이 필요하다. 하지만 많은 기업들이 ESG를 특정 부서의 업무나 추가적인 과제로 인식하게 만드는 오류를 범하고 있다.

마이크로소프트는 임직원들의 ESG 참여를 촉진하기 위한 다양한 소통 프로그램을 운영하고 있다. 직원들이 ESG 활동에 자발적으로 참여하고 아이디어를 제안할 수 있는 플랫폼을 제공하며, 이를 통해 전사적인 ESG 문화를 구축하고 있다.

- 모든 부서와 직급의 직원들이 참여하는 'ESG 타운홀 미팅' 정기 개최
- 부서별 ESG 목표와 일상 업무의 연계성을 구체적으로 설명
- 직원들의 ESG 아이디어를 실제 프로젝트로 발전시키는 플랫폼 운영
- ESG 성과를 인사평가와 보상에 반영하는 방식의 투명한 공개

이러한 접근은 ESG를 조직문화의 일부로 만드는 데 성공했으며, 직원들의 자발적 참여를 이끌어내고 있다.

▶ 지역사회와의 ESG 소통: 상생의 가치 창출

지역사회와의 ESG 소통은 단순한 사회공헌 활동 보고를 넘어서야 한다. 기업 활동이 지역사회에 미치는 영향을 투명하게 공개하고, 지역사회의 의견을 경영활동에 반영하는 쌍방향 소통이 필요하다.

유니레버의 '지속가능한 생활 계획(Sustainable Living Plan)'은 지역사회 소통의 새로운 모델을 제시하고 있다.

- 분기별 '커뮤니티 다이얼로그' 개최
- 환경영향 평가 결과의 실시간 공개
- 지역주민 참여형 환경모니터링 시스템 운영
- 지역 현안에 대한 공동 해결 플랫폼 구축

특히 주목할 점은 소통이 일회성 이벤트가 아닌, 지속적인 대화 채널로 발전했다는 것이다. 지역사회의 의견이 실제 경영활동에 반영되는 것을 확인한 주민들은 기업의 적극적인 지지자가 되었다.

❷ ESG 소통과 공시, 기업의 지속가능한 성장을 위한 새로운 도전

효과적인 ESG 소통과 정보공시는 더 이상 선택이 아닌 필수가 되었다. 단순히 연간 보고서를 발간하거나 규제에 따른 의무적 공시만으로는 이해관계자들의 신뢰를 얻을 수 없다. ESG 소통은 각 이해관계자의 특성과 니즈를 이해하고, 이에 맞는 차별화된 접근이 필요하다.

▶ 이해관계자별 소통의 핵심 포인트

투자자들에게는 ESG가 기업 가치에 미치는 영향을 구체적 데이터와 함께 설명해야 한다. 특히 기후변화 대응이나 리스크 관리와 같은 핵심 이슈에 대해서는 정기적인 대화 채널을 통해 깊이 있는 소통이 필요하다.

고객들에게는 ESG를 어렵고 복잡한 개념이 아닌, 일상적 소비 결정에 도움이 되는 실질적 정보를 제공해야 한다. QR코드나 SNS와 같은 친숙한 플랫폼을 활용하여 쉽고 재미있게 ESG 가치를 전달할 수 있다.

임직원들과는 ESG를 별도의 과제가 아닌, 일상 업무의 자연스러운 일부로 인식하게 만드는 것이 중요하다. 부서별 목표 설정, 성과 평가, 보상 체계와 ESG를 연계하여 실질적인 내재화를 이끌어내야 한다.

지역사회와는 일방적인 정보 전달이 아닌, 실질적인 대화와 협력이 필요하다. 환경영향 평가나 사회공헌 활동을 넘어, 지역사회와 함께 성장하는 파트너십을 구축해야 한다.

▶ 성공적인 ESG 소통을 위한 제언

첫째, 일관성과 투명성이 핵심이다. 각 이해관계자별로 전달 방식은 다르더라도, ESG에 대한 기업의 철학과 약속은 일관되게 유지되어야 한다.

둘째, 쌍방향 소통이 필요하다. ESG는 완벽한 답이 있는 영역이 아니며, 이해관계자들과의 지속적인 대화를 통해 함께 발전해 나가야 한다.

셋째, 실천이 뒷받침되어야 한다. 아무리 좋은 소통 전략도 실질적인 ESG 성과가 없다면 의미가 없다. 말과 행동이 일치하는 진정성 있는 ESG 경영이 필요하다.

ESG 소통은 단기적 성과나 이미지 제고를 위한 것이 아니다. 기업의 지속가능한 성장을 위한 필수적인 여정이며, 이해관계자들과 함께 만들어가는 새로운 가치 창출의 과정이다. 이러한 관점에서 ESG 소통은 기업의 미래 경쟁력을 결정짓는 핵심 역량이 될 것이다.

제8장

ESG
시대의 경력 개발

1. ESG 역량, 미래 업무의 기본 문법

비즈니스 환경이 빠르게 변화하면서 ESG는 이제 더 이상 선택이 아닌 필수가 되었다. 1990년대 컴퓨터 활용 능력이, 2010년대 디지털 역량이 필수였듯이, 2020년대는 ESG에 대한 이해와 실천 능력이 기본 업무 역량이 되고 있다. 단순한 트렌드가 아닌, 비즈니스의 근본적인 패러다임 변화를 의미한다.

EU의 탄소국경조정제도(CBAM), 공급망 실사법, 기업 지속가능성 보고 지침(CSRD) 등 글로벌 규제가 강화되면서, ESG는 기업의 생존과 직결되는 핵심 요소가 되었다. 특히나 이와 관련된 변화는 수출 기업들에게 탄소 배출 관리가 비용 경쟁력과 직결된다는 것을 의미한다.

궁극적으로 해당 산업을 비롯한 공급망과 연결된 전체 산업 생태계에 영향을 미치게 된다. 한 자동차 제조사가 탄소 배출을 줄이기 위해 노력한다면, 수천 개의 부품 공급사들도 친환경 생산 방식을 도입해야 한다. 또한 금융기관들은 투자 의사결정에 ESG 요소를 반영하기 시작했고, 관련 기업들의 ESG 경영을 가속화하는 요인이 되고 있다.

❶ 새롭게 열리는 ESG 직무의 세계

ESG의 부상은 완전히 새로운 직무들을 탄생시키고 있다. AI 시대에 많은 직무가 자동화될 것이라는 우려가 있지만, ESG 분야는 오히려 새로운 일자리를 만들어내고 있다. 환경과 사회문제 해결은 인간의 판단과 공감 능력이 필수적인 영역으로, AI가 완전히 대체하기 어려운 분야다.

▶ 환경(E) 분야의 새로운 직무

환경 분야에서는 여러 전문가들이 필요하다. 탄소회계사는 기업의 온실가스 배출량을 산정하고 검증하는 전문가다. 이들은 직접 배출량뿐만 아니라 공급망에서 발생하는 간접 배출량까지 체계적으로 측정하고, 감축 목표 설정과 이행 계획 수립을 지원한다. 예를 들어, 한 제조업체의 탄소회계사는 공장의 전력 사용량, 물류 과정의 배출량, 직원 출장으로 인한 배출량 등을 종합적으로 관리한다.

순환경제 전문가는 또 다른 중요한 직무다. 이들은 제품 설계부터 폐기까지 전 과정에서 자원 낭비를 최소화하는 방안을 연구한다. 예를 들어, 폐플라스틱을 새로운 제품의 원료로 활용하거나, 전자제품의 수리와 재사용을 용이하게 하는 설계 방안을 개발한다. 한 의류 기업의 순환경제 전문가는 헌옷을 수거해 새로운 의류를 만드는 '리사이클링 시스템'을 구축하는 프로젝트를 이끌 수 있다.

기후변화 리스크 매니저도 새롭게 부상하는 직무다. 이들은 기후변화가 기업 활동에 미치는 영향을 분석하고 대응 전략을 수립한다. 예를 들어, 식음료 기업의 기후변화 리스크 매니저는 가뭄이나 홍수가 농작물 수급에 미치는 영향을 분석하고, 대체 원료 개발이나 공급망 다변화 등의 대응책을 마련한다.

▶ 사회(S) 분야의 혁신적 역할

사회 분야에서도 새로운 전문가들이 필요하다. ESG 공급망 매니저는 협력사들의 인권, 노동환경, 안전보건 등을 관리한다. 글로벌 기업의 공급망 매니저는 전 세계 협력사들의 근로조건을 모니터링하고, 문제가 발견되면 개선을 지원한다. 최근 EU의 공급망 실사법 도입으로 사회부문 역할의 중요성은 더욱 커지고 있다.

사회적 가치 평가사는 기업 활동이 사회에 미치는 영향을 측정하고 평가하는 전문가다. 예를 들어, 한 IT 기업의 디지털 교육 프로그램이 청년 취업에 미친 영향을 분석하거나, 친환경 제품 출시가 가져온 환경적 편익을 계산한다. 평가 결과는 기업의 ESG 성과를 객관적으로 보여주는 중요한 지표가 된다.

▶ 지배구조(G) 분야의 전문성

지배구조 분야에서는 ESG 컴플라이언스 매니저, 정보 공시 전문가 등의 역할이 중요해지고 있다. ESG 컴플라이언스 매니저는 국내외 ESG 관련 법규와 규제를 모니터링하고 기업이 이를 준수하도록 관리한다. 예를 들어, EU의 기업 지속가능성 보고 지침(CSRD)이 시행되면, 유럽에 진출한 기업들은 상세한 ESG 정보를 의무적으로 공개해야 한다. ESG 컴플라이언스 매니저는 관련 규제 변화에 선제적으로 대응하고, 필요한 시스템과 프로세스를 구축한다.

ESG 정보 공시 전문가는 기업의 ESG 성과를 이해관계자들에게 효과적으로 전달하는 역할을 한다. 단순히 데이터를 나열하는 것이 아니라 GRI, SASB 등 국제 표준에 맞춰 체계적으로 정보를 구성하고, 기업의 ESG 전략과 성과를 설득력 있게 전달해야 한다. 이들의 역할은 투자자들의 ESG 정보 요구가 늘어나면서 더욱 중요해지고 있다.

❷ 글로벌 무대로 확장되는 ESG 경력

ESG는 본질적으로 글로벌 이슈다. 기후변화, 인권, 기업 투명성 등은 국경을 초월한 과제이며, ESG 전문가들에게 글로벌 커리어의 기회를 제공한다. 특히 EU의 ESG 규제가 강화되면서, 유럽 진출 기업들의 ESG 전문가 수요가 급증하고 있다. 아시아에서도 일본, 싱가포르 등이 ESG 규제를 도입하면서 전문가 수요가 늘고 있다.

ESG 전문성의 큰 장점은 다양한 산업과 직무로의 이동이 가능하다는 점이다. 예를 들어, 제조업에서 탄소 배출 관리 경험을 쌓은 전문가는 금융권의 ESG 투자 분야로 이동할 수 있다. ESG 컨설팅 경험은 기업의 ESG 전략 부서나 국제기구 진출의 디딤돌이 될 수 있다. 실제로 많은 글로벌 기업들이 다양한 산업 경험을 가진 ESG 전문가를 선호하는 추세다.

❸ MZ세대의 새로운 기회, ESG

MZ세대는 ESG 분야에서 독특한 경쟁력을 가질 수 있다. 디지털 네이티브로서 데이터 분석과 활용에 능숙하며, 글로벌 소통에도 익숙하다. 특히 환경과 사회 문제에 대한 높은 관심과 감수성은 ESG 업무에서 큰 강점이 된다. 예를 들어, 소셜미디어를 통한 이해관계자 소통, 빅데이터 기반의 ESG 성과 분석 등은 MZ세대가 강점을 발휘할 수 있는 영역이다.

더욱이 ESG는 아직 완성된 분야가 아니다. 새로운 규제와 기준이 계속 등장하고, 측정과 평가 방법도 발전하고 있다. 곧 젊은 세대가 새로운 시각과 방식으로 기여할 수 있는 기회가 많다는 의미다. 예를 들어, 블록체인 기술을 활용한 ESG 데이터 관리, AI를 활용한 ESG 리스크 분석 등은 디지털에 익숙한 MZ세대가 개척할 수 있는 새로운 영역이다.

❹ ESG 전문가로 성장하기 위한 준비

ESG 전문가가 되기 위해서는 체계적인 준비가 필요하다. 우선 ESG의 기본 개념과 국제 표준, 규제 동향 등에 대한 이해가 필요하다. GRI, SASB 등 주요 ESG 보고 기준, TCFD와 같은 정보공시 프레임워크, UN SDGs 등 국제 이니셔티브에 대한 지식은 기본이다.

실무 경험도 중요하다. 사내 ESG 프로젝트 참여, NGO나 사회적 기업에서의 인턴십, ESG 컨설팅 프로젝트 참여 등 다양한 방법으로 실전 경험을 쌓을 수 있다. 최근에는 많은 기업들이 ESG 관련 공모전이나 인턴십 프로그램을 운영하고 있어, 학생들도 ESG 실무를 경험할 기회가 늘고 있다.

ESG는 단순한 취업 트렌드가 아닌, 미래 비즈니스의 핵심 동력이 되는 만큼, ESG 전문성을 갖춘다는 것은 지속가능한 미래를 만드는 데 기여하면서, 자신의 경력도 발전시킬 수 있는 의미 있는 선택이 될 것이다.

2. ESG, 글로벌 성장의 새로운 기회

ESG는 이제 국경을 초월한 글로벌 이슈가 되었다. 기후변화, 인권, 기업 투명성 등 ESG의 핵심 주제들은 전 세계가 공통으로 직면한 과제다. 특히 EU를 중심으로 한 글로벌 ESG 규제의 강화는 국가와 기업의 경계를 넘어 전 세계 비즈니스 환경을 변화시키고 있다. 글로벌 시장의 변화는 ESG 전문성을 갖춘 인재들에게 새로운 기회의 장을 열어주고 있다.

❶ 글로벌 기업의 ESG 전문가 수요 증가

글로벌 기업들의 ESG 전문가 채용이 급증하고 있다. 유니레버는 각 지역별로 ESG 책임자를 두고 있는데, 이들은 본사의 ESG 전략을 현지 상황에 맞게 적용하고 지역별 특성을 반영한 프로그램을 개발한다. 아시아 지역 ESG 책임자의 경우, 물 부족 문제가 심각한 동남아시아에서는 수자원 관리에 중점을 두고, 고령화가 진행 중인 일본과 한국에서는 노인 친화적 제품 개발과 서비스를 강화하는 등 지역 맞춤형 전략을 수립한다.

구글이나 애플 같은 글로벌 IT 기업들도 ESG 전담 조직을 대폭 확대하고 있다. 이들 기업의 ESG 전문가들은 재생에너지 100% 사용을 위한 글로벌 프로젝트를 이끌거나, 전 세계 협력사들의 인권과 노동환경을 관리하는 역할을 한다. 예를 들어, 애플의 공급망 ESG 매니저는 중국, 베트남, 인도 등지의 협력사들이 애플의 ESG 기준을 준수하도록 관리하고 지원한다.

❷ 글로벌 컨설팅 분야의 새로운 기회

ESG 컨설팅 시장도 빠르게 성장하고 있다. 맥킨지, BCG와 같은 글로벌 컨설팅 기업들은 ESG 전담 조직을 확대하면서 전문가들을 적극적으로 영입하고 있다. 이들 기업의 ESG 컨설턴트들은 다국적 기업의 ESG 전환 전략을 수립하고, 글로벌 공급망의 ESG 리스크를 진단하며, 산업별 ESG 벤치마킹을 통해 베스트 프랙티스(Best Practice)를 발굴한다.

한 글로벌 컨설팅 기업의 ESG 컨설턴트는 유럽의 탄소국경조정제도(CBAM) 대응을 위해 아시아 제조업체들의 탄소 감축 로드맵을 수립하고, 필요한 투자 계획과 기술 도입 방안을 자문한다. 또 다른 컨설턴트는 글로벌 패션 기업의 지속가능한 소싱 전략을 수립하면서, 친환경 소재 개발부터 윤리적 생산 관리까지 전체 가치사슬의 ESG 혁신을 지원한다.

❸ 글로벌 ESG 스타트업의 부상

ESG 분야에서는 혁신적인 솔루션을 제공하는 스타트업들도 빠르게 성장하고 있다. 미국의 'Watershed'는 기업들의 탄소 배출량을 실시간으로 측정하고 관리하는 클라우드 플랫폼을 제공한다. 이 회사는 Airbnb, Spotify 등 글로벌 기업들을 고객으로 확보하며 급성장했다. ESG 테크 스타트업들은 데이터 분석가, 소프트웨어 개발자, ESG 컨설턴트 등 다양한 전문가들을 필요로 한다.

순환경제 분야의 스타트업도 주목할 만하다. 스웨덴의 'Re:newcell'은 폐의류를 새로운 섬유로 재활용하는 기술을 개발해 H&M, Levi's

등과 협력하고 있고, 싱가포르의 'TurtleTree Labs'는 실험실에서 우유를 생산하는 기술로 지속가능한 식품 혁신을 이끌고 있다. 이처럼 기업들은 바이오 기술자, 순환경제 전문가, 글로벌 비즈니스 개발자 등 새로운 직무를 창출하고 있다.

❹ 국제기구와 글로벌 이니셔티브에서의 기회

UN, World Bank, OECD 등 국제기구들도 ESG 전문가를 필요로 하고 있다. UN PRI(책임투자 원칙)는 글로벌 ESG 투자 기준을 수립하고 확산하는 과정에서 금융과 ESG를 모두 이해하는 전문가를 찾고 있다. World Bank의 기후변화 대응 프로젝트는 개발도상국의 저탄소 전환을 지원할 전문가를 필요로 한다.

특히 개발도상국의 ESG 역량 강화를 지원하는 전문가의 수요가 증가하고 있다. 예를 들어, 아시아개발은행(ADB)은 아시아 각국의 ESG 정책 수립과 이행을 지원하는 프로그램을 운영하고 있다. 국가차원의 글로벌 지위와 역량에 맞춘 전개를 위해서는 ESG 전문성 뿐만 아니라 현지의 사회문화적 맥락을 이해하고 효과적으로 소통할 수 있는 능력이 필요하다.

❺ 미래를 여는 새로운 ESG 직무들

ESG의 진화는 완전히 새로운 형태의 직무들을 계속해서 만들어내고 있다. '생물다양성 크레딧 트레이더'는 생태계 보전 활동을 정량화하고 거래하는 전문가다. '기후기술 투자 전문가'는 탄소 감축에 기여하는 혁신 기술을 발굴하고 투자하는 역할을 한다. 'ESG 데이터 사이언티스트'는 인공위성 데이터, IoT 센서 정보, SNS 데이터 등을 활용해 기업의 ESG 성과를 분석한다.

특히 주목할 만한 것은 '전환 매니저(Transition Manager)'라는 새로운 직무다. 이들은 기업이나 도시가 저탄소 경제로 전환하는 과정을 총괄한다. 예를 들어, 석탄 의존도가 높은 도시가 재생에너지 중심으로 전환할 때 일자리 전환, 신산업 육성, 지역사회 영향 관리 등을 종합적으로 기획하고 실행한다.

❻ 글로벌 ESG 인재의 핵심 역량

글로벌 ESG 전문가로 성장하기 위해서는 몇 가지 핵심 역량이 필요하다. 첫째, 통합적 사고 능력이다. 환경, 사회, 경제적 영향을 종합적으로 분석하고, 다양한 이해관계자의 관점을 고려할 수 있어야 한다. 둘째, 데이터 기반의 의사결정 능력이다. ESG 성과를 객관적으로 측정하고, 이를 기반으로 전략을 수립할 수 있어야 한다. 셋째, 글로벌 시각과 문화적 감수성이다. 각 지역의 ESG 특성을 이해하고, 다양한 문화권의 사람들과 효과적으로 협력할 수 있어야 한다.

특히 ESG가 글로벌 규제와 시장 변화를 주도하는 상황에서, 국제 동향을 읽고 대응하는 능력이 중요해졌다. EU의 ESG 규제는 아시아 기업들의 사업에도 직접적인 영향을 미치고 있다. 따라서 글로벌 ESG 전문가는 세계 각국의 규제 변화를 모니터링하고, 이에 선제적으로 대응하는 전략을 수립할 수 있어야 한다.

이처럼 ESG는 글로벌 시장에서 새로운 기회의 영역을 열고 있다. 특히 MZ세대의 경우, 디지털 역량과 글로벌 감각을 바탕으로 ESG 분야에서 차별화된 경쟁력을 가질 수 있다. ESG는 단순한 규제 대응을 넘어, 지속가능한 미래를 만드는 혁신의 원동력이 되고 있다. 또한 변화의 시기에 ESG 전문성을 쌓는다면, 글로벌 무대에서 더 큰 기회를 찾을 수 있을 것이다.

3. MZ세대를 위한 ESG 새로운 도전

❶ AI 시대의 ESG가 만드는 새로운 직업의 세계

많은 MZ세대가 AI 시대에 일자리가 사라질 것을 우려하고 있다. 하지만 ESG 분야는 오히려 AI와 함께 새로운 일자리를 창출하고 있다. 환경과 사회문제 해결은 첨단 기술을 활용하면서도 인간의 판단과 공감 능력이 필수적인 영역이기 때문이다.

ESG 데이터 사이언티스트는 AI와 머신러닝을 활용해 기업의 ESG 성과를 분석하고 미래 리스크를 예측한다. 이들은 위성 데이터를 활용해 기업의 탄소 배출량을 측정하거나, 공급망의 환경 영향을 추적한다. 소셜미디어 데이터를 분석해 기업의 사회적 평판을 모니터링하고,

다양한 ESG 데이터를 통합하여 투자 의사결정을 지원한다. 이 직무는 AI의 분석 능력과 인간의 통찰력이 결합될 때 가장 효과적으로 수행될 수 있다.

더 나아가 기후기술 분야는 AI와 ESG의 결합이 만드는 새로운 기회의 영역이다. 예를 들어, 재생에너지 발전량을 AI로 예측하고 최적화하거나, 건물의 에너지 효율을 AI로 관리하는 솔루션이 발전하고 있다. 이 분야는 기술적 전문성과 함께 환경 영향에 대한 이해가 필요하며, 디지털 기술에 익숙한 MZ세대에게 특히 유망한 진로가 될 수 있다.

❷ 글로벌 통상환경의 변화와 새로운 기회

국제 무역 환경이 ESG를 중심으로 크게 변화하고 있다. EU의 탄소국경조정제도(CBAM)는 수출기업에게 탄소 배출량 검증과 비용 부담을 요구한다. 공급망 실사법은 글로벌 기업들에게 전체 공급망의 인권과 환경 리스크를 관리하도록 강제한다. 이러한 변화는 새로운 형태의 전문가 수요를 만들어내고 있다.

'온실가스 검증 전문가'는 수출 제품의 탄소 배출량을 국제 기준에 맞춰 측정하고 검증하는 전문가다. 이들은 제품의 전 생애주기에서 발생하는 탄소 배출을 계산하고, 이를 국제적으로 인정받을 수 있는 방식으로 문서화한다. 또한 탄소 배출 저감을 위한 기술적, 경제적 자문도 제공한다.

'글로벌 공급망 ESG 매니저'도 주목할 만한 새로운 직무다. 이들은 전 세계에 걸친 공급망의 ESG 리스크를 평가하고 관리한다. 예를 들어, 동남아시아 협력사의 인권과 노동환경을 모니터링하고, 아프리카 광산의 환경 영향을 평가하며, 남미 농장의 생물다양성 보전 현황을 점검한다. 이를 위해서는 글로벌 ESG 규제에 대한 이해, 다문화 소통 능력, 리스크 관리 역량이 필요하다.

❸ ESG와 디지털 기술의 융합이 만드는 미래

MZ세대가 주목해야 할 가장 유망한 분야는 ESG와 디지털 기술의 접점이다. 블록체인 기술은 공급망의 ESG 정보를 투명하게 추적하고 검증하는 데 활용된다. 예를 들어, 의류 산업에서는 블록체인으로 원재료부터 완제품까지의 생산 과정을 추적하여 친환경 소재 사용과 윤리적 생산을 보장한다.

AI 기반 ESG 리스크 분석은 기업의 의사결정을 지원한다. 기후변화가 사업장에 미칠 영향을 예측하거나, 소셜미디어 데이터로 ESG 관련 평판 리스크를 조기에 감지한다. IoT 센서는 공장의 에너지 사용량, 폐수 배출량 등을 실시간으로 모니터링하여 환경 영향을 최소화하는 데 기여한다.

이와 관련된 분야에서 성공하기 위해 MZ세대가 갖추어야 할 핵심 역량은 다음과 같다.

표 42. ESG 분야에 요구되는 핵심역량

핵심 역량	세부 역량
디지털 전문성	• 데이터 분석과 AI 활용 능력 • 블록체인, IoT 등 신기술 이해 • 디지털 플랫폼 개발과 운영 경험
ESG 전문지식	• 글로벌 ESG 규제와 표준의 이해 • 산업별 ESG 리스크와 기회 분석 • 지속가능성 평가와 보고 역량
글로벌 역량	• 국제 비즈니스 감각 • 다문화 커뮤니케이션 능력 • 글로벌 트렌드 분석력

각 핵심 역량을 자세히 살펴보면, 디지털 전문성의 경우 단순한 도구 활용을 넘어선 종합적 역량이 필요하다. 데이터 분석과 AI 활용 능력은 Python, R 등의 프로그래밍 언어를 다루는 기술적 능력뿐만 아니라, ESG 데이터의 특성을 이해하고 의미 있는 인사이트를 도출할 수 있는 분석적 사고가 요구된다. 블록체인과 IoT 기술의 경우, 각 기술의 작동 원리를 이해하고 ESG 분야에 효과적으로 적용할 수 있는 응용력이 중요하다.

ESG 전문지식 측면에서는 규제와 표준에 대한 단순 암기가 아닌, 실제 비즈니스 상황에서의 적용 능력이 중요하다. 예를 들어, EU의 탄소국경조정제도가 특정 산업의 공급망에 미치는 영향을 분석하고, 이에 대한 대응 전략을 수립할 수 있어야 한다. 각 산업의 특성을 이해하고 해당 산업에서 중요한 ESG 이슈가 무엇인지 파악하는 능력도 필수적이다.

❹ MZ세대의 차별화된 ESG 경력 개발 전략

MZ세대가 ESG 분야에서 경쟁력을 가지기 위한 구체적인 전략은 다음과 같다. MZ세대는 디지털 네이티브로서의 강점과 사회적 가치를 중시하는 특성을 가지고 있어 ESG 분야에서 큰 잠재력을 보유하고 있다. 특히 환경과 사회 문제에 대한 높은 관심도, 새로운 기술 수용에 대한 열린 태도, 그리고 수평적 소통능력은 ESG 전문가로 성장하는 데 핵심적인 장점이 될 수 있다.

하지만 이러한 장점을 실제 경쟁력으로 전환하기 위해서는 체계적이고 전략적인 접근이 필요하다. 단순히 ESG에 대한 관심만으로는 전문가로 성장하기 어렵기 때문에, 기술적 전문성과 실무 경험, 그리고 지속적인 자기개발이 결합된 종합적인 경력개발 전략이 요구된다. 이에 따라 MZ세대의 ESG 경력개발은 크게 융합형 전문성 개발, 실무 중심의 경험 축적, 지속적인 역량 업데이트라는 세 가지 핵심 축을 중심으로 이루어져야 한다.

▶ 융합형 전문성 개발
- ESG와 신기술의 결합: 예를 들어 블록체인 기술을 활용한 탄소배출권 거래 플랫폼 개발, AI 기반 ESG 평가 모델 구축 등의 프로젝트 경험을 쌓는다.

- 산업별 특화 전략: 금융, 제조, IT 등 특정 산업의 ESG 특성을 깊이 이해하고, 해당 산업에 특화된 솔루션을 개발하는 전문성을 키운다.
- 글로벌 규제 대응: 국가별 ESG 규제의 차이를 이해하고, 글로벌 기업의 규제 대응을 지원할 수 있는 역량을 개발한다.

▶ 실무 중심의 경험 축적

- ESG 테크 스타트업 참여: ESG 솔루션을 개발하는 스타트업에서 실무 경험을 쌓으며, 혁신적인 비즈니스 모델을 경험한다.
- 글로벌 프로젝트 경험: 국제기구나 다국적 기업의 ESG 프로젝트에 참여하여 글로벌 실무 감각을 익힌다.
- 디지털 트랜스포메이션 경험: 기존 기업의 ESG 디지털화 프로젝트에 참여하여 변화 관리 경험을 쌓는다.

▶ 지속적인 역량 업데이트

- 신기술 동향 파악: ESG 관련 신기술과 솔루션의 발전 동향을 지속적으로 모니터링하고 학습한다.
- 규제 변화 대응: 글로벌 ESG 규제의 변화를 신속하게 파악하고 이에 대한 대응 방안을 연구한다.
- 네트워크 구축: ESG 전문가 커뮤니티에 참여하여 지식과 경험을 공유하고, 협력 기회를 모색한다.

전문 역량을 키워나가는 데에는 단순한 이론 학습이나 자격증 취득을 넘어, 실제 비즈니스 현장에서 가치를 창출할 수 있는 실질적인 역량 개발에 초점을 맞추고 있다. 특히 MZ세대의 강점인 디지털 역량과 글로벌 감각을 ESG 전문성과 결합하여 차별화된 경쟁력을 만들어내는 것이 핵심이다.

❺ ESG 전문가를 꿈꾸는 취업준비생과 경력자를 위한 미래 비전

ESG는 이제 단순한 규제 대응이나 리스크 관리를 넘어, 새로운 가치를 창출하는 혁신의 영역으로 발전하고 있다. 특히 취업준비생이나 경력 전환을 고민하는 MZ세대에게 ESG는 의미 있는 일을 통해 경제적 가치와 사회적 가치를 동시에 추구할 수 있는 특별한 기회가 된다.

현재는 ESG 관련 제도와 시장이 형성되는 과도기적 시기라 할 수 있다. 취업준비생들에게는 새로운 기회가 될 수 있는 부분이기도 하다. 예를 들어, ESG 정보공시가 의무화되면서 관련 데이터를 분석하고 보고서를 작성할 전문가가 많이 필요하게 될 것이다. 또한 탄소국경세가 도입되면 탄소 배출량을 측정하고 검증할 전문가 수요가 생기게 될 것이며, 공급망 실사법은 글로벌 공급망의 ESG 리스크를 관리할 전문가를 요구하게 된다. 이처럼 제도 변화는 새로운 일자리를 만들어낼 수밖에 없다.

취업 준비생들이 주목할 만한 대표적인 다음의 신규 분야들을 소개해 본다.

▶ ESG 테크 분야

- ESG 데이터 플랫폼 개발자: ESG 정보를 수집, 분석, 시각화하는 플랫폼 구축
- ESG AI 전문가: 머신러닝을 활용해 ESG 리스크를 예측하고 평가
- 블록체인 기반 ESG 솔루션 개발자: 공급망 추적, 탄소배출권 거래 등의 시스템 개발

이와 관련된 직무는 IT 기술과 ESG 지식을 결합한 것으로, 디지털에 강한 MZ세대가 경쟁력을 가질 수 있는 분야다.

▶ ESG 컨설팅 분야

- ESG 전략 컨설턴트: 기업의 ESG 전환 전략 수립 지원
- ESG 평가 분석가: 기업의 ESG 성과 평가 및 개선방안 도출
- 지속가능금융 전문가: ESG 투자 분석 및 자문

컨설팅 분야는 경영, 금융, 환경 등 다양한 전공자들이 도전할 수 있으며, 체계적인 분석력과 커뮤니케이션 능력이 중요하다.

▶ 산업별 ESG 특화 직무

- 제조업 탄소중립 매니저: 생산공정의 탄소 감축 전략 수립 및 실행
- 금융권 ESG 리스크 매니저: ESG 요소를 고려한 투자 리스크 평가

• 유통업 순환경제 전문가: 친환경 패키징, 폐기물 저감 방안 개발

각 산업의 특성을 이해하고 있는 전공자들이 ESG 전문성을 결합하면 차별화된 경쟁력을 가질 수 있다.

물론 경력자들을 위한 전환 기회도 늘어나고 있다. IT 개발자는 ESG 테크 분야로, 금융권 종사자는 지속가능금융 분야로, 제조업 엔지니어는 탄소중립 분야로 전환하는 등 기존 경력을 ESG와 접목할 수 있는 기회가 많다. 특히 실무 경험과 ESG 전문성을 결합하면 더 높은 부가가치를 창출할 수 있다.

글로벌 시장의 기회도 놓치지 말아야 한다. ESG는 본질적으로 국제적인 이슈다. 예를 들어, EU의 ESG 규제는 전 세계 기업들에게 영향을 미치며, 글로벌 ESG 전문가 수요로 이어진다. 국제기구, 글로벌 기업, 컨설팅사 등에서 ESG 전문가를 찾고 있으며, 해외 취업을 목표로 하는 이들에게 새로운 기회가 된다.

결론적으로 ESG는 취업준비생과 경력자 모두에게 새로운 기회의 영역이다. 특히 디지털 기술에 익숙하고 글로벌 감각을 갖춘 MZ세대는 ESG 분야에서 차별화된 경쟁력을 가질 수 있다. ESG를 통해 자신의 새로운 가능성을 발견하고, 의미 있는 경력을 설계할 때다. ESG는 단순한 취업 분야가 아닌, 지속가능한 미래를 만드는 중요한 전문성이 될 것이다.

Part 4

ESG
리더십과 성장

THE
GREEN
BOOK

제9장

ESG
리더십의 진화와 혁신

1. ESG 리더십의 진화와 혁신

기업 경영의 리더십은 시대적 요구와 함께 변화해 왔다. 불과 10년 전만 해도 기업의 리더는 매출 신장과 이익 극대화를 최우선 과제로 삼았다. 생산성을 높이고 비용을 절감하는 것이 리더의 핵심 역량이었고, 분기별 실적이 리더십을 평가하는 절대 기준이었다.

그러나 기후위기가 현실화되고 사회적 불평등이 심화되면서 기업 리더십의 패러다임이 변화하기 시작했다. 특히 2015년 파리기후협약 체결은 큰 전환점이 되었다. 기업들은 더 이상 환경 문제를 외부 비용으로 떠넘길 수 없게 되었고, 리더들은 환경적 가치를 고려한 의사결정을 요구받게 되었다. 이런 흐름의 배경에서 등장한 그린 리더십은 친환경 기술 혁신과 탄소 배출 감축을 주도했다.

하지만 환경만으로는 충분하지 않았다. 공급망에서 발생하는 인권 문제, 기업 지배구조의 투명성 요구, 다양한 이해관계자와의 상생 등 기업이 해결해야 할 과제는 더욱 복잡해졌다. 이에 따라 ESG 리더십이 등장했다. ESG 리더십은 환경적 책임, 사회적 가치, 투명한 지배구조를 통합적으로 고려한다. 더 나아가 이를 통해 새로운 비즈니스 기회를 창출하고 기업의 장기적 경쟁력을 강화한다.

ESG 리더십의 혁신적 특징은 접근 방식에 있다. 과거의 리더십이 하향식 의사결정과 통제를 강조했다면, ESG 리더십은 모든 구성원의 참여와 협력을 이끌어낸다. 환경 문제 해결을 위한 아이디어가 현장 직원으로부터 나오기도 하고, 사회적 가치 창출을 위한 프로젝트가 부서 간 자발적 협업으로 시작되기도 한다.

❶ 비즈니스 환경 변화와 리더십의 발전과정

전통적 기업 리더십은 기업의 이윤 극대화와 시장 지배력 확대에 초점을 맞춰왔다. 제품과 서비스의 품질 향상, 원가 절감, 시장점유율 확대가 리더의 핵심 과제였으며, 단기적 재무성과로 평가되었다. 그러나 기후위기의 심화, 사회적 불평등 확대, 기업 지배구조의 투명성 요구 증가는 기업 리더십의 근본적 변화를 요구하게 되었다.

변화의 요구는 우리 일상생활에서도 쉽게 찾아볼 수 있다. 예를 들어, 과거에는 저렴한 가격의 플라스틱 제품을 대량 생산하는 것이 성공적인 경영으로 평가받았지만, 현재는 환경 오염을 줄이기 위해 재활용이 가능한 소재를 사용하고, 생산 과정에서 발생하는 탄소 배출을 최소화하는 것이 더 중요해졌다. 이처럼 기업의 성공을 측정하는 기준이 변화하면서 리더십의 방향도 함께 변화하고 있다.

2015년 파리기후협약 체결과 UN의 지속가능발전목표(SDGs) 수립은 기업 리더십의 새로운 전환점이 되었다. 기업들은 환경 보호를 위한 그린 리더십을 강조하기 시작했고, 탄소배출 감축과 친환경 기술 개발로 이어졌다. 특히 ESG가 글로벌 규제와 시장 표준으로 자리잡으면서, 리더십의 성과 기준도 재무적 성과에서 ESG 성과로 확장되고 있다.

또한 이런 변화는 소비자들의 인식 변화와도 맞물려 있다. 최근의 소비자들은 단순히 제품의 품질과 가격만을 고려하지 않고, 그 제품을 만드는 기업이 환경과 사회에 어떤 영향을 미치는지도 중요하게 생각한다. 예를 들어, 친환경 포장재를 사용하거나 공정무역을 실천하는 기업의 제품을 선호하는 경향이 커지고 있다.

❷ 포괄적 가치창출을 위한 ESG 리더십의 등장

ESG 리더십은 기업 활동의 환경적 영향, 사회적 책임, 지배구조 투명성을 통합적으로 고려하는 새로운 리더십 모델이다. 이는 단순한 환경 보호나 사회공헌을 넘어, 기업의 모든 의사결정과 운영 과정에 ESG 가치를 내재화하는 것을 의미한다.

쉽게 말해, ESG 리더십은 '돈을 어떻게 벌 것인가'가 아닌, '어떻게 하면 환경을 보호하면서, 사회에 도움이 되고, 투명하게 기업을 운영할 수 있을까'를 고민하는 것이다. 예를 들어, 식품 회사의 리더라면 단순히 매출 증대만을 목표로 하지 않고, 친환경 농법으로 재배된 원료 사용, 지역 농가와의 상생, 식품 안전성 확보 등을 종합적으로 고려하게 된다.

ESG 리더는 조직의 모든 활동이 환경에 미치는 영향을 고려하고 임직원, 협력사, 지역사회 등 다양한 이해관계자와의 상생을 추구한다. 또한 기업 지배구조의 투명성과 책임성을 강화하여 장기적 관점에서 지속가능한 가치를 창출한다. ESG 리더십은 기업의 사회적 책임과 경제적 성과를 동시에 달성할 수 있는 새로운 경영 패러다임을 제시한다.

현대의 ESG 리더는 마치 오케스트라 지휘자와 같다. 각각의 악기(환경, 사회, 지배구조)가 조화롭게 어우러져 아름다운 음악(지속가능한 성장)을 만들어내도록 이끌어가는 것이 ESG 리더의 역할이다.

❸ 기업의 장기적 성장동력으로서 ESG 리더십

ESG 리더십은 기업의 리스크 관리와 기회 창출 측면에서 핵심적인 역할을 한다. 기후변화 대응, 인권 보호, 공정거래 등 ESG 이슈에 선제적으로 대응하는 기업들은 규제 리스크를 줄이고 평판을 강화할 수 있다. 탄소국경조정제도(CBAM)와 같은 새로운 환경 규제에 대비한 선제적 투자는 미래의 비용 부담을 줄일 수 있다.

마치 건강관리와 비슷하다. 평소에 운동하고 건강한 식습관을 유지하면 나중에 큰 병에 걸릴 위험이 줄어드는 것처럼, ESG 경영을 실천하는 기업은 환경 규제나 사회적 문제로 인한 위기를 예방할 수 있다.

또한 ESG 리더십은 새로운 사업 기회를 창출한다. 친환경 기술 개발, 순환경제 비즈니스 모델 구축, 포용적 금융 서비스 제공 등을 통해 신규 시장을 개척할 수 있다. ESG 채권 발행이나 지속가능연계대출과 같은 금융상품을 통해 자금조달 비용을 낮출 수 있으며, ESG 성과는 기업 브랜드 가치 제고와 인재 확보에도 긍정적인 영향을 미친다.

ESG 리더십을 기반으로 재생에너지 발전소를 건설하거나 전기차 충전 인프라를 구축하는 것은 단순한 환경 보호를 넘어 새로운 수익원이 될 수 있다. 또한 취약계층을 위한 금융 서비스 개발은 사회적 가치 창출과 동시에 새로운 고객층 확보로 이어질 수 있다.

❹ 글로벌 선도기업들의 ESG 리더십 특징

ESG 리더십이 실제 기업 현장에서 어떻게 구현되는지 이해하기 위해서는 구체적인 사례를 살펴볼 필요가 있다. ESG 리더십의 실천 방식은 산업별 특성과 기업의 핵심 역량에 따라 다양한 형태로 나타난다. 예를 들어, 제조업의 경우 공급망 전반의 환경영향 관리가 중요하고, IT 기업은 데이터센터의 에너지 효율화가 핵심 과제가 된다. 금융기업에서는 투자 의사결정 과정에서 ESG 요소를 고려하는 것이 중요하다.

글로벌 선도기업들은 산업별 특성을 고려하면서 다음과 같은 ESG 리더십 특징을 보여주고 있다:

첫째, ESG를 기업 전략의 핵심 축으로 설정하고 명확한 목표와 실행 계획을 수립한다. 대표적인 예로 마이크로소프트의 탄소 중립 전략을 들 수 있다. IT 산업에서 가장 큰 환경 영향은 데이터센터의 전력 사용이다. 마이크로소프트는 이 문제를 해결하기 위해 2030년까지 탄소 네거티브 달성을 선언했고, 전사적 실천을 위해 각 부서에 '탄소 예산'을 배정하는 혁신적인 접근을 도입했다. 이는 단순한 선언이 아닌, IT 기업의 특성을 정확히 반영한 실천적 ESG 리더십의 사례다.

둘째, 전사적 차원의 ESG 거버넌스 구축과 성과 관리 체계를 운영한다. 나이키는 글로벌 공급망에서 발생할 수 있는 인권과 노동 문제에 선제적으로 대응하기 위해 이사회 내에 지속가능경영위원회를 설치했다. 특히 ESG 성과를 임원 보상과 연계함으로써 ESG가 단순한 선언이 아닌, 실질적인 경영 목표로 작동하도록 했다.

셋째, 이해관계자와의 적극적 소통과 협력을 통한 ESG 가치를 창출한다. 유니레버는 소비재 기업으로서 제품의 환경 영향을 줄이기 위해 소비자, 협력사, NGO 등 다양한 이해관계자와 정기적인 소통 채널을 운영한다. 이를 통해 수집된 의견은 지속가능한 제품 개발과 ESG 전략 수립에 직접 반영된다.

넷째, ESG 혁신을 위한 지속적인 투자와 조직 역량을 강화한다. 테슬라의 경우 전기차 배터리 기술 개발에 대규모 투자를 진행하는데, 이는 단순한 제품 혁신을 넘어 글로벌 탄소 배출 감축이라는 ESG 목표와 직결된다. 동시에 임직원 대상 ESG 교육을 통해 조직의 혁신 역량을 높이고 있다.

다섯째, 공급망 전반에 걸친 ESG 기준 적용과 협력사 지원을 실시한다. 월마트는 글로벌 유통업체로서 가진 영향력을 활용해 협력사들의 ESG 역량 향상을 지원한다. ESG 평가 기준을 제시하고, 이를 충족하기 위한 기술 지원과 교육 프로그램을 제공함으로써 공급망 전체의 지속가능성을 높이고 있다.

글로벌 기업들의 사례에서 공통적으로 발견되는 특징은 ESG를 단순한 규제 대응이나 홍보 수단으로 보지 않는다는 점이다. 이들은 자사의 비즈니스 모델과 ESG를 긴밀하게 연계하고, 이를 새로운 가치 창출의 기회로 활용한다. 특히 MZ세대 소비자와 투자자들의 ESG 요구가 강화되면서, ESG 리더십은 기업의 미래 생존과 성장을 좌우하는 결정적 요인으로 부상하고 있다.

2. ESG 리더십 실행과 성과관리

❶ 직급별 ESG 리더십의 차별화된 역할

조직 내 ESG 리더십은 마치 오케스트라와 같다. 지휘자인 경영진의 명확한 방향 제시, 각 파트를 이끄는 중간관리자의 조율, 그리고 실제 연주를 하는 실무진의 실천이 조화롭게 어우러져야 깊이 있는 ESG 성과를 만들어낼 수 있다.

경영진의 ESG 리더십은 전략적 통찰에서 시작된다. ESG가 왜 우리 기업에 필요한지, ESG를 통해 어떤 가치를 창출할 것인지를 명확히 제시한다. 더불어 ESG 전략 실행을 위한 자원을 배분하고, 전사적 추진 동력을 확보한다. 무엇보다 중요한 것은 ESG 성과에 대한 명확한 평가 기준을 제시하고, 이를 경영 의사결정의 핵심 요소로 삼는 것이다.

중간관리자는 ESG 전략을 현장의 실행 과제로 구체화한다. 전사 ESG 목표를 부서별 세부 과제로 전환하고, 이를 실현하기 위한 실행 계획을 수립한다. 팀원들의 업무에서 ESG 관점이 자연스럽게 반영되도록 지원하며, 부서 간 협업을 이끌어내는 가교 역할도 담당한다. 중간관리자의 ESG 이해도와 실행력이 조직의 ESG 성과를 좌우하는 핵심 요소가 된다.

실무진은 ESG의 실질적인 실천 주체다. 각자의 업무 영역에서 ESG 가치를 실현할 방안을 찾고, 이를 일상적인 업무 프로세스에 통합한다. 구매팀은 협력사 ESG 평가를, 생산팀은 공정 효율화를, 마케팅팀은 ESG 커뮤니케이션을 담당한다. 때로는 현장에서의 직접적인 경험을 바탕으로 ESG 혁신 아이디어를 제안하기도 한다.

직급별 ESG 리더십이 효과적으로 발휘되기 위해서는 적절한 권한과 책임이 수반되어야 한다. 경영진에게는 ESG 투자 결정권과 조직 개편 권한이, 중간관리자에게는 부서 ESG 과제 수행을 위한 자원 배분 권한이, 실무진에게는 업무 개선 제안권이 주어져야 한다. 동시에 ESG 성과에 대한 명확한 책임과 평가 체계도 마련되어야 한다.

▶ ESG 리더십 발휘를 위한 권한과 책임

ESG 리더십이 효과적으로 발휘되기 위해서는 적절한 권한과 책임이 부여되어야 한다. 경영진에게는 ESG 투자 결정권과 조직 개편 권한이, 중간관리자에게는 부서 내 ESG 과제 수행을 위한 자원 배분 권한이, 실무자에게는 ESG 관련 업무 개선 제안권이 주어져야 한다.

동시에 ESG 성과에 대한 명확한 책임도 설정되어야 한다. ESG 목표 달성 여부가 성과 평가에 반영되어야 하며, ESG 리스크 관리에 대한 책임소재도 명확히 해야 한다. 이는 단순히 ESG 전담 부서만의 책임이 아닌, 모든 부서와 구성원의 공동 책임이라는 인식이 필요하다.

❷ ESG 성과관리와 협업 체계 구축

ESG 성과를 체계적으로 관리하기 위해서는 적절한 평가 지표와 보상 체계가 필요하다. 각 부서와 개인의 ESG 목표를 설정하고, 이에 대한 달성도를 정기적으로 측정하며, 그 결과를 인사평가와 보상에 반영해야 한다.

특히 ESG는 부서 간 긴밀한 협력이 필수적이다. 예를 들어, 제품의 탄소발자국을 줄이기 위해서는 제품 기획, R&D, 구매, 생산, 물류 등 거의 모든 부서가 함께 움직여야 한다. 이를 위해 'ESG 솔루션 랩'과 같은 협업 공간을 만들어 부서 간 장벽을 낮추고, 공동의 목표를 향해 협력하는 문화를 만들어야 한다.

또한 ESG 성과 평가는 단기적 성과뿐만 아니라 장기적 관점에서 이루어져야 한다. 'ESG 임팩트 스코어'와 같은 새로운 평가 지표를 도입하여 환경영향 감소, 사회적 가치 창출, 이해관계자 만족도 등을 종합적으로 측정하고 관리해야 한다.

❸ 성공적 ESG 리더십 실천 사례

효과적인 ESG 리더십은 조직을 어떻게 변화시킬 수 있을까? 한 제조기업의 사례는 ESG 리더십이 실제 현장에서 어떻게 작동하는지 잘 보여준다. 이 기업은 'ESG 혁신 프로젝트'를 시작하면서 기존의 하향식 접근 대신, 전 구성원의 참여를 이끌어내는 새로운 방식을 택했다. 우선 각 부서에서 1-2명의 'ESG 챔피언'을 선발했다. 이들은 자발적으로 지원한 실무자들로, 부서의 ESG 혁신을 주도할 권한을 부여받았다.

생산부의 ESG 챔피언은 공정 과정의 에너지 낭비 요소를 찾아내 개선안을 제시했고, 연간 20%의 에너지 절감으로 이어졌다. R&D팀의 챔피언은 제품 설계 단계부터 재활용성을 고려하는 'Eco-Design 가이드라인'을 개발했다. 구매팀 챔피언은 협력사 ESG 평가 체계를 구축하고, 협력사의 ESG 역량 강화를 지원하는 프로그램을 기획했다.

중간관리자들은 현장의 아이디어를 체계화하고 실행하는 역할을 맡았다. 부서장들로 구성된 'ESG 스티어링 커미티'는 매월 모여 ESG 과제의 진행 상황을 점검하고, 부서 간 협업이 필요한 사항을 조율했다. 특히 재무팀장과 생산팀장이 협력하여 탄소배출량을 원가 관리 시스템에 통합한 것은 주목할 만한 성과였다.

경영진은 이런 상향식 혁신을 지원하고 가속화하는 역할을 했다. CEO는 분기별 경영회의에서 재무 실적만큼 ESG 성과를 비중있게 다뤘고, ESG 혁신 우수 사례에 대한 포상을 제도화했다. ESG 투자 예산을 별도로 배정하여 현장의 아이디어가 실행될 수 있도록 지원했고, 중장기 경영전략에 ESG를 핵심 축으로 반영했다.

이렇게 진행된 전사적 ESG 리더십의 결과는 놀라웠다. 2년 만에 탄소 배출량은 30% 감소했고, 협력사들의 ESG 평가 점수도 평균 40% 향상되었다. 더 중요한 것은 조직문화의 변화였다. ESG는 더 이상 '해야 하는 것'이 아닌 '하고 싶은 것'이 되었다. 구성원들은 자신의 업무가 환경과 사회에 미치는 영향을 자연스럽게 고려하기 시작했고, 지속적인 혁신의 원동력이 되었다.

특히 주목할 점은 ESG 리더십이 새로운 비즈니스 기회를 창출했다는 것이다. 공정 혁신 과정에서 개발된 에너지 절감 기술은 특허로 이어졌고, 새로운 수익원이 되었다. 협력사 ESG 지원 경험은 컨설팅 사업으로 발전했으며, 친환경 제품 라인업 확대는 신규 고객층을 확보하는 계기가 되었다. 이 사례는 ESG 리더십이 단순한 리스크 관리나 비용 센터가 아닌, 조직의 혁신과 성장을 이끄는 동력이 될 수 있음을 보여준다. 중요한 것은 모든 구성원이 각자의 위치에서 ESG 리더십을 발휘할 수 있는 환경을 조성하는 것이다.

❹ ESG 리더십 부재로 인한 위험과 한계점

ESG 리더십의 부재는 생각보다 더 큰 대가를 치르곤 한다. 한 대기업은 협력사 관리 과정에서 ESG 리더십 부재로 인해 심각한 위기를 겪기도 하였다. 협력사의 환경 기준 미달과 인권 문제가 언론에 보도되면서 기업 이미지가 훼손되었고, 주가는 하루 만에 15% 폭락했다. 더 큰 문제는 협력사 교체에 따른 공급망 재구축 비용이 수백억 원에 달했다는 점이다.

또 다른 기업은 ESG 정보공시 미흡으로 곤란을 겪었다. 글로벌 투자자들이 요구하는 수준의 ESG 정보를 제공하지 못해 투자 유치에 실패했고, 자금조달 비용 상승으로 이어졌다. 단순히 공시 체계가 미흡했던 것이 아니라, ESG의 중요성을 인식하고 이를 전략적으로 관리하는 리더십이 부족했던 것이다.

현장에서도 ESG 리더십 부재의 영향이 나타난다. ESG 전담 조직은 있지만 실무 부서와의 소통이 원활하지 않아 보고서 작성을 위한 데이터 수집조차 어려운 경우가 많다. "ESG는 전담팀의 일"이라는 인식 때문에 다른 부서들은 소극적인 태도를 보인다. 결국 ESG는 형식적인 활동에 그치고, 실질적인 변화와 성과 창출로 이어지지 못한다.

리더십 부재는 조직 내 갈등도 심화시키기 마련이다. 특히 ESG 성과에 대한 평가와 보상 체계가 불명확하다 보니, 부서 간 책임 공방, 일명 핑퐁게임이 발생한다. 탄소 배출 감축은 누구의 책임인가? 협력사 ESG 관리는 구매팀의 몫인가, 상생협력팀의 몫인가? 이런 책임의 혼

선은 조직의 ESG 추진 동력을 약화시킨다.

의사결정의 지연도 자주 등장하게 되는 주요한 문제다. ESG 관련 결정에 대한 권한과 책임이 모호하다 보니, 중요한 판단이 지연되거나 회피되는 경우가 많다. 특히 단기 실적과 ESG 가치가 상충할 때, 명확한 의사결정 기준이 없어 표류하는 경우가 빈번하다.

이러한 ESG 리더십의 부재는 결과적으로 기업의 경쟁력 약화로 이어진다. ESG가 선택이 아닌 필수가 된 시대에, 리더십 부재로 인한 대응 지연은 시장에서의 도태를 의미할 수 있다. 따라서 ESG 리더십은 이제 기업의 생존과 직결된 핵심 역량으로 인식되어야 한다.

3. ESG 중심의 조직문화 혁신과 대응력 강화

❶ 전사적 ESG 가치 내재화 전략

많은 기업들이 ESG를 강조하지만, 실제 조직 구성원들의 일상 업무에서 ESG 가치가 실천되기까지는 상당한 갭이 존재한다. 영업팀은 매출 목표 달성에 급급하고, 제조팀은 생산성 향상에만 집중하다 보면 ESG는 자연스럽게 후순위로 밀리기 쉽다. 이러한 현실에서 ESG를 진정한 조직문화로 정착시키기 위해서는 체계적인 접근이 필요하다.

먼저, ESG가 왜 우리 조직에 필요한지에 대한 구성원들의 공감대 형성이 중요하다. 단순히 "ESG가 중요하다"는 선언적 구호가 아닌, 구체

표 43. 부서별 ESG 요인의 적용방향

부서	ESG 적용 방안
구매팀	• 협력사 선정 시 ESG 평가 기준 적용 • 친환경 원자재 조달 비중 확대
생산팀	• 에너지 효율화 • 폐기물 저감 • 작업장 안전보건 강화
영업/마케팅팀	• ESG 스토리텔링 • 친환경 제품 프로모션 강화
인사팀	• ESG 성과의 평가 반영 • ESG 교육 프로그램 운영
재무팀	• ESG 투자 검토 • 지속가능금융 활용 확대

적인 사례와 데이터를 통해 ESG와 비즈니스의 연관성을 보여줘야 한다. 예를 들어, 제조 현장의 친환경 공정 도입이 어떻게 비용 절감으로 이어지는지, 협력사 ESG 관리가 어떻게 공급망 리스크를 줄이는지 등을 구체적으로 설명할 수 있어야 한다.

이어서 실제 업무 프로세스에 ESG를 반영하는 단계로 나아가야 한다. 각 부서와 직무의 특성에 맞게 차별화되어야 한다:

❷ 부서 간 협업을 통한 ESG 성과 창출

ESG 성과 창출을 위해서는 부서 간 긴밀한 협력이 필수적이다. 환경(E) 성과는 생산, 연구개발, 구매 등 여러 부서의 협력이 필요하며,

사회(S) 성과는 인사, 마케팅, 상생협력 등 다양한 부서가 관여한다. 지배구조(G) 개선을 위해서도 재무, 법무, 감사 등 여러 부서의 공조가 요구된다.

이는 마치 축구팀과 같다고 할 수 있다. 골키퍼, 수비수, 미드필더, 공격수가 각자의 위치에서 역할을 다하면서도 하나의 팀으로 움직여야 승리할 수 있는 것처럼, ESG 성과도 각 부서가 자신의 전문성을 발휘하면서 유기적으로 협력할 때 달성될 수 있다.

그러나 현실에서는 부서 간 칸막이로 인해 ESG 협업이 원활하지 않은 경우가 많다. 특히 ESG 전담 조직이 있는 경우, 다른 부서들은 ESG를 '전담 부서의 업무'로 인식하여 소극적인 태도를 보이기도 한다. 부서 간 쌓여지는 담이 높아지는 문제를 해결하기 위해서는 ESG 과제에 대한 부서 간의 역할과 책임을 명확히 하고, 협업을 촉진하는 제도적 장치를 마련해야 한다.

가령, 친환경 제품 개발이라는 목표를 달성하기 위해서는 연구개발팀의 기술 혁신, 구매팀의 친환경 원자재 조달, 생산팀의 공정 개선, 마케팅팀의 소비자 커뮤니케이션이 모두 조화롭게 이루어져야 한다. 이를 위해서는 정기적인 협업 회의, 통합 성과 관리 시스템, 부서 간 인센티브 제도 등이 필요하다.

❸ ESG 대응력 강화방안

▶ 환경변화와 기업의 대응 체계

ESG 환경 변화는 기업 실무자들이 직접적으로 체감하는 현실이 되었다. 특히 ESG 환경 변화는 기존의 경영환경 변화와는 다른 특성을 보인다.

첫째, 변화의 속도가 매우 빠르다. EU의 탄소국경조정제도(CBAM) 도입, 공급망 실사법 확산, ESG 정보공시 의무화 등 새로운 ESG 규제와 기준이 전 세계적으로 도입되면서, 기업들은 빠른 대응을 요구받고 있다.

둘째, 변화의 영향이 연쇄적으로 확산된다. 대기업이 협력사에 ESG 평가를 요구하고, 금융기관이 대출과 투자에 ESG 기준을 적용하며, 소비자가 제품의 환경영향 정보를 요구하는 등 한 기업의 ESG 정책 변화가 전체 가치사슬로 빠르게 전파된다.

셋째, 대응에 상당한 자원과 시간이 필요하다. 재생에너지로의 전환을 위한 설비 투자, ESG 데이터 수집과 관리 시스템 구축, 전문인력 양성과 조직문화 변화 등 일회성 대응이 아닌, 조직 전반의 체질 개선이 필요하다.

넷째, ESG는 새로운 게임의 법칙이 되고 있다. ESG 우수 기업에 대한 투자 확대, ESG 연계 금융상품 증가, ESG 기반 신사업 기회 출현 등 이제 ESG는 리스크 관리를 넘어 새로운 경쟁력의 원천이 되고 있다.

▶ ESG 리스크 관리와 기회 포착

ESG 리스크는 기업의 실질적인 비즈니스 리스크로 현실화되고 있다. 한 의류 기업이 협력사의 인권 문제로 불매운동에 직면하거나, 환경 규제 대응이 미흡했던 기업이 막대한 과징금을 부과 받는 일이 더 이상 남의 일이 아니게 되었다.

ESG 리스크의 가장 큰 특징은 한 번 발생하면 그 영향이 기업 전반으로 빠르게 확산된다는 점이다. 예를 들어, 공급망에서 발생한 ESG 문제는 단순한 운영상의 차질을 넘어 기업 평판 하락, 고객 이탈, 주가 하락, 자금조달 비용 증가 등으로 이어질 수 있다.

그러나 ESG는 새로운 성장 기회도 제공한다. 친환경 제품 시장이 빠르게 성장하고 있으며, ESG 채권이나 지속가능연계대출과 같은 새로운 금융상품도 등장하고 있다. 예를 들어, 한 화학기업은 환경규제 대응 과정에서 개발한 친환경 소재 기술을 새로운 수익원으로 발전시켰고, 다른 기업은 협력사 ESG 역량 강화 지원 과정에서 축적한 노하우를 바탕으로 ESG 컨설팅 사업을 시작했다.

▶ 조직의 ESG 핵심 역량 구축

효과적인 ESG 대응을 위해서는 다음과 같은 핵심 역량이 필요하다.

첫째, ESG 트렌드를 읽고 분석하는 역량이다. ESG는 전 세계적으로 진화하고 있는 새로운 게임의 규칙이다. EU의 탄소국경조정제도나 공급망 실사법과 같은 규제의 영향을 분석하고, 산업별 ESG 동향을 파악하며, 이해관계자들의 요구사항을 이해할 수 있어야 한다.

둘째, 실행 역량이다. ESG는 전략과 실행 사이의 간극이 특히 큰 영역이다. 예를 들어, 탄소 배출 감축 목표를 세웠다면, 이를 달성하기 위한 구체적인 실행 방안을 수립하고, 필요한 기술과 시스템을 도입하며, 구성원들의 실천을 이끌어낼 수 있어야 한다.

셋째, 협업 역량이다. ESG는 본질적으로 전사적 과제다. 환경 목표 달성을 위해서는 생산, 구매, R&D 부서가 협력해야 하고, 사회적 가치 창출을 위해서는 인사, 마케팅, 상생협력 부서가 함께 움직여야 한다.

넷째, 혁신 역량이다. ESG는 기존의 비즈니스 방식에 대한 근본적인 변화를 요구한다. 예를 들어, 탄소중립은 단순한 에너지 절감이 아닌, 제품 설계부터 생산 방식, 비즈니스 모델까지 전반적인 혁신을 필요로 한다.

❹ ESG 성과관리 체계 구축

▶ 성과관리 체계 구축

ESG 성과를 체계적으로 관리하기 위해서는 적절한 평가 지표와 보상 체계가 필요하다. 각 부서와 개인의 ESG 목표를 설정하고, 이에 대한 달성도를 정기적으로 측정하며, 그 결과를 인사평가와 보상에 반영해야 한다. 예를 들어 탄소배출 감축, 산업재해 예방, 협력사 ESG 관리 등의 지표를 설정하고, 이를 부서 KPI에 포함시킬 수 있다.

이는 마치 학교의 성적 평가 시스템과 유사하다. 단순히 시험 점수만으로 학생을 평가하지 않고 출석, 과제, 수행평가 등 다양한 요소를 종합적으로 평가하는 것처럼, ESG 성과도 다양한 측면에서 평가되어야 한다.

특히 ESG 성과에 대한 보상은 단기적 성과뿐만 아니라 장기적 관점에서 평가되어야 한다. ESG 과제는 대부분 장기적인 노력이 필요하므로, 중장기 성과를 고려한 평가와 보상 체계를 설계해야 한다.

실제로 많은 글로벌 기업들은 경영진의 성과급 중 일정 비율을 ESG 목표 달성과 연계하고 있다. 애플은 임원 보상의 10%를 환경 및 사회적 가치 창출과 연계하고 있으며, 유니레버는 지속가능성 목표 달성을 임원 평가의 핵심 요소로 반영하고 있다.

▶ 구성원 동기부여를 위한 ESG 평가와 보상

ESG 문화 정착을 위해서는 구성원들의 적극적인 참여를 이끌어내는 것이 중요하다. 이를 위해 ESG 성과에 대한 공정한 평가와 적절한 보상이 이루어져야 한다. ESG 우수 사례를 발굴하여 포상하고, ESG 혁신 아이디어를 제안하고 실행한 구성원들을 격려하는 등의 방안을 활용할 수 있다.

또한 ESG 성과가 개인과 조직의 성장에 기여한다는 것을 구성원들이 체감할 수 있도록 해야 한다. ESG 역량 개발이 경력 발전의 중요한 요소임을 인식시키고, ESG 성과가 우수한 인재들에게 더 많은 성장 기회를 제공하는 것도 효과적인 동기부여 방안이 될 수 있다.

ESG 중심의 조직문화 혁신은 단기간에 이루어질 수 없다. 지속적인 관심과 투자, 그리고 전 구성원의 참여와 노력이 필요하다. 그러나 기업의 지속가능한 성장을 위한 필수적인 과정이며, 장기적으로는 기업의 경쟁력 강화로 이어질 것이다.

❺ ESG 조직 문화의 정착과 확산

▶ 대기업의 ESG 문화 조성

대기업의 ESG 문화 조성은 체계적이고 종합적인 접근이 필요하다. 먼저, ESG 전략 수립과 실행을 총괄하는 전담 조직을 운영하여 전사적 ESG 경영의 컨트롤타워 역할을 수행하도록 한다. 이 조직은 ESG 관련 의사결정을 주도하고, 각 부서의 ESG 활동을 조율하는 핵심적인 역할을 담당한다.

체계적인 교육 시스템 구축도 중요하다. 직급별, 직무별로 맞춤형 ESG 교육 프로그램을 운영하여 모든 구성원이 ESG의 중요성을 이해하고 실천할 수 있도록 지원해야 한다. 예를 들어, 경영진에게는 ESG 전략과 리스크 관리를, 중간관리자에게는 ESG 과제 실행과 성과 관리를, 일반 직원에게는 ESG 기초 지식과 실천 방법을 교육할 수 있다.

성과관리 체계 측면에서는 명확한 ESG KPI를 설정하고 이를 평가 및 보상과 연계하는 것이 필요하다. 또한 ESG 성과를 실시간으로 모니터링하고 개선점을 도출할 수 있는 시스템을 구축해야 한다.

마지막으로 이해관계자와의 소통도 강화해야 한다. 지속가능경영 보고서 발간, ESG 정보공시, 이해관계자와의 대화 등을 통해 기업의 ESG 노력과 성과를 투명하게 공개하고, 이해관계자의 의견을 경영에 반영하는 쌍방향 소통 체계를 구축해야 한다. 이는 ESG 경영의 신뢰성을 높이고 기업의 지속가능한 성장을 위한 토대가 된다.

▶ 조직 규모별 맞춤형 ESG 문화 조성 방안

ESG 경영이 대기업만의 과제라고 생각하는 것은 큰 오해다. 글로벌 공급망에서 ESG는 이미 필수 요소가 되었고, 중소기업도 예외일 수 없다. 다만 조직의 규모와 특성에 따라 ESG 문화를 조성하는 방식은 달라져야 한다. 마치 운동을 할 때 개인의 체력과 상황에 맞는 운동 방법을 선택하는 것과 같다. 마라톤 선수와 일반인이 같은 훈련 방법을 사용할 수 없듯이, 대기업과 중소기업도 각자의 상황에 맞는 ESG 추진 방식을 찾아야 한다.

중소기업의 경우, 처음부터 복잡한 ESG 시스템을 구축하기보다는 핵심적인 ESG 이슈에 집중하는 것이 효과적이다. 예를 들어 에너지 효율 개선, 안전한 작업환경 조성, 투명한 경영정보 공개 등 실천 가능한 과제부터 시작할 수 있다.

그러나 이렇듯 대기업형 접근은 중소기업에게는 현실적이지 않을 수 있다. 중소기업은 다음과 같은 단계적 접근이 효과적이다:

표 44. 중소기업의 단계별 ESG 적용 프로세스

단계	세부 내용
1단계 ESG 현황 진단	• 현재 우리 기업의 ESG 수준은 어떠한가? • 고객사나 협력사가 요구하는 ESG 기준은 무엇인가? • 우리 기업에 가장 시급한 ESG 과제는 무엇인가?
2단계 핵심 과제 선정	• 에너지 사용량 모니터링과 감축 • 산업안전보건 관리 체계 구축 • 기본적인 컴플라이언스 강화 • 필수 ESG 정보관리 체계 마련
3단계 실천 가능한 목표 설정	• 단기(1년): 기본적인 ESG 관리 체계 구축 • 중기(2-3년): 핵심 영역 ESG 성과 창출 • 장기(3년 이상): ESG 경쟁력 확보
4단계 구성원 참여 촉진	• 경영진의 ESG 실천 의지 표명 • 부서별 ESG 실천 과제 도출 • 구성원 제안제도 활성화 • ESG 우수 사례 공유와 포상

특히 중소기업의 경우, 외부 지원제도를 적극 활용하는 것이 중요하다.

• 정부/지자체의 ESG 지원 사업 참여

• 대기업 협력사 ESG 지원 프로그램 활용

• 산업별 협회의 ESG 교육/컨설팅 활용

• ESG관련 금융지원 제도 활용

위의 단계적 접근을 통해 중소기업도 과도한 부담 없이 ESG 문화를 점진적으로 구축할 수 있다. 중요한 것은 우리 기업의 상황에 맞는 속도와 방식을 찾는 것이다.

▶ 장기적 ESG 경쟁력 확보를 위한 과제

ESG 경쟁력은 하루아침에 만들어지지 않는다. 장기적 관점에서 다음과 같은 과제들을 지속적으로 추진하는 것이 필요하다.

첫째, ESG를 기업의 핵심 전략으로 격상시켜야 한다. ESG를 단순한 비용이나 규제 대응으로 보는 시각에서 벗어나, 기업의 존재 목적과 가치 창출 방식을 재정의하는 계기로 삼아야 한다.

둘째, ESG 전문성 확보를 위한 투자다. 기후변화 대응, 인권경영, 지배구조 개선 등 각 분야별로 전문 인력을 확보하고 육성해야 한다. 특히 ESG 데이터 관리와 성과 측정 역량은 필수적이다.

셋째, 이해관계자와의 파트너십 구축이다. ESG는 기업 혼자 해결할 수 없는 과제들이 많다. 협력사, 고객, 지역사회 등 다양한 이해관계자들과의 협력 관계를 구축하고 강화해야 한다.

마지막으로, ESG를 조직문화로 정착시키는 것이다. 모든 의사결정 과정에 ESG 관점이 자연스럽게 반영되도록 해야 한다. 리더의 지속적인 관심과 구성원들의 공감대 형성을 통해 달성될 수 있다.

ESG 경쟁력 강화는 더 이상 선택이 아닌 필수가 되었다. 투자자, 고객, 그리고 MZ세대 구성원들에게 ESG는 기업을 판단하고 평가하는 중요한 기준이 되었으며, 기업의 지속가능한 성장을 위한 필수 요소로 자리잡아가고 있다.

제10장

미래를 위한 준비

1. ESG 환경의 새로운 도전

❶ AI/디지털 전환과 ESG의 융합

"ESG 데이터는 수집하고는 있는데, 이걸 어떻게 활용해야 할지 모르겠어요."

"매월 ESG 보고서를 만드는 데 필요한 데이터 취합만 2주가 걸립니다."

"협력사 ESG 평가를 수작업으로 하다 보니 실수가 자주 발생해요."

위의 현장의 목소리는 ESG 업무에서 디지털 전환의 필요성을 잘 보여준다. 특히 2024년부터 EU의 기업지속가능성 보고 지침(CSRD)이 시행되고, 2025년부터 한국의 K-ESG 정보공시가 의무화되면서 ESG

데이터 관리의 부담은 더욱 커질 전망이다.

AI와 디지털 기술은 현장의 소리를 해결하는 핵심 도구가 되고 있다. 예를 들어, 한 제조기업은 공장의 에너지 사용량과 탄소 배출을 실시간으로 모니터링하는 AI 시스템을 도입했다. 이 시스템은 생산 공정별 에너지 효율을 분석하고, 최적의 운영 방안을 제시한다. 도입 1년 만에 에너지 비용 15% 절감과 함께 탄소 배출도 크게 줄일 수 있었다.

금융기업들은 AI를 활용해 투자 포트폴리오의 ESG 리스크를 분석한다. 전통적인 재무분석으로는 파악하기 어려운 기후변화 위험, 인권 이슈, 지배구조 문제 등을 AI가 뉴스, 소셜미디어, 규제 동향 등 다양한 데이터를 통해 식별한다. 이는 투자 리스크를 줄이고 새로운 기회를 발견하는 데 도움을 준다.

이런 변화 속에서 AI 기술은 ESG 데이터 관리의 핵심 도구로 부상하고 있다.

- 위성 영상과 AI 분석을 통한 산림 파괴 및 생물다양성 모니터링
- IoT 센서와 AI를 활용한 실시간 에너지 사용량, 탄소 배출량 측정 및 예측
- 머신러닝 기반의 공급망 ESG 리스크 조기 경보 시스템
- AI 기반 ESG 평가 모델을 통한 투자 의사결정 지원
- 자연어 처리 기술을 활용한 ESG 관련 뉴스와 소셜미디어 분석

블록체인 기술 또한 ESG 데이터의 신뢰성 확보에 핵심적 역할을 하고 있다. 2025년부터 시행되는 EU 배터리 규제는 배터리의 전 수명주

기에 걸친 탄소발자국 추적을 요구하는데, 이를 위해 블록체인 기반의 추적 시스템이 필수적으로 도입될 전망이다.

❷ 글로벌 공급망의 재편과 ESG

"유럽 고객사로부터 갑자기 공급망 ESG 실사 자료를 요청받았습니다."

"우리 제품의 탄소발자국을 증명하라는데, 2,3차 협력사까지 어떻게 관리해야 할지 막막합니다."

"ESG 기준을 충족하지 못하면 거래가 끊길 수도 있다고 하네요."

공급망 변화에 따른 현장의 목소리는 글로벌 공급망이 ESG를 중심으로 빠르게 재편되고 있음을 보여준다. 2024년부터 시행되는 EU 공급망 실사법(CSDDD)은 글로벌 공급망 변화를 가속화시킬 전망이다. 이 법은 EU 대기업들에게 자사뿐만 아니라 공급사슬에 관련된 공급망의 ESG 리스크를 관리하도록 요구하는 것이다.

한 제조 기업의 사례는 공급망 규제 변화에 대한 선제적 대응이 얼마나 중요한지 보여준다. 이 기업은 2023년부터 'ESG 공급망 관리 시스템'을 구축했다. 1차 협력사의 ESG 평가뿐만 아니라, 2,3차 협력사까지 포함하는 ESG 리스크 모니터링 체계를 만들었다. 더불어 협력사들의 ESG 역량 강화를 위한 교육과 기술 지원도 제공했다. 이렇듯 선제적 대응 덕분에 오히려 유럽 고객사들로부터 새로운 거래 제안을 받게 되었다.

미국도 2024년부터 SEC의 기후 공시 규칙이 시행되며, Scope 3 배출량 보고 의무화로 인해 공급망 전반의 탄소 배출 관리가 필수가 된다. 한국은 2025년부터 K-ESG 가이드라인을 통해 공급망 ESG 관리를 강화할 예정이다.

이런 변화는 공급망 내 모든 기업에 영향을 미친다.

- 1차 협력사: 2025년부터 원청기업의 ESG 평가 및 실사 대상
- 2,3차 협력사: 2026년 이후 단계적으로 ESG 관리 범위 확대
- 중소기업: 공급망 내 지위 유지를 위해 ESG 역량 강화 필수
- 신규 거래처: ESG 기준 충족이 거래 개시의 필수 조건

특히 탄소국경조정제도(CBAM)가 2026년부터 본격 시행되면서 철강, 시멘트, 알루미늄 등 고탄소 산업을 중심으로 공급망 재편이 가속화될 전망이다. EU로 수출하는 기업들은 제품의 탄소 배출량을 정확히 측정하고 검증받아야 하며, 결국 전체 공급망의 탄소 관리 체계 구축으로 이어질 것이다.

❸ 신산업 등장과 ESG 기회

"환경 규제가 강화되면서 비용 부담이 커질 것 같은데…"

"ESG 때문에 기존 사업이 위협받는 것 같아요."

이런 우려의 목소리가 있지만, 실제로 ESG는 새로운 비즈니스 기회의 보고가 되고 있다. 위기를 기회로 전환한 기업들의 사례가 이를 잘 보여준다.

한 화학기업은 플라스틱 재활용 기술 개발에 투자했다. 처음에는 규제 대응 차원이었지만, 이제는 재생 플라스틱 소재가 새로운 수익원이 되었다. 특히 2025년부터 EU에서 재활용 플라스틱 의무 사용 비율이 도입되면서, 이 기업의 기술과 제품에 대한 수요는 더욱 증가할 전망이다.

건설업체들도 변화의 기회를 포착하고 있다. 한 중견 건설사는 기후변화 대응을 위한 '그린 리모델링' 사업을 시작했다. 노후 건물의 에너지 효율을 개선하고, 태양광 설비를 설치하는 사업이다. 정부의 그린뉴딜 정책과 맞물려 빠르게 성장하고 있으며, 2024년부터는 베트남 등해외 시장 진출을 준비하고 있다.

이러한 변화 속에서 특히 주목할 만한 신산업 분야들이 있다:

▶ 기후테크(Climate Tech) 산업

- 탄소포집저장(CCS) 기술: 2030년까지 글로벌 시장규모 2,000억 달러 전망
- 그린수소 생산: 2026년부터 본격적인 상용화 시작, 2050년까지 연간 5,000억 달러 시장 형성 예상
- 배터리 재활용: 2025년부터 EU 배터리 규제 시행으로 재활용 시장 급성장 전망

▶ 순환경제 비즈니스

- 재제조(Remanufacturing) 산업: 2025년까지 연평균 12% 성장 전망

- 플라스틱 재활용: 2030년까지 모든 플라스틱 포장재의 재활용 의무화로 신규 시장 형성
- 업사이클링 제품: MZ세대 중심의 소비 트렌드 변화로 연간 20% 이상 성장

▶ 생물다양성 관련 산업

- 자연기반해결책(Nature-based Solutions): 2030년까지 4,000억 달러 시장 형성
- 생태계 복원 사업: UN의 생태계 복원 10개년 계획에 따른 신규 시장 창출
- 생물다양성 크레딧: 2026년부터 본격적인 거래 시장 형성 예상

❹ ESG 관련 새로운 규제와 표준

"EU는 CSRD, 미국은 SEC 규제, 한국은 K-ESG... 도대체 어떤 기준을 따라야 하나요?"

"매번 다른 평가기관에서 다른 기준으로 ESG 평가를 하니 대응하기가 너무 힘듭니다."

이러한 현장에서 마주하게 되는 혼란은 ESG 규제와 표준이 아직 진화 과정에 있음을 보여준다. 하지만 2025년을 기점으로 글로벌 ESG 규제는 새로운 국면을 맞이할 전망이다. 특히 주목할 점은 각국의 규제가 점차 통합되고 표준화되는 경향이다.

EU의 CSRD는 단순한 정보공시 규제를 넘어, 글로벌 ESG 공시의 새로운 표준이 되어가고 있다. 미국 기업들도 EU 시장에서 활동하기 위해서는 이 기준을 따라야 하며, 한국의 K-ESG도 CSRD의 주요 원칙들을 반영하고 있다. 한 글로벌 기업의 ESG 책임자는 "처음에는 각국의 다른 기준에 맞추느라 힘들었지만, 결국 가장 높은 수준의 기준에 맞추니 다른 규제도 자연스럽게 충족되더라"고 말한다.

산업별로도 보다 구체적이고 실질적인 규제가 도입되고 있다. 특히 금융산업은 변화의 최전선에 있다. EU 택소노미의 도입은 단순한 분류체계 이상의 의미를 갖는다. 한 금융기관의 사례를 보면, 택소노미 기준 도입 후 투자 의사결정 프로세스 전반을 재설계했고, 오히려 리스크 관리를 더욱 체계화하는 계기가 되었다.

제조업 분야에서는 2026년 시행 예정인 탄소국경조정제도(CBAM)가 게임체인저가 될 전망이다. 단순한 비용 부담을 넘어 산업 구조 자체를 바꿀 수 있는 변화다. 한 철강기업은 "CBAM은 위기이자 기회"라며, "탄소 감축 기술에 선제적으로 투자한 기업은 오히려 경쟁우위를 확보할 수 있을 것"이라고 전망한다.

ESG 평가와 인증도 점차 표준화되고 있다. 국제지속가능성기준위원회(ISSB)의 등장은 이런 글로벌 흐름을 잘 보여준다. ISSB 기준은 2025년부터 글로벌 표준으로 자리잡을 전망이며, 기업들에게 보다 명확하고 일관된 ESG 성과 측정 기준을 제공할 것이다.

2. ESG 시대의 새로운 직무와 기회

❶ ESG 전담 조직과 새로운 직무 영역

"ESG 업무가 점점 늘어나는데, 기존 조직으로는 감당하기 어려워요."

"ESG 전문가를 뽑고 싶은데, 어떤 역량을 갖춘 사람을 찾아야 할까요?"

"ESG 조직을 신설했지만, 다른 부서와의 협업이 쉽지 않네요."

현장의 고민이 담긴 목소리에서 ESG 전담 조직과 전문 인력의 필요성을 잘 보여준다. 특히 2025년부터 강화되는 공시 의무화와 규제 확대로 인해, ESG는 더 이상 겸직이나 TF 형태로 대응하기 어려운 영역이 되었다.

국내 제조기업의 사례는 ESG 전담 조직의 효과적인 구성 방안을 보여준다. 이 기업은 ESG 최고책임자(CSO) 직속으로 'ESG 혁신팀'을 신설했다. 주목할 점은 팀원 구성이다. 재무, 환경, 인사 등 각 분야 전문가들로 코어팀을 구성하고, 여기에 전사 유관부서의 실무자들이 참여하는 매트릭스 조직을 만들었다. 이를 통해 전문성과 실행력을 동시에 확보할 수 있었다.

ESG 전문 직무도 빠르게 진화하고 있다. Chief Sustainability Officer(CSO)는 더 이상 단순한 ESG 담당 임원이 아니다. 이들은 기업의 장기 전략을 ESG 관점에서 재설계하고, 새로운 비즈니스 기회를 발굴하는 변화의 주역이 되고 있다. 한 CSO는 "ESG는 리스크 관리를 넘어 기업의 미래 성장 동력을 만드는 일"이라고 강조한다.

ESG 데이터 사이언티스트도 새롭게 부상하는 직무다. ESG 정보공시가 의무화되면서 기업들은 방대한 ESG 데이터를 체계적으로 관리하고 분석해야 한다. ESG 데이터 사이언티스트는 AI와 빅데이터 기술을 활용해 ESG 데이터를 수집·분석하고, 의미 있는 인사이트를 도출한다. 예를 들어, 공급망의 탄소배출량을 예측하거나, ESG 리스크의 재무적 영향을 분석하는 등의 업무를 수행한다.

기후변화 전문가의 수요도 급증하고 있다. 2026년부터 본격화되는 탄소국경조정제도(CBAM)에 대응하기 위해, 기업들은 탄소배출 관리와 감축 전략 수립이 시급하다. 기후변화 전문가는 기업의 탄소배출을 측정하고, 감축 목표를 설정하며, 구체적인 감축 방안을 수립·실행하는 역할을 담당한다. 특히 RE100 참여 기업이 증가하면서, 재생에너지 전환 전략 수립 등의 전문성도 요구되고 있다.

❷ 기존 직무의 ESG 전환과 진화

"ESG가 우리 부서와 무슨 상관이 있나요?"라는 질문은 이제 더 이상 유효하지 않다. ESG는 특정 부서만의 과제가 아닌, 모든 직무에 영향을 미치는 근본적인 변화를 가져오고 있다.

재무·회계 분야의 변화가 가장 극적이다. "탄소배출권을 자산으로 봐야 하나요?", "기후 리스크를 재무제표에 어떻게 반영해야 하나요?"

이런 질문들은 재무·회계 담당자들이 직면한 새로운 도전을 보여준다. 한 제조기업의 재무팀은 TCFD(기후관련 재무정보공개 태스크포스) 권고안에 따라 기후변화가 재무에 미치는 영향을 분석하는 새로운 프레임워크를 도입했다. 더 나아가 ESG 투자 유치, 녹색채권 발행 등 지속가능금융 영역으로 업무가 확장되고 있다.

"채용할 때 ESG 역량을 어떻게 평가해야 할까요?", "ESG 성과를 인사평가에 어떻게 반영하나요?" 인사·조직 분야도 큰 변화를 겪고 있다. 한 기업의 인사팀은 'ESG 인재 육성 체계'를 구축했다. 신입사원부터 임원까지 직급별 필요 ESG 역량을 정의하고, 이에 맞는 교육 프로그램을 운영한다. 또한 ESG 성과를 개인과 조직의 평가에 반영하는 새로운 성과관리 체계를 도입했다. 특히 MZ세대 구성원들의 ESG 참여를 촉진하기 위해 'ESG 혁신 프로젝트'를 운영하며, 인재 유치와 유지에도 긍정적인 영향을 미치고 있다.

구매·공급망 관리자들의 업무는 더욱 복잡해졌다. "가격과 품질만 보고 거래처를 선정하던 시대는 끝났다."는 한 구매팀장의 말처럼, 이제는 협력사의 ESG 수준도 중요한 평가 기준이 되었다. 예를 들어, 한 기업의 구매팀은 다음과 같은 새로운 업무를 수행하고 있다.

• 협력사 ESG 평가 지표 개발과 실사 진행
• 협력사 탄소배출량 모니터링과 감축 지원
• 공급망 인권 리스크 점검과 개선 활동
• 친환경 원자재 조달 전략 수립

• 협력사 ESG 역량 강화 프로그램 운영

마케팅·영업 분야도 ESG를 새로운 기회로 활용하고 있다. "고객들이 제품의 환경영향에 대해 물어보기 시작했어요."라는 현장의 목소리처럼, ESG는 새로운 마케팅 포인트가 되었다. 제품의 탄소발자국을 계산해 표시하고, 재활용 가능성을 높인 포장재를 개발하며, ESG 스토리텔링을 통해 브랜드 가치를 높이는 등 마케팅·영업 활동의 새로운 영역이 열리고 있다.

이러한 직무 변화에 적응하기 위해서는 지속적인 학습과 역량 개발이 필요하다. ESG는 계속 진화하는 영역이며, 각 직무에서 요구되는 ESG 전문성의 수준도 높아지고 있다. 따라서 실무자들은 자신의 전문 영역에 ESG를 어떻게 통합할 것인지 고민하고, 필요한 새로운 역량을 개발해 나가야 한다.

❸ ESG 스타트업과 신사업 기회

"대기업들의 ESG 고민이 스타트업에게는 새로운 기회가 되고 있습니다."

한 ESG 테크 스타트업 대표의 이 말은 ESG가 만들어내는 새로운 사업 기회를 잘 보여준다. 특히 2024년 이후 ESG 규제 강화로 기업들의 ESG 솔루션 수요가 급증할 것으로 예상되면서, 다양한 혁신적 비즈니스 모델이 등장하고 있다.

성공적인 ESG 스타트업들의 특징은 명확한 문제 해결에 초점을 맞췄다는 점이다. 예를 들어, 한 스타트업은 중소기업들이 ESG 데이터 관리에 어려움을 겪는 것에 주목했다. 이들은 AI 기술을 활용해 ESG 데이터를 자동으로 수집하고 분석하는 클라우드 기반 솔루션을 개발했다. 특히 2025년 K-ESG 정보공시 의무화를 앞두고 있는 중견·중소기업들을 타겟으로 삼아 빠르게 성장하고 있다.

탄소저감 분야의 혁신도 주목할 만하다. 한 스타트업은 AI 기반의 스마트 공장 솔루션을 통해 제조기업의 에너지 효율을 높이는 서비스를 제공한다. "대기업들은 자체적으로 탄소 감축을 추진할 수 있지만, 중소 제조업체들은 기술력과 자원이 부족합니다. 우리는 이들이 적은 비용으로도 효과적으로 탄소를 줄일 수 있도록 돕고 있죠." 2026년 CBAM 시행을 앞두고 이러한 솔루션의 수요는 더욱 증가할 전망이다.

순환경제 분야에서는 플랫폼 비즈니스 모델이 성공을 거두고 있다. 한 스타트업은 기업 간 폐기물 거래 플랫폼을 운영한다. 한 기업의 폐기물이 다른 기업의 원료가 될 수 있다는 점에 착안했다. "처음에는 단순히 폐기물 처리 비용을 줄이는 것에 관심을 보였지만, 이제는 자원순환 성과를 ESG 보고서에 담고 싶어하는 기업들이 늘고 있습니다."

ESG 스타트업이 성공하기 위한 핵심 요소들을 정리하면 다음의 표로 요약할 수 있다.

이러한 ESG 스타트업의 성장은 단순한 비즈니스 성공을 넘어, ESG 생태계 전반의 혁신을 이끌어내는 원동력이 되고 있다. 특히 대기업이 해결하지 못하는 틈새 영역에서 혁신적인 솔루션을 제공함으로써

표 45. ESG 관련 스타트업의 성공을 위한 핵심요소

핵심 요소	세부 실행 방안
명확한 문제 정의와 솔루션	• 기업의 구체적인 ESG 고충점 파악 • 실질적이고 측정 가능한 가치 제공 • 빠른 도입과 확산이 가능한 솔루션 설계
시장 진입 전략	• 규제 변화에 따른 시장 기회 포착 • 적절한 타겟 고객층 선정 • 검증 가능한 레퍼런스 확보
차별화된 기술력	• AI, 빅데이터 등 디지털 기술 활용 • 산업별 특화된 솔루션 개발 • 지속적인 R&D 투자

ESG 경영의 저변을 확대하는 데 기여하고 있다.

❹ ESG 컨설팅과 평가 분야의 성장

"ESG 경영은 하고 싶은데, 어디서부터 시작해야 할지 모르겠어요."

"ESG 평가를 받았는데, 왜 이런 점수가 나왔는지 이해가 안 됩니다."

"우리 회사에 맞는 ESG 전략을 세우고 싶은데, 방향을 잡기가 어렵네요."

이러한 기업들의 고민은 ESG 컨설팅 시장이 빠르게 성장하는 배경이 되고 있다. 맥킨지 보고서에 따르면, 글로벌 ESG 컨설팅 시장은 2025년까지 연평균 20% 이상 성장할 전망이다. 특히 주목할 점은 컨설팅의 성격이 변화하고 있다는 것이다.

초기의 ESG 컨설팅이 단순한 진단과 보고서 작성에 중점을 뒀다면,

표 46. ESG 컨설팅 적용 프로세스

단계	주요 활동
1단계 ESG 수준 진단	• 글로벌 평가 기준에 따른 현황 분석 • 산업 특성을 고려한 중요 이슈 도출 • 경쟁사 대비 강점과 약점 파악
2단계 ESG 전략 수립	• 핵심 개선과제 도출 • 부서별 실행 계획 수립 • 성과 측정 지표 설정
3단계 실행 지원	• ESG 정보관리 시스템 구축 • 임직원 교육 프로그램 운영 • 이해관계자 소통 전략 수립

이제는 전략 수립부터 실행까지 포괄적인 지원이 요구된다. 한 중견기업의 사례는 컨설팅을 통한 기업의 역량 내재화를 변화시킨 것으로 단계별로 진행사항을 잘 보여준다. 이 기업은 ESG 컨설팅을 통해 다음과 같은 단계별 변화를 이뤄냈다:

ESG 평가 분야도 더욱 전문화되고 있다. "단순히 점수를 매기는 것이 아니라, 기업의 실질적인 ESG 역량을 평가하고 개선 방향을 제시하는 것이 중요합니다."라는 한 평가기관 담당자의 말처럼, 평가의 목적과 방식이 진화하고 있다. 특히 산업별 특성을 고려한 맞춤형 평가의 중요성이 커지고 있다.

금융산업의 경우:

• ESG 리스크 평가 모델 개발

• 투자 포트폴리오의 기후 리스크 분석
• 지속가능금융 상품 인증

제조업 분야:
• 공급망 ESG 실사 지원
• 탄소중립 로드맵 수립
• 순환경제 전환 전략 자문

특히 중소기업을 위한 특화된 컨설팅 서비스도 늘고 있다. 대기업 수준의 컨설팅은 비용 부담이 크고 현실적으로 적용하기 어려운 경우가 많기 때문이다. 이에 따라 중소기업의 상황과 역량을 고려한 맞춤형 솔루션이 개발되고 있다.

• 필수 규제 대응에 초점을 맞춘 컨설팅
• 산업별 특화된 ESG 가이드라인 제공
• 정부 지원사업과 연계한 저비용 컨설팅
• 온라인 플랫폼 기반의 자가진단 툴 제공

ESG 컨설팅과 평가 시장의 성장은 앞으로도 계속될 전망이다. 특히 2025년 이후 강화되는 공시 의무화와 규제는 새로운 수요를 창출할 것이다. 다만 성공적인 컨설팅을 위해서는 산업별 특성과 기업의 상황을 정확히 이해하고, 실질적인 가치를 제공할 수 있는 전문성이 더욱 중요해질 것이다.

3. ESG 전문성 구축 방안

❶ ESG 데이터 분석과 활용 능력

"ESG 데이터는 모으고는 있는데, 이걸 어떻게 활용해야 할지 모르겠어요."

"부서마다 데이터 기준이 달라서 통합 관리가 안 됩니다."

"협력사 ESG 데이터는 어디까지 수집해야 하나요?"

위의 내용은 ESG 경영을 하기로 한 이후 들리는 현장의 목소리다. ESG 데이터 관리의 복잡성을 잘 보여준다. ESG 데이터는 일반적인 경영 데이터와는 다른 특성을 가지고 있기에, 체계적인 관리와 분석이

표 47. 제조기업에서 구성한 ESG 데이터 관리 단계별 실행 방안

단계	세부 실행 방안
1단계 데이터 수집 체계화	• 처음에는 엑셀로 시작했지만 곧 한계에 부딪힘 • ESG 데이터 관리 시스템 도입 • 부서별 데이터 입력 담당자 지정 • 데이터 수집 주기와 기준 표준화
2단계 데이터 품질 관리	• 데이터 검증 프로세스 수립 • 이상치 탐지 시스템 구축 • 데이터 이력 관리 • 제3자 검증 대비 증빙자료 관리
3단계 데이터 활용 고도화	• ESG 성과 대시보드 구축 • 예측 모델링 도입 • 시나리오 분석 실시 • 의사결정 지원 체계 구축

쉽지 않은 것이 현실이다.

다음의 한 제조기업의 ESG 데이터 관리 사례는 ESG 데이터 관리의 진화 과정을 잘 보여준다:

ESG 데이터의 주요 유형별로 살펴보면, 각각의 특징과 관리 포인트가 있다:

환경(E) 데이터: "탄소배출량을 어디까지 측정해야 하나요?"

많은 기업이 직면하는 첫 번째 과제다. 한 기업은 다음과 같은 단계적 접근법을 채택했다.

- 우선 직접배출(Scope 1)부터 시작
- 에너지 사용 데이터(Scope 2) 관리 체계 구축
- 점진적으로 공급망 배출(Scope 3)로 확대
- 데이터 신뢰성 확보를 위한 검증 체계 도입

사회(S) 데이터: "정성적인 활동을 어떻게 정량화할 수 있을까요?"

사회적 성과는 측정이 쉽지 않지만, 다음과 같은 접근이 가능하다.

- 핵심 성과 지표(KPI) 설정
- 임직원 만족도 조사 실시
- 협력사 ESG 평가 체계 구축
- 사회공헌 활동의 임팩트 측정

지배구조(G) 데이터: "이사회 ESG 관련 활동을 어떻게 측정하나요?"

지배구조 데이터는 다음과 같은 요소들을 체계적으로 관리해야 한다.

- 이사회 활동 기록
- ESG 관련 의사결정 프로세스
- 내부통제 시스템 운영 현황
- 이해관계자 소통 실적

❷ 글로벌 ESG 표준과 규제 이해

ESG 공시 체계는 현재 큰 전환기를 맞이하고 있다. 그동안 GRI, SASB, TCFD 등 다양한 자발적 표준이 병존하면서 시장의 혼란이 있었으나, 2025년을 기점으로 글로벌 표준화가 본격화될 전망이다. 특히 국제회계기준(IFRS) 재단이 설립한 ISSB를 중심으로 ESG 공시의 일원화가 진행되고 있다. 이는 기업들이 일관된 기준으로 ESG 정보를 공시하고, 투자자들이 기업 간 비교가 용이해진다는 점에서 중요한 변화다.

동시에 각 지역별로 강력한 규제적 프레임워크가 등장하고 있다. EU는 가장 앞선 행보를 보이고 있는데, 기업지속가능성 보고 지침 (Corporate Sustainability Reporting Directive, CSRD)을 통해 ESG 공시를 법적 의무화하고 있다. 이는 단순한 정보공개를 넘어, 기업이 사회와 환경에 미치는 영향까지 종합적으로 평가하고 공개하도록 요구한다. 미국도 SEC(Securities and Exchange Commission)를 통해 기후변화 관련 공시를 의무화하는 등 규제를 강화하고 있다.

▶ 주요 ESG 공시 표준의 발전과 통합

- ISSB(국제지속가능성기준위원회) 표준
- 2025년부터 글로벌 기준으로 자리잡을 전망
- 기후변화 관련 공시를 시작으로 점차 확대
- 재무적 중요성 중심의 ESG 정보 공시
- TCFD, SASB 등 기존 표준을 통합

산업별 ESG 규제도 빠르게 발전하고 있다. 특히 환경 영향이 큰 산업을 중심으로 구체적이고 강력한 규제가 도입되고 있다. 예를 들어, EU의 탄소국경조정제도(CBAM)는 철강, 시멘트, 알루미늄 등 탄소집약적 산업에 직접적인 영향을 미친다. 금융산업의 경우 EU 택소노미

표 48. 주요 산업별 ESG규제 대응 요구사항

산업 분야	ESG 규제 대응 요구사항
금융산업	• EU 택소노미는 환경적으로 지속가능한 경제활동을 명확히 정의 • 금융기관은 투자 포트폴리오의 택소노미 부합도를 공시해야 함 • 지속가능금융상품에 대한 엄격한 기준 적용 • 기후변화가 대출 포트폴리오에 미치는 영향 분석 의무화
제조업	• CBAM으로 인한 수출 비용 증가 예상 • 제품별 탄소발자국 측정과 검증 필요 • 공급망 전반의 ESG 관리 체계 구축 요구 • 순환경제 원칙에 따른 제품 설계 변경 필요
IT산업	• 데이터센터의 에너지 효율성 규제 강화 • AI 윤리와 알고리즘 투명성 요구 증가 • 개인정보보호와 데이터 거버넌스 중요성 부각 • 디지털 포용성과 접근성 기준 강화

를 통해 '친환경' 경제활동의 기준이 명확해지고 있으며, 투자와 대출 의사결정에 직접적인 영향을 미친다.

▶ 글로벌 규제 대응을 위한 기업의 준비사항

기업들은 규제 변화에 체계적으로 대응해야 한다. 우선 ESG 정보관리 체계를 고도화해야 한다. 기존의 단편적인 데이터 수집 방식으로는 새로운 공시 요구사항을 충족하기 어렵다. ESG 데이터의 수집, 검증, 분석, 보고에 이르는 전 과정을 체계화해야 한다.

또한 규제 준수를 넘어선 선제적 대응이 필요하다. ESG 규제는 점차 강화될 것이 확실하므로, 현재의 최소 기준을 넘어서는 준비가 필요하다. 예를 들어, 탄소배출 관리의 경우, 현재의 규제 수준을 넘어서는 감축 목표를 설정하고 이를 위한 투자와 혁신을 추진해야 한다.

규제 변화에 대응하기 위해서는 ESG 전문성을 갖춘 인재 확보와 육성이 핵심이라 할 수 있다. ESG 규제와 표준에 대한 깊이 있는 이해, 산업별 특성에 대한 전문성, 그리고 이를 실무에 적용할 수 있는 실행력을 갖춘 인재가 필요하다.

❸ ESG 정보공시와 보고서 작성 역량

"작년과 똑같은 보고서를 만들면 안 될 것 같은데..."

"ESG 보고서, 누구를 위해 어떻게 써야 할까요?"

"이해관계자들이 정말 알고 싶어 하는 정보가 무엇일까요?"

표 49. 국내 중견기업의 ESG 보고서 개선 전/후의 변화

개선 전/후	단계	세부 활동
Before (기존의 보고서 작성 방식)	-	• 부서별로 받은 자료를 단순 취합 • 전년도 보고서 형식을 그대로 답습 • 좋은 성과 위주의 선별적 공개 • 형식적인 이해관계자 설문조사
After (개선된 보고서 작성 프로세스)	**사전 준비** (보고서 작성 3개월 전)	• 이해관계자 인터뷰 실시 • 산업 특성과 ESG 트렌드 분석 • 경쟁사 벤치마킹 • 중대성 평가 실시
	내용 구성 (2개월 전)	• 핵심 이슈별 스토리라인 구성 • 부서 간 협업 체계 구축 • 데이터 검증 프로세스 가동 • 경영진 리뷰와 피드백
	제작 및 검증 (1개월 전)	• 전문가 감수 • 디자인과 내용의 조화 • 제3자 검증 진행 • 번역 품질 관리

지속가능경영보고서를 시작하는 데 있어 현장에서 고민하게 되는 사항들이다. 특히 점진적으로 ESG 정보공시가 의무화되면서, 많은 기업들이 위와 관련된 고민을 하고 있다. ESG 보고서는 단순한 성과 나열이 아닌, 기업의 ESG 추진 의지와 실천 능력을 보여주는 핵심 소통 수단이다. 국내 중견기업의 ESG 보고서 혁신 사례를 다음의 표와 같이 개선 전과 후를 정리해 보았다.

특히 이 기업의 사례를 통해 주목할 만한 요인들을 발견하게 되었는

데, 다음과 같은 요소들이다.

이해관계자 중심의 구성 "우리가 자랑하고 싶은 것이 아니라, 이해관계자가 알고 싶어 하는 것을 담아야 한다."

- 투자자: 장기적 가치창출 전략과 ESG 리스크 관리
- 고객: 제품/서비스의 ESG 가치와 영향
- 협력사: ESG 정책과 지원 프로그램
- 임직원: ESG 경영 비전과 참여 방안
- 지역사회: 환경·사회적 영향과 기여

핵심 성과의 맥락화 단순한 수치 나열이 아닌, 맥락과 의미를 전달:
- 목표 대비 달성도 제시
- 산업 평균과의 비교
- 개선 노력과 향후 계획
- 한계점과 과제의 투명한 공개

데이터의 신뢰성 강화 "ESG 정보의 신뢰성은 아무리 강조해도 지나치지 않다."
- 산정 기준의 명확한 공개
- 데이터 범위와 경계 설정
- 제3자 검증 범위 확대
- 이전 데이터 수정 시 사유 설명

효과적인 정보 전달 "두꺼운 보고서보다 핵심을 잘 전달하는 것이 중요하다."

- 인포그래픽 활용
- 사례 중심의 설명
- 온라인 버전 제작
- ESG 하이라이트 리포트 발간

위의 주요 포인트에서 알 수 있듯이 ESG 보고서 작성은 단순한 문서 작업이 아닌, 전략적 커뮤니케이션 과정이라 볼 수 있다. 잘 작성된 보고서는 기업의 ESG 경쟁력을 높이고, 이해관계자와의 신뢰를 강화하는 핵심 도구가 되기 때문에, 내용의 구성과 작성에 있어 많은 고민이 필요하다.

❹ ESG 성과 측정과 관리 전문성

"ESG 성과를 어떻게 측정해야 할지 막막합니다."

"당장의 재무성과와 ESG 성과가 상충될 때는 어떻게 해야 하나요?"

"ESG KPI를 어떻게 설정해야 부서의 반발을 줄일 수 있을까요?"

기존의 성과 측정과 달리 ESG 관련 성과관리에 대해서는 많은 고민이 있기 마련이다. 위의 질문들은 ESG 성과 관리의 복잡성을 잘 보여주는데, ESG 성과는 기존의 재무 중심 성과 관리와는 다른 접근이 필요하다. 국내 제조기업의 ESG 성과 관리 혁신 사례를 통해 구체적인

표 50. ESG 성과 관리 4단계 프레임워크

단계	주요 활동	현장의 소리
1단계 ESG 성과 프레임 워크 구축	• 산업 특성을 반영한 핵심 지 표 선정 • 단기/중기/장기 목표 설정 • 부서별 역할과 책임 명확화 • 데이터 수집과 검증 체계 구축	"처음에는 모든 것을 측정하려다 실패했어요. 결국 우리 회사에 정말 중요한 지표 10개를 선정해서 집중 관리하기로 했죠. 탄소배출, 용수사용, 산업재해율, 협력사 ESG 평가점수 등... 이렇게 시작하니 관리가 수월해 졌습니다."
2단계 성과 모니터링 시스템 운영	• 실시간 데이터 수집과 분석 • 이상치 감지와 조기 경보 • 주간/월간 리뷰 미팅 • 개선 과제 도출과 실행	"대시보드를 만들어 ESG 성과를 실시간으로 볼 수 있게 했더니, 현장 관리자들의 인식이 달라졌어요. 특히 에너지 사용량이나 폐기물 발생량을 실시간으로 확인하면서 자발적으로 개선 아이디어를 내기 시작했죠."
3단계 평가와 보상 연계	• ESG KPI의 성과평가 반영 • 부서별 차별화된 가중치 적용 • 혁신 사례 발굴과 포상 • ESG 우수 부서/직원 인센티브	"ESG 성과를 갑자기 높은 비중으로 평가하면 반발이 심해요. 우리는 첫해에는 5%로 시작해서 점진적으로 비중을 높여갔어요. 대신 ESG 혁신 활동에 대한 별도 포상 제도를 만들어서 동기부여를 강화했습니다."
4단계 성과의 전략적 활용	• ESG 경쟁력 강화 기회 발굴 • 이해관계자 소통 강화 • 신규 비즈니스 기회 창출 • 규제 대응력 제고	"ESG 성과 데이터를 분석하다 보니 새로운 기회가 보이기 시작했어요. 예를 들어, 폐기물 저감 활동을 하면서 개발한 기술이 새로운 특허로 이어졌고, 이를 활용한 컨설팅 사업도 시작했습니다."

방안을 다음 표에 정리해 보았다.

ESG 성과 관리의 핵심 성공 요인은 경영진의 적극적 의지, 현장중심의 접근, 데이터 기반의 의사결정, 그리고 지속적인 측정과 개선의 4가지 영역으로 구분된다. 이 중에서도 경영진의 적극적 의지는 가장 핵심적인 요소로, ESG 경영에 대한 확고한 철학과 전략적 방향성 제시, 그리고 물리적·인적 자원의 효과적 투입을 결정하는 근간이 된다.

이러한 경영진의 의지를 바탕으로 환경 투명성 구축을 위한 명확한 성과 지표 설정, 데이터 기반의 객관적 의사결정, 그리고 지속적인 성과 측정 및 피드백 프로세스가 유기적으로 연계되어 운영될 때, 조직은 ESG 성과를 효과적으로 관리하고 개선할 수 있다. 특히 경영진의 확고한 의지 아래 실무진의 체계적인 실행력이 더해질 때, ESG 경영은 기업의 지속가능한 성장을 위한 핵심 동력이 될 수 있다.

ESG 성과 관리는 단순한 모니터링을 넘어 기업의 지속가능한 성장

표 51. ESG 성과 관리의 핵심 성공 요인:

핵심 성공 요인	세부 실행 방안
경영진의 확고한 의지	• ESG 성과에 대한 지속적 관심 • 필요한 자원과 권한 부여 • 장기적 관점의 지원
현장 중심의 접근	• 실무자들의 의견 적극 반영 • 실천 가능한 목표 설정 • 단계적 변화 관리
데이터 기반의 의사결정	• 객관적인 성과 측정 • 과학적인 분석과 예측 • 투명한 정보 공유
지속적인 혁신과 개선	• 정기적인 성과 리뷰 • 베스트 프랙티스(BP) 공유 • 새로운 방법론 도입

을 위한 핵심 역량이 되어가고 있다. 특히 2025년 이후 강화되는 공시 의무화와 규제는 더욱 체계적인 성과 관리를 요구할 것이다. 따라서 기업들은 ESG 성과 관리 역량을 지속적으로 강화하고, 이를 통해 새로운 가치 창출의 기회를 모색해야 할 것이다.

▶ 미래를 위한 ESG 전문성 구축

ESG는 이제 선택이 아닌 필수가 되었다. 2025년 이후 본격화되는 글로벌 ESG 규제와 정보공시 요구는 기업과 전문가들에게 새로운 도전과제를 제시하고 있다. ESG 데이터 분석, 글로벌 표준 이해, 정보공시, 성과 측정 등 다양한 영역에서의 전문성이 요구되며, 지속적인 학습과 실무 경험을 통해 구축되어야 한다.

특히 ESG는 빠르게 진화하는 분야다. AI와 디지털 기술의 발전, 새로운 규제의 도입, 이해관계자들의 요구 증가 등으로 인해 ESG 전문성의 범위와 수준도 계속 높아지고 있다. 따라서 ESG 전문가는 자신의 전문 영역에 대한 깊이 있는 지식과 함께, 변화하는 ESG 환경에 대한 통찰력과 대응 능력을 갖추어야 할 것이다.

미래의 ESG 전문가에게는 단순한 지식과 기술을 넘어서는 통합적 사고력이 요구된다. ESG는 환경, 사회, 거버넌스라는 서로 다른 영역이 유기적으로 연결되어 있으며, 이를 기업의 지속가능한 성장으로 연결시킬 수 있는 전략적 관점이 필요하다. 이러한 역량을 갖춘 ESG 전문가야말로 기업과 사회의 지속가능한 미래를 이끌어 갈 수 있을 것이다.

제11장

ESG, 함께 만드는 지속가능한 미래

1. 미래를 바라보는 ESG의 새로운 시각

❶ ESG 패러다임의 진화와 가치 창출

기업들의 ESG에 대한 인식이 크게 변화하고 있다. 과거에는 ESG를 단순한 비용이나 규제 대응으로만 바라보았으나, 이제는 새로운 가치 창출의 기회로 인식하는 기업들이 늘어나고 있다. 이러한 변화는 실제 성과로 이어지고 있다.

ESG 경영은 뚜렷한 진화 과정을 보이고 있다. 2023년까지는 환경 규제 준수와 기본적인 정보 공개 수준에 머물렀다면, 2024년부터는 기업들이 ESG 전담 조직을 구성하고 체계적인 경영 시스템을 도입하는 단계로 발전했다. 2026년 이후에는 ESG를 기반으로 한 신사업 발굴과 제품·서비스 혁신이 본격화될 것으로 전망된다.

현장에서는 이미 ESG를 통한 구체적인 성과가 나타나고 있다. 한 제조기업은 에너지 효율화 프로젝트를 통해 비용을 20% 절감했을 뿐 아니라, 생산 공정 개선으로 생산성까지 15% 향상시켰다. 또 다른 기업은 폐기물 관리 개선을 통해 원가를 절감하면서도 환경 영향을 줄이는 일석이조의 효과를 거뒀다.

ESG는 기업의 대외 신뢰도 향상에도 크게 기여하고 있다. ESG 경영을 잘하는 기업들은 투자자들로부터 더 좋은 조건으로 자금을 조달할 수 있게 되었다. 고객들의 신뢰도 높아져 브랜드 가치가 상승했고, 우수한 인재들이 입사를 선호하는 현상도 나타나고 있다. 이처럼 ESG는 기업의 전반적인 경쟁력 향상으로 이어지고 있다.

❷ ESG 기반의 비즈니스 혁신

ESG는 기업들에게 새로운 시장 기회를 제공하고 있다. 친환경 제품에 대한 소비자들의 관심이 높아지면서, ESG를 고려한 제품 리디자인이 새로운 고객층을 창출하고 있다. 특히 MZ세대를 중심으로 친환경 패키지 제품의 선호도가 크게 증가했으며, 프리미엄 가격 형성으로 이어지고 있다.

글로벌 시장에서도 ESG는 새로운 기회가 되고 있다. 친환경 조달 시장이 빠르게 성장하면서, ESG 인증을 받은 기업들의 수출 기회가 늘어나고 있다. 한 중소기업은 친환경 생산 공정 도입 후 유럽 시장 진출에 성공했으며, 현재는 매출의 30% 이상을 수출이 차지하고 있다.

순환경제 분야에서도 혁신적인 비즈니스 모델이 등장하고 있다. 폐기물을 새로운 자원으로 활용하는 기업들이 늘어나고 있으며, 환경 문제 해결과 동시에 새로운 수익 창출로 이어지고 있다. 플라스틱 재활용 기술을 개발한 한 스타트업은 대기업과의 협력을 통해 빠른 성장을 이루고 있다.

ESG 혁신은 기술 발전도 이끌고 있다. 탄소 배출을 줄이기 위한 새로운 기술들이 개발되고 있으며, 에너지 효율성 향상과 비용 절감으로 이어지고 있다. 또한 ESG 데이터 관리와 분석을 위한 디지털 기술의 발전도 가속화되고 있어, 이 분야에서 새로운 비즈니스 기회가 창출되고 있다.

2. 산업 구조의 ESG 중심 재편과 기회

❶ 제조업의 ESG 전환과 혁신

제조업계는 ESG로 인한 가장 큰 변화를 겪고 있는 산업 중 하나다. 과거 원가 절감과 품질 관리에만 집중하던 제조기업들은 이제 환경 영향과 사회적 책임을 고려한 생산 체계로 전환하고 있다. 이 제조산업의 변화는 2026년 EU의 탄소국경조정제도 시행을 앞두고 더욱 가속화되고 있다.

생산 공정의 친환경화가 제조업 혁신의 핵심으로 떠올랐다. 많은 기업들이 재생에너지 사용을 확대하고, 에너지 효율을 높이는 설비 투자를 진행하고 있다. 한 자동차 부품기업은 전체 생산라인을 친환경 공정으로 재설계했다. 초기에는 큰 투자비용이 들었지만, 장기적으로는 생산 효율 향상과 탄소 배출 감소라는 두 가지 효과를 거두었다.

제품 설계 단계부터 ESG를 고려하는 변화도 일어나고 있다. 재활용이 쉬운 소재를 사용하고, 제품의 수명을 늘리는 설계를 적용하는 기업들이 늘어나고 있다. 자원 사용량을 줄이고 폐기물을 감소시키는 효과를 가져오면서, 동시에 제품의 경쟁력도 높이고 있다.

공급망 관리에서도 ESG는 핵심 요소가 되었다. 기업들은 협력사들의 ESG 수준을 평가하고, 개선을 지원하는 프로그램을 운영하고 있다. 단순한 감시가 아닌, 상생협력을 통한 산업 생태계 전체의 경쟁력 강화로 이어지고 있다.

❷ 금융산업의 ESG 패러다임 변화

금융산업은 ESG를 통해 근본적인 변화를 겪고 있다. 과거 재무적 성과만을 중시하던 금융기관들은 이제 ESG 요소를 핵심 평가 기준으로 도입하고 있다. 대출심사에서 ESG는 재무제표만큼 중요한 평가 요소가 되었으며, 투자 결정에서도 ESG 리스크 분석이 필수가 되었다.

금융기관들은 ESG 평가 모델을 고도화하고 있다. 기업의 ESG 성과를 정량적으로 측정하고, 이를 투자와 대출 결정에 반영하는 시스템을 구축하고 있다. 일부 은행은 ESG 성과가 좋은 기업에게는 금리 우대를 제공하는 등 인센티브를 도입하고 있다.

새로운 금융상품 개발도 활발하다. 녹색채권, 지속가능연계채권 등 ESG 관련 금융상품이 빠르게 성장하고 있다. 개인 투자자들을 위한 ESG 펀드도 다양화되고 있으며, 상품들은 안정적인 수익률을 보이며 투자자들의 관심을 끌고 있다.

❸ IT·서비스업의 ESG 기반 성장 전략

IT·서비스 산업은 ESG를 새로운 사업 기회로 활용하고 있다. ESG 데이터 관리와 분석을 위한 솔루션 개발이 활발히 이루어지고 있으며, 기업들의 ESG 경영을 지원하는 핵심 도구가 되고 있다. 특히 인공지능과 빅데이터 기술을 활용한 ESG 평가 솔루션은 높은 성장세를 보이고 있다.

클라우드 서비스 기업들은 친환경 데이터센터 구축에 주력하고 있다. 재생에너지 사용, 에너지 효율화 기술 적용 등을 통해 탄소 배출을 줄이면서도 서비스 품질은 높이고 있다. 고객사들의 ESG 성과 개선에도 기여하고 있다.

ESG 플랫폼 서비스의 성장은 산업 전반의 디지털 전환을 가속화시키고 있다. 기업들은 이러한 플랫폼을 통해 자사의 ESG 성과를 실시간으로 모니터링하고 개선할 수 있게 되었다. 단순한 기술 도입을 넘어 기업 경영의 투명성과 효율성을 높이는 변화를 이끌고 있다. 예를 들어, 한 물류기업은 ESG 플랫폼 도입 후 배송 경로 최적화를 통해 연료 사용량을 30% 줄였고, 비용 절감과 환경 보호라는 두 가지 목표를 동시에 달성하게 했다.

스타트업들에게 ESG는 새로운 시장 진입의 기회가 되고 있다. 대기업들이 ESG 솔루션에 대한 수요가 늘어나면서, 혁신적인 기술을 가진 스타트업들의 성장 기회도 확대되고 있다. 이런 변화는 산업 생태계를 더욱 다양하고 역동적으로 만들고 있다. ESG 데이터 분석 스타트업 A사는 독자적인 AI 기술을 바탕으로 대기업들과 잇따른 계약에 성공했는데, 이는 ESG 시장에서 기업의 규모보다 기술력이 더 중요해지고 있음을 보여준다.

더불어 IT 서비스 기업들의 ESG 혁신은 사회적 가치 창출로도 이어지고 있다. 디지털 기술을 활용한 환경 모니터링, 취약계층을 위한 서비스 개발, 디지털 격차 해소 프로그램 등은 비즈니스 성과와 사회적 책임을 동시에 달성하는 좋은 예다. 기업의 지속가능한 성장이 사회의 발전과 분리될 수 없다는 것을 보여준다.

3. 장기적 관점의 ESG 변화와 준비

❶ ESG 경영의 고도화와 표준화

2025년은 우리나라에서도 ESG 경영이 본격화되는 원년이 될 것이다. K-ESG 가이드라인 적용과 정보공시 의무화는 단순한 제도 변화가 아닌, 우리 사회 전반의 큰 변화를 예고한다. 대기업뿐만 아니라 중소기업, 스타트업, 그리고 모든 직장인들의 업무 방식과 경력 개발에도 직접적인 영향을 미칠 것이다.

특히 ESG 데이터 관리와 성과 측정이 표준화되면서, 기업의 ESG 성과는 재무제표만큼 중요한 평가 기준이 될 것이다. 재무, 인사, 마케팅, 생산 등 모든 직무에서 ESG 관련 지식과 경험이 필수 역량으로 자리잡게 됨을 의미한다. 예를 들어, 마케팅 담당자는 친환경 마케팅 전략을, 인사 담당자는 ESG 성과 평가 체계를, 생산 담당자는 친환경 공정 관리를 이해해야 하는 시대가 온 것이다.

대학생과 취업준비생들에게 ESG는 새로운 기회의 영역이다. ESG 컨설턴트, 지속가능경영 전문가, ESG 데이터 분석가 등 새로운 직무들이 생겨나고 있다. 특히 환경, 사회, 경영 등 다양한 전공자들에게 새로운 진로 기회를 제공한다. 실제로 많은 기업들이 ESG 관련 부서 신설과 함께 신규 인력 채용을 확대하고 있다.

ESG 경영의 고도화를 위해서는 구체적인 실행 전략과 평가 체계의 구축이 필수적이다. 기업들은 ESG 통합 관리 시스템을 도입하여 환경 영향, 사회적 책임, 지배구조 개선 등의 성과를 실시간으로 모니터링하고 분석할 수 있어야 한다. 이를 위해 빅데이터, AI 등 첨단 기술을 활용한 ESG 성과 관리 플랫폼의 구축이 활발히 이루어질 것으로 예상된다. 특히 탄소배출량 측정, 공급망 ESG 리스크 평가, 이해관계자 소통

채널 구축 등이 주요 과제로 대두될 것이다.

또한 ESG 경영의 표준화를 위해서는 국제 기준과의 정합성 확보가 중요하다. K-ESG 가이드라인은 GRI(Global Reporting Initiative), SASB(Sustainability Accounting Standards Board) 등 국제 표준과의 연계성을 강화하는 방향으로 발전해야 한다. 한국 기업들의 글로벌 경쟁력 강화와 해외 투자 유치에도 긍정적인 영향을 미칠 것이다. 동시에 업종별 특성을 반영한 맞춤형 ESG 평가 지표의 개발도 필요하다. 제조업, 서비스업, IT 산업 등 각 산업의 특성에 맞는 ESG 성과 지표를 설정하고, 이를 통해 보다 실질적이고 효과적인 ESG 경영을 추진할 수 있을 것이다.

❷ ESG 시대로의 입문

ESG는 이제 특정 부서만의 과제가 아닌, 모든 구성원이 참여해야 하는 변화가 되었다. 현재 직장인들은 자신의 업무에 ESG를 어떻게 접목할 수 있을지 고민해야 할 시점이다. 당신이 어떤 위치에 있든, ESG는 새로운 도전이자 기회가 될 것이다:

현장 실무자라면,

매일의 업무 속에서 ESG 가치를 실현할 방법을 찾아보자. 에너지 사용을 조금 더 효율적으로 만드는 방법, 폐기물을 줄이는 새로운 아이디어, 협력사와 더 지속가능한 관계를 만드는 방안 등 작은 변화부터 시작할 수 있다.

중간관리자라면,

팀과 부서의 ESG 혁신을 이끌어 보자. ESG 성과 목표를 설정하고, 팀원들의 참여를 독려하며, 부서 간 협력을 주도할 수 있다. 당신의 리더십이 조직의 ESG 실행력을 높이는 핵심이 될 것이다.

경영진이라면,

ESG를 조직의 미래 전략으로 발전시켜 보자. 단기적 성과와 장기적 지속가능성의 균형을 맞추고, ESG 혁신을 통한 새로운 성장 기회를 발굴하며, 조직의 ESG 역량 강화를 위한 투자를 결정할 수 있다.

미래의 리더를 꿈꾸는 학생이라면,

ESG를 새로운 기회의 영역으로 주목해 보자. ESG는 앞으로 더 많은 전문가를 필요로 할 것이며, 당신의 전문성과 ESG를 결합한 새로운 커리어 패스를 만들어낼 수 있다.

스타트업을 준비하는 창업가라면,

ESG에서 혁신적인 비즈니스 모델을 찾아보자. 환경 문제 해결, 사회적 가치 창출, 지배구조 혁신 등 ESG는 무한한 기회의 영역이다.

2025년은 한국 ESG 경영의 중요한 전환점이 될 것이다. ESG는 계속해서 진화할 것이며, 우리의 비즈니스와 일하는 방식을 근본적으로 변화시킬 것이다. ESG는 이제 선택이 아닌 필수가 되었다. 기업에겐 부담이 아닌 새로운 기회다. 학생, 직장인, 경영진, 창업가 등 우리 모두가 각자의 위치에서 ESG를 실천하고 준비할 때, 지속가능한 미래를 만들어갈 수 있다. ESG는 단순한 트렌드가 아닌, 우리의 일하는 방식과 살아가는 방식을 근본적으로 변화시키는 새로운 패러다임이다.

이 책을 통해 우리는 ESG가 왜 중요한지, 어떻게 준비해야 하는지, 어떤 기회가 있는지 함께 살펴보았다. 이제 중요한 것은 실천이다. 당신의 위치에서 할 수 있는 작은 변화부터 시작해 보자. 그것이 바로 'ESG로 성과 내는 사람들'이 되는 첫걸음이다.

ESG로 성과 내는 첫 걸음

이 책을 통해 살펴본 대표적인 글로벌 기업들의 ESG 혁신 사례들은 우리에게 많은 영감을 준다. 재생에너지로의 전환과 순환경제의 실현, 공급망 전반의 지속가능성 확보, 다양성과 포용성의 확대, 투명한 지배구조 구축 등 각 분야에서 이루어지는 선도적인 성과들은 우리가 나아가야 할 방향을 보여준다.

주목할 점은 이러한 혁신이 특별한 부서나 전문가들만의 성과가 아니라는 것이다. 재무팀은 ESG 채권 발행으로 새로운 자금조달 기회를 만들었고, 구매팀은 지속가능한 공급망 구축으로 경쟁력을 높였으며, 생산팀은 에너지 효율화로 비용절감과 환경가치를 동시에 창출했다. 마케팅팀은 ESG 스토리텔링으로 브랜드 가치를 높였고, R&D팀은 친환경 기술 개발로 새로운 시장을 열었다.

이제 ESG는 글로벌 비즈니스의 새로운 기준이 되었다. EU의 탄소국경조정제도와 공급망 실사제도를 시작으로 국제플라스틱협약, 생물다양성협약 등 새로운 규제와 기준들이 계속해서 등장하고 있다. 기후변화, 자원고갈, 생태계 파괴 등 전 지구적 과제들이 더욱 복잡하게 얽히면서, 기업들이 대응해야 할 ESG 이슈는 더욱 다양해지고 깊어질 것이다.

더욱 고무적인 것은 ESG가 완전히 새로운 무언가가 아니라는 점이다. 우리는 이미 각자의 위치에서 ESG 가치를 실천하고 있었다. 다만 이를 ESG라는 관점에서 바라보고 체계화하지 못했을 뿐이다. 이 책에서 다룬 다양한 사례와 방법론들은 우리가 가진 잠재력을 ESG 성과로 전환하는 구체적인 가이드가 될 것이다.

ESG는 또한 새로운 직무와 시장을 창출하고 있다. ESG 전략가, 지속가능경영 컨설턴트, 탄소배출권 거래 전문가, 순환경제 플래너 등 이전에는 없던 새로운 직무들이 생겨나고 있다. 기존 직무들도 ESG 역량이 더해지면서 그 가치가 높아지고 있다. 취업준비생들에게는 새로운 기회가 될 것이며, 현직자들에게는 경력 개발의 새로운 방향이 될 것이다.

이 책의 제목을 그린북《The Green Book》이라고 정한 것은 단순히 환경만을 이야기하고자 함이 아니다. 환경적 가치와 함께 사회적 책임, 투명한 지배구조가 조화롭게 어우러질 때 비로소 진정한 지속가능성이 실현될 수 있기 때문이다. 그린북《The Green Book》은 우리 모두가 함께 만들어가야 할 지속가능한 미래로 가는 길잡이가 되고자 한다.

이 책을 읽은 여러분은 이미 'ESG로 성과 내는 사람들'이 되기 위한 첫걸음을 떼었다. 각자의 자리에서 시작하는 작은 변화들이 모여 큰 흐름을 만들어낼 것이다. 그리고 그 흐름은 우리 기업과 사회의 지속가능한 미래를 향해 나아갈 것이다. 이제 우리는 ESG라는 새로운 렌즈로 업무를 바라보며, 더 큰 가치를 만들어낼 준비가 되어있다.

참고문헌 References

제1장. ESG, 모두의 미래를 위한 새로운 기준

공식 보고서 및 정책 문서

1. EU Commission (2023) "Corporate Sustainability Due Diligence Directive"
2. EU Carbon Border Adjustment Mechanism Implementation Guidelines 2023
3. World Economic Forum "The Global Risks Report 2023"
4. S&P Global "The State of Corporate ESG 2023"

기업 보고서

1. BlackRock CEO Letter to CEOs (2020) "A Fundamental Reshaping of Finance"
2. Unilever Sustainable Living Plan Progress Report 2021
3. Microsoft Sustainability Report 2022
4. Nike's 2025 Target Report "Move to Zero"
5. Apple Environmental Progress Report 2023

연구 및 분석 보고서

1. Global Environment Initiative Report 2023, World Economic Forum
2. The State of Climate Action 2023, World Resources Institute
3. Nature Positive Economy Report, World Business Council for Sustainable Development (2023)
4. Corporate Climate Responsibility Monitor 2023, NewClimate Institute
5. ESG and Financial Performance, McKinsey & Company (2023)

글로벌 이니셔티브

1. RE100 (www.there100.org)
2. Science Based Targets initiative (sciencebasedtargets.org)
3. Task Force on Nature-related Financial Disclosures (tnfd.global)
4. Science Based Targets for Nature (sciencebasedtargetsnetwork.org)
5. Partnership for Carbon Accounting Financials (carbonaccountingfinancials.com)
6. Ellen MacArthur Foundation (ellenmacarthurfoundation.org)

제2장. ESG와 나의 연결고리

기업 보고서

1. POSCO Integrated Report 2023 "Value Creation Model"
2. 아모레퍼시픽 지속가능경영보고서 2023
3. 현대자동차그룹 ESG Progress Report 2023
4. CJ제일제당 통합보고서 2023
5. SK이노베이션 Impact Report 2023

컨설팅 보고서

1. Deloitte "The Future of ESG Performance Management 2024"
2. McKinsey & Company "ESG Performance Metrics That Matter" 2023
3. BCG "Creating Value Through ESG Performance" 2023

1. GRI Standards 2024
2. TCFD Recommendations Update 2023
3. SASB Standards 2023
4. ISSB Framework 2024

학술 및 시장분석 보고서

1. Harvard Business Review "Making ESG Communications Effective" 2024
2. MIT Sloan Management Review "The Future of ESG Investing" 2023
3. Bloomberg Intelligence "ESG Assets Review 2024"
4. MSCI ESG Research "Global ESG Trends Report 2024"

제8장. ESG 시대의 경력 개발

규제 및 정책 문서

1. European Commission "Corporate Sustainability Due Diligence Directive" 2024
2. European Commission "Carbon Border Adjustment Mechanism" 2023
3. European Commission "Corporate Sustainability Reporting Directive" 2023
4. ISSB "IFRS Sustainability Disclosure Standards" 2024

시장 및 산업 동향 보고서

1. World Economic Forum "Jobs of Tomorrow: The Triple Returns of Social Jobs" 2024
2. McKinsey & Company "The ESG Premium" 2023
3. Bloomberg "ESG Assets Rising to $50 Trillion" 2024
4. PwC "Global ESG Jobs & Skills Report" 2023

기술 및 혁신 보고서

1. Watershed Technology "State of Carbon Management Technology" 2024
2. MIT Technology Review "10 Breakthrough Technologies: ESG Analytics" 2023
3. Deloitte "Tech Trends: ESG Innovation and Sustainability" 2024

제9장. ESG 리더십의 진화와 혁신

기업 보고서

1. Microsoft "Carbon Negative Progress Report" 2023
2. Nike "Sustainability Business Report" 2023
3. Unilever "Sustainable Living Plan Progress" 2023
4. Apple "Environmental Progress Report" 2023
5. Tesla "Impact Report" 2023
6. Walmart "ESG Report" 2023
7. SK그룹 "ESG 추진 체계" 2023

정책 및 규제 문서

1. European Commission "Carbon Border Adjustment Mechanism" 2023
2. European Commission "Supply Chain Due Diligence Directive" 2023

연구 보고서

1. McKinsey & Company "The ESG Premium" 2023

351

제10장. 미래를 위한 준비

컨설팅 보고서

1. McKinsey & Company "The ESG Premium" 2023
2. Deloitte "The Future of ESG: 2025 and Beyond" 2024
3. KPMG "ESG Jobs of the Future" 2023
4. PwC "ESG Talent Market Analysis" 2024
5. BCG "ESG Transformation in Manufacturing" 2024

정책 및 규제 문서

1. European Commission "Corporate Sustainability Due Diligence Directive" 2023
2. SEC "Climate Change Disclosure Rules" 2024
3. 금융위원회 "K-ESG 가이드라인 2.0" 2024
4. EU Commission "CBAM Implementation Guidelines" 2023

국제기구 및 시장전망 보고서

1. IEA "Global Clean Energy Investment Trends" 2024
2. WEF "The Future of Jobs Report: ESG Skills in Demand" 2024
3. S&P Global "ESG Industry Report Card" 2023
4. Morgan Stanley "ESG Technology Market Outlook" 2024

제11장   ESG, 함께 만드는 지속가능한 미래

정책 및 규제 문서

1. EU "탄소국경조정제도(CBAM) 시행 계획" 2026
2. 산업통상자원부 "K-ESG 가이드라인 2.0" 2023

국내 연구 및 분석 보고서

1. 한국에너지공단 "기업 에너지 효율화 우수사례집" 2023
2. 한국기업지배구조원 "ESG 경영 성과분석 보고서" 2023
3. 대한상공회의소 "제조업 ESG 경영 현황과 과제" 2023
4. 정보통신산업진흥원 "ICT 기업 ESG 경영 동향" 2023
5. 한국고용정보원 "ESG 관련 새로운 일자리 전망" 2023
6. 한국ESG연구소 "한국 ESG 경영 전망 보고서" 2023

시장 데이터 및 통계

1. Bloomberg Intelligence "Global ESG Investment Outlook" 2023
2. 한국거래소 "ESG 정보공개 현황" 2023
3. 산업연구원 "ESG 관련 산업 시장 전망" 2023